# カラー版 図説 西洋建築の歴史

西田雅嗣 編著

小林正子・本田昌昭・原 愛・南 智子 著

A History of Western Architecture

学芸出版社

# はじめに

　私たちが西洋建築史の部分を担当して 2003 年に出版された『図説 建築の歴史‐西洋・日本・近代』は、専門学校の初学者のための教科書、参考書として編まれたもので、学ぶべき事柄が、短い言葉とイラストと写真で、見開き 2 ページの中に手際よく完結するわかりやすい教科書として好評をもって迎えられた。今回の『カラー版 図説 西洋建築の歴史』は、この前書の体裁を引き継いで、今度は大学の専門課程の建築や美術史の学生の教科書・参考書として役立つように編まれた。西洋の歴史建築に興味を持って簡潔な形で体系的な知識を得たいと考える一般の人のための教養書としても役立つと思っている。

　欧米での西洋建築史は、建築を主人公とした美術史として、独自の体系性を備えた歴史学が書く歴史である。20 世紀初めに成立したそうした建築史は、現在でも、建築理解のためのオーソドックスな建築史としての役割を担っている。

　一方で、新しい歴史観や世界観、あるいは新しい建築のあり方が、20 世紀初め以来の「西洋建築史」に修正を迫っているのが現在の状況であり、新しい視点からの新しい「西洋建築史」も既に提案されている。しかし本書は、あえて前述のようなオーソドックスな形の西洋建築史を目指した。個々の話題や情報に関しては、もちろん新しい研究成果を適宜取り入れているが、「西洋建築史」の書き方としては、20 世紀初めに達成された「西洋建築史」に従った。このオーソドックスな「西洋建築史」は、未だ全面的には塗り替えられてはいないと思われる。また、新しい歴史観も、基盤がなくては、その意義を感得するのは難しいであろう。

　筆者等にはいささか度を越した目標だったかもしれないが、西洋の文化が考える、西洋の建築史の標準的な姿、そうした西洋建築史の全体像の縮図を、一貫した簡潔な紙面構成の中に示そうと考えて成ったのが本書である。西洋建築史の教科書にも独創性や新規性や目新しさが求められる時代だからこそ、こうしたオーソドックスな教科書の存在理由はあると考えた。

　本書は、古代、中世、近世の三部とし、全 10 章で構成されている。序章は、西洋で建築史が 20 世紀初めに成立する過程の説明である。この説明はそのまま本書の構成の説明であり、西洋建築史成立の仕組みの解説である。類書にはないこのような説明を試みた序章は、西洋建築史の「歴史」の説明である。

　1 章から 10 章までの各章は、西洋建築史の各時代であり同時に西洋建築の各様式である。各章、つまり各時代、各様式は、「2・4」のように記された節に分かれている。「2・4」は 2 章の 4 節である。また、全ての章の第 1 節はその章の時代、様式を全体として見た「時代様式概説」に充ててある。その後各章 2 節以降の節で、その章の時代、様式の中心的な国における様式展開の過程を辿っている。

　古代、中世、近世の各部の最後に置かれたコラム「建築書で見る西洋建築」は、書物という形をとった西洋建築について、古代、中世、近世の代表的なものを取り上げた。「建築書」が建築の歴史の中で重要な位置を占めるのも西洋建築の特徴である。

　巻末の「学習課題」は、学んで欲しいこと、つまり学習目標を問題形式にしたものである。

　「西洋建築史」を書くという貴重な機会を再び与えてくださり、遅れがちな筆者等の仕事に辛抱強く寄り添い、わかりやすい紙面作りに尽力くださった学芸出版社編集部の知念靖廣氏には、著者一同心より感謝している。

2021 年 11 月

著者を代表して　西田雅嗣

# 目 次

# 年表

紀元前　3000　2000　1500　1000　500　400　300　200　100　0　100　200　300　400

**時代・様式**

エーゲ海／ミノス／ミケーネ｜幾何学様式｜アルカイック｜クラシック｜ギリシア／ヘレニズム｜エトルリア｜ローマ｜初期キリスト教

## 建築

- クノッソス宮殿（希、前1700～前1400頃）▼1・2
- ティリンスの城塞（希、前13世紀）▼1・2
- サモス島ヘラ第4神殿（希、前530頃以降）▼2・2
- ユピテル・オプティムス・マキシムス、ユーノー、ミネルウァ神殿（伊、前509?）▼2・2
- アイギナ島アファイア神殿（希、前500頃）▼1・2
- オリンピアのゼウス神殿（希、前470～前457頃）▼1・3
- パルテノン（希、前447～前432）▼1・3
- アテナ・ニケ神殿（希、前427～前424頃）▼1・3
- エレクテイオン（希、前421～前406）▼1・3
- エピダウロスの劇場（希、前4世紀前半）▼1・4
- アッソスのアゴラ（土、前4世紀半～前2世紀）▼1・4
- ペルガモン（土、前3世紀半～前2世紀）▼1・4
- コス島のアスクレピオスの神域（希、前2世紀）▼1・4
- ポルトゥヌス神殿（伊、前150）▼2・2
- マグネシアのアルテミス神殿（土、前150）▼1・4
- ファウヌスの家（伊、前2世紀～前1世紀）▼2・2
- コロッセウム（伊、72～80頃）▼2・3
- ティトゥスの凱旋門（伊、81以降）▼2・3
- パンテオン（伊、118～28）▼2・4
- マルケルス劇場（伊、前23～前13）▼2・3
- メゾン・カレ（仏、前16）▼2・3
- ヴィラ・アドリアーナ（伊、118～34頃）▼2・4
- 古代都市ドゥラ・エウロポス 住宅教会堂（叙、3世紀初頭）▼3・2
- コンスタンティヌスのバシリカ（伊、307～12およびその後）▼2・4
- ディオクレティアヌスの浴場（伊、298～368頃）▼2・4
- サン・ジョヴァンニ・イン・ラテラーノ大聖堂（伊、313起工）▼3・2
- サンタ・コスタンツァ廟堂（伊、350）▼3・2
- 聖墳墓教会堂（イスラエル、325／6起工、4世紀末完成）▼3・2
- サンタ・サビーナ教会堂（伊、422～32）▼3・2
- サン・ジョヴァンニ・イン・ラテラーノ大聖堂付属洗礼堂（伊、440）▼3・2
- サント・ステファノ・ロトンド（伊、468～83）▼3・2
- サンタポリナーレ・ヌオヴォ教会堂（伊、5世紀末）▼3・3

## 建築関連著作

- 『ウィトルーウィウス建築書』（前35～前25）▼P.32

## 絵画・彫刻・音楽

- 幾何学様式の陶器（前900～前700頃）
- アルカイック時代の彫刻（前7世紀～前6世紀）
- フェイディアス作、パルテノンのアテナ女神像（前438完成）
- プラクシテレス作、ヘルメス像（前330～前320頃）
- ラオコーン像（前150～後1世紀中頃）
- ミロのヴィーナス像（前130～前120頃）
- アウグストゥスの平和の祭壇（前9）
- ポンペイ壁画『ディオニュソスの秘儀』（伊、前60～後14頃）
- サンタ・コスタンツァ廟堂モザイク壁画（伊、4世紀前半）
- プリシルラのカタコンベ壁画『オランスと聖母子』（伊、3世紀後半）
- マルクス・アウレリウス帝騎馬像（166～180）

## 一般

- ミノス文明始まる（前2000頃）
- ミケーネ文明始まる（前16世紀）
- ギリシアでポリス成立（前8世紀）
- ローマ共和制開始（前509）
- ペルシア戦争（前500～前449）
- アテネ民主政完成（前5世紀中期）
- ペロポネソス戦争（前431～前404）
- アレクサンドロス大王東方遠征開始（前334）
- ローマ、イタリア半島征服（前272）
- ポエニ戦争でローマ勝利（前146）
- アウグストゥス即位、ローマ帝政開始（前27）
- ローマ五賢帝時代（96～180）
- コンスタンティヌス帝、キリスト教公認（313）、ローマ帝国、コンスタンティノープルに遷都（330）
- キリスト教、ローマ帝国の国教化（392）
- ローマ帝国東西分裂（395）
- 西ローマ帝国滅亡（476）
- フランク王クローヴィス、カトリックに改宗（496）

・図版掲載している作品から主要な建築物をピックアップして作成した。建物の国名はそれが位置する現代の国名を漢字表記の略称で記載している。

【国名略称】英＝イギリス、伊＝イタリア、墺＝オーストリア、蘭＝オランダ、希＝ギリシア、叙＝シリア、瑞＝スイス、西＝スペイン、独＝ドイツ、土＝トルコ、仏＝フランス、白＝ベルギー

500　600　700　800　900　1000　1100　1200

| プレ・ロマネスク | ロマネスク | ゴシック |
|---|---|---|

ビザンティン

年表

**建築**

●ケルン大聖堂（独、1248〜1322献堂）▶6・5
●パリのサント=シャペル（仏、1241〜48）▶6・4
●ボーヴェのサン=ピエール大聖堂（仏、1225〜84）▶6・5
●ソールズベリ大聖堂（英、1220〜66）▶6・5
●アミアンのノートル=ダム大聖堂（仏、1220〜64）▶6・1、6・3
●ランスのノートル=ダム大聖堂（仏、1211/33〜1235/55）▶6・3
●パリのノートル=ダム大聖堂（仏、1163着工）▶6・2
●シャルトルのノートル=ダム大聖堂（仏、1195〜1220頃）▶6・3
●ブールジュのサン=テティエンヌ大聖堂（仏、1195〜1250頃）▶6・3
●ランのノートル=ダム大聖堂（仏、1160頃着工）▶6・2
●ル・トロネ修道院（仏、1146〜1200頃）▶5・4
●サン=ドニ修道院教会堂改築（仏、1140献堂）▶6・2
●フォントネ修道院（仏、1147完成）▶5・4
●ヴェズレーのラ・マドレーヌ教会堂（仏、1120〜50頃）▶5・3
●ピサ大聖堂（伊、1118献堂）▶5・5
●ヴェネツィアのサン・マルコ大聖堂（伊、1063頃〜73）▶4・2
●サンティアゴ・デ・コンポステーラ大聖堂（西、1078頃〜1122）▶5・3
●ダフニ修道院の教会堂（希、1080頃）▶4・3
●クリュニー第Ⅲ教会堂（仏、1088〜1130）▶5・3
●コンクのサント=フォワ修道院教会堂（仏、11世紀後半）▶5・3
●シュパイアー大聖堂（独、1030〜61、1082〜1106）▶5・5
●トゥールニュのサン=フィリベール修道院教会堂（仏、1019献堂）▶5・5
●ヒルデスハイムのザンクト・ミヒャエル教会堂（独、1010〜33）▶5・2
●サン=マルタン=デュ=カニグー修道院教会堂（仏、1009献堂）▶5・2
●オシオス・ルカス修道院聖母教会堂（希、10世紀後半〜11世紀前半）▶4・1、4・3
●ザンクト・ガレン修道院計画図（瑞、820頃）▶3・4
●サン・ヴィチェンツォ・イン・プラート教会堂（伊、814〜33頃）▶3・4
●カール大帝のアーヘンの宮殿（独、790〜805）▶3・4
●サン=リキエ修道院（仏、790〜99）▶3・4
●テッサロニキのハギア・ソフィア教会堂（希、8世紀初）▶4・1、4・3
●フェナリ・イサ・ジャーミイ（コンスタンティノス・リプス修道院教会堂、土、908献堂）▶4・3
●サン・ペドロ・デ・ラ・ナーヴェ教会堂（西、7世紀後半〜8世紀初頭）▶3・3
●サン・ヴィターレ教会堂（伊、546〜48完成）▶3・3
●サンタポリナーレ・イン・クラッセ教会堂（伊、534頃〜49）▶3・3、4・2
●サン・ヴィターレ教会堂（伊、546〜48完成）▶4・1、4・2
●コンスタンティノープルのハギア・ソフィア大聖堂（土、532〜37）▶4・1、4・2

**絵画・工芸**

●チマブーエ「荘厳の聖母（サンタ・トリニタの聖母）」（1290頃）
●『ヴィラール・ド・オヌクールの画帖』（13世紀）▶P・68
●パリ、ノートル=ダム大聖堂の聖歌集「オルガヌム大全」（12世紀後半）
●シャルトル大聖堂ステンドグラス「美しき絵ガラスの聖母」（12世紀中頃）
●チェファルー大聖堂モザイク「キリスト・パントクラトール」（伊、1148）
●オットー3世の典礼用福音書（10世紀末頃）
●ハギア・ソフィア大聖堂モザイク「聖母子と皇帝コンスタンティヌス、ユスティニアヌス」（土、10世紀末）
●『ケルズの書』福音書挿絵（800頃）
●『グラシウスの典礼書』挿絵（750頃）
●ロッサーノ福音書挿絵（6世紀）
●サン・ヴィターレ教会堂内陣側壁のモザイク（伊、6世紀）
●聖カテリーナ修道院のイコン「聖母子」（エジプト、6世紀頃）

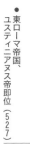

**歴史**

●トマス・アクィナス『神学大全』（13世紀後半）
●フランチェスコ会修道院創設（1209）
●ドミニコ会修道院創設（〜1215）
●第4回十字軍、コンスタンティノープルにラテン帝国建国（1204〜61）
●シトー会修道院創設（1098）
●第1回十字軍（1096〜99）
●カノッサの屈辱（1077）
●西フランク、カペー朝成立（987）
●クリュニー会修道院創設（910）
●神聖ローマ帝国成立（962）
●フランク王国、東・西フランクとイタリアに分裂（870）
●カールの戴冠、「西ローマ帝国」復活（800）
●フランク王国、カロリング朝樹立（751）、教皇領寄進（754、756）
●東ローマ帝国、レオン3世による聖像禁止令（726〜843）（イコノクラスム）
●東ローマ帝国、ユスティニアヌス帝即位（527）

9

## 時代・様式

ビザンティン　　ゴシック　　ルネサンス　　マニエリスム　　バロック

## 建築

- ウィーンのザンクト・シュテファン大聖堂（墺、1304〜1450頃）▼6・5
- ウルム大聖堂（独、1377〜）▼6・5
- ミラノ大聖堂（伊、1386〜1485）▼6・5
- サンタ・マリア・デル・フィオーレ大聖堂交差部ドーム／ブルネッレスキ（伊、設計1418頃〜）▼7・2
- 孤児養育院／ブルネッレスキ（伊、1419〜）▼7・2
- パッツィ家礼拝堂／ブルネッレスキ（伊、1429〜61）▼7・2
- ルアンのサン＝マクルー教会堂（仏、1436〜1520）▼6・4
- ニュルンベルクのザンクト・ローレンツ教会堂内陣（独、1439〜77）▼6・5
- キングス・カレッジ・チャペル（英、1446〜1515）▼6・5
- パラッツォ・ルチェッライ／アルベルティ（伊、1446〜51）▼7・2
- サン・フランチェスコ教会堂／アルベルティ（伊、1450〜68）▼7・2
- サンタンドレア教会堂／アルベルティ（伊、1472着工）▼7・2
- サンタ・マリア・デッレ・グラーツィエ教会堂内陣／ブラマンテ（伊、1492〜97）▼7・2
- テンピエット／ブラマンテ（伊、1502着工）▼7・3
- キージ家礼拝堂／ラファエロ（伊、1513〜16）▼7・3
- パラッツォ・ファルネーゼ／アントニオ・ダ・サンガッロ、ミケランジェロ（伊、1517着工）▼7・3
- メディチ家礼拝堂／ミケランジェロ（伊、1519〜）▼7・4
- パラッツォ・テ／ジュリオ・ロマーノ（伊、1525〜）▼7・4
- カンピドリオ広場／ミケランジェロ（伊、1539頃〜）▼8・2
- サン・ピエトロ大聖堂／ミケランジェロ、マデルノ、ベルニーニ他（ローマ、1546〜1667）▼8・2
- アネの城館主屋中央部／ドロルム（仏、1547〜）▼7・5
- ヴィラ・ロトンダ／パラーディオ（伊、1566〜69）▼7・4
- エル・エスコリアル修道院／デ・トレード、デ・エレーラ（西、1562〜82）▼7・5
- アントワープ市庁舎／フロリス（白、1561〜66）▼7・6
- イル・ジェズ教会堂／ヴィニョーラ、デッラ・ポルタ（伊、1568〜84）▼8・2

## 建築関連著作

- 『アルベルティ 絵画論』（1435）
- 『アルベルティ 建築論』（1452）▼7・2
- 『セルリオ 建築書』出版（1537〜51）▼7・1
- ヴァザーリ『美術家列伝』（1550）▼7・1
- 『建築の五つのオーダー』（1562）▼7・1、7・4
- 『ドロルム 建築論』（1567）▼7・5
- 『パラーディオ 建築四書』（1570）▼7・4、P.110
- デ・フリース『建築』（1577）▼7・6

## 絵画・彫刻・音楽

- ジオット「聖母および救世主伝」壁画連作（伊、1304〜06）
- パナギア・パンマカリストス修道院礼拝堂、アフシスモザイク「デイシス」（土、14世紀初頭）
- フラ・アンジェリコ「受胎告知」（1440〜50）
- マザッチオ「貢の銭」（1425〜27頃）
- ヴァン・エイク兄弟「ゲントの祭壇画」（1432完成）
- ドナテルロ「ダビデ」像（1434頃）
- フィレンツェ大聖堂献堂式の曲「バラの花は新しく」（1436）
- ボッティチェリ「ヴィーナスの誕生」（1486頃）
- ダ・ヴィンチ「最後の晩餐」（1495〜98）
- ラファエロ「アテネの学園」（1508〜11）
- デューラー「メランコリア」（1514）
- パルミジャニーノ「長い頸のマドンナ」（1534〜40）
- ミケランジェロ「最後の審判」（1536〜41）
- パレストリーナ「教皇マルチェルスのミサ曲」（16世紀中期）
- カラッチ、パラッツォ・ファルネーゼのガレリア天井画（1595〜）
- カラヴァッジョ「聖マタイの召命」（1599〜1600）

## 一般

- 教皇のバビロン捕囚（1309〜1377）
- 英仏百年戦争（1339〜1453）
- 教会大分裂（1378〜1417）
- メディチ家、フィレンツェの支配権掌握（15世紀）
- グーテンベルク活版印刷術発明（1450）
- 東ローマ帝国滅亡（1453）
- スペイン王国成立（1479）
- イギリス、テューダー朝成立（1485）
- コロンブス、西インド諸島発見（1492）
- ヴァロア朝フランソワ1世即位（1515）
- ルター、九十五カ条の論題発表（1517）
- カール5世によるローマの劫略（1527）
- イエズス会創立（1534）
- イギリス国教会成立（1534）
- トリエント公会議（1545〜63）
- フェリペ2世スペイン王即位（1556）
- エリザベス1世即位（1558）
- ナントの勅令、ユグノー戦争終結（1598）

1600　　　　　1700　　　　　1800

マニエリスム　／　フランス古典主義　／　ロココ　／　ピクチャレスク
バロック　／　新古典主義　／　歴史主義

**建築作品（右から左へ）**

- アウグスブルク市庁舎／ホル（独、1615〜20）▼7・6
- クイーンズ・ハウス／ジョーンズ（英、1616〜35）▼7・6
- サン・カルロ・アッレ・クワットロ・フォンターネ教会堂／ボッロミーニ（伊、1638〜41、67）▼8・3
- メゾン＝ラフィットの城館／F・マンサール（仏、1642〜46）▼8・5
- アムステルダム市庁舎／ファン・カンペン（蘭、1648〜65）▼7・6
- サン・ピエトロ広場／ベルニーニ（伊、1656〜67）▼8・2
- サン・ロレンツォ教会堂／グァリーニ（伊、1668〜87）▼8・3
- ルーヴル宮東正面／C・ペロー、ル・ヴォ（仏、1667〜78）▼8・5
- サンタンドレア・アル・クイリナーレ教会堂／ベルニーニ（伊、1658〜70）▼8・3
- サン・ピエトロ広場／ベルニーニ
- ヴェルサイユ宮殿／ル・ヴォ、アルドゥアン＝マンサール、ル・ブラン、ル・ノートル（仏、城館主要部1668〜89）▼8・5
- セント・ポール大聖堂／レン（英、1675〜1710）▼8・6
- オテル・デ・ザンヴァリッド教会堂／アルドゥアン＝マンサール（仏、1677〜1706）▼8・6
- ブレナム宮／ヴァンブラ（英、1705〜24）▼8・6
- トレド大聖堂トラスパレンテ／トメ（西、1721〜32）▼8・6
- チズウィック・ハウス／第3代バーリントン卿（英、1725〜29）▼8・6
- オテル・ド・スービーズ「冬の間」／ボフラン（仏、1735〜40）▼8・5
- フィアッツェーンハイリゲン巡礼教会堂／ノイマン（独、1743〜72）▼8・6
- カールス・キルヒェ／フィッシャー・フォン・エルラッハ（墺、1716〜37）▼8・6
- ストロベリー・ヒル／ウォルポール（英、1748〜77）▼10・2
- サント＝ジュヌヴィエーヴ教会堂／スフロ（仏、1757〜90）▼9・2
- プティ・トリアノン／ガブリエル（仏、1761〜64）▼9・1
- サイアン・ハウス／アダム（英、1762〜69）▼9・1、9・4
- プティ・トリアノンのアモー／ミーク（仏、1782〜86）▼9・4
- ニュートン記念堂案／ブレ（1784）▼9・3
- パリの入市税徴収所／ルドゥー（仏、1785〜90）▼9・3
- フリードリッヒ大王記念堂のコンペ案／ジリー（1797）▼9・3
- エトワール凱旋門／シャルグラン（仏、1806〜36）▼9・1
- ラ・マドレーヌ／ヴィニョン、ユヴェ（仏、1806〜49）▼9・1、9・4
- ヴァルハラ／クレンツェ（独、1830〜42）▼9・4
- アルテス・ムゼウム／シンケル（独、1823〜30）▼9・4
- ブリティッシュ・ミュージアム／スマーク（英、1823〜46）▼9・4
- ロイヤル・パヴィリオン／ナッシュ（英、1815〜21）▼10・2
- イギリス国会議事堂／バリー、ピュージン（英、1836〜68）▼10・3
- セント・ジャイルズ教会堂／ピュージン（仏、1841〜43）▼10・3
- パリ大聖堂修復案／ヴィオレ＝ル＝デュク（仏、1859）▼10・3
- パリのオペラ座／ガルニエ（仏、1861〜74）▼10・4
- 王立裁判所／ストリート（英、1874〜82）▼10・4
- ウィーン王立劇場／ゼンパー、フォン・ハーゼナウアー（墺、1874〜88）
- スタジオ・ハウス／ショウ（英、1885）▼10・4

**理論・著作・絵画・音楽**

- C・ペロー『五種類の円柱のオルドナンス』（1683）
- N・F・ブロンデル『建築講義』（1675、83）▼8・4、8・5
- コレン・キャンベル『ヴィトルヴィウス・ブリタニクス』（1715〜25）▼8・6
- ラングレイ『復興され改良されたるゴシック建築』（1742）▼10・2
- ロジエ『建築試論』（1753）▼9・2
- ヴィンケルマン『ギリシア芸術模倣論』（1755）
- ピラネージ『ローマ人の偉大さと建築について』（1761）▼9・2
- スチュアート、レヴェット『アテネの古代遺跡』第2巻（1787）▼9・2、9・4
- デュラン『建築講義要録』第2巻（1802〜05）▼9・3、9・4
- ルドゥー『芸術、習俗、法制との関係から考察された建築』（1804）
- ピュージン『対比』（1841）▼10・3
- ラスキン『建築の七灯』（1849）▼10・1、10・3
- ヴィオレ＝ル＝デュク『11〜16世紀フランス建築考証辞典』（1854〜68）▼10・1、10・3
- ワーグナー『ニーベルングの指輪』（1874完成）

- モンテヴェルディ、オペラ「オルフェオ」（1607）
- リュベンス「十字架降下」（1611〜14）
- コルトーナ「神意とバルベリーニ家の栄光の寓意」（1633〜39）
- プッサン「アルカディアの牧人」（1638〜39）
- レンブラント「夜警」（1642）
- ベラスケス「ラス・メニナス」（1656）
- フェルメール「牛乳を注ぐ召使」（17世紀中期）
- ワトー「シテールへの船出」（1717）
- J・S・バッハ「マタイ受難曲」（1727）
- ブーシェ「水浴のディアーナ」（1742）
- ティエポロ「クレオパトラの饗宴」（1744〜45頃）
- メングス「パルナス」（1761完成）
- ハイドン「ロシア四重奏曲」（1781）
- モーツァルト「フィガロの結婚」（1786）
- ダヴィッド「ナポレオンの戴冠」（1805〜07）
- ゴヤ「1808年5月3日」（1814）
- ベートーヴェン交響曲第九番（1817〜24）
- アングル「ルイ十三世の誓い」（1820〜24）
- ドラクロワ「民衆を導く自由の女神」（1830）
- ターナー「雨、蒸気、速度ーグレート・ウェスタン鉄道」（1844）

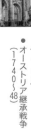

**歴史的事項**

- ドイツ三十年戦争（1618〜48）
- ガリレイ『天文対話』発刊（1632）
- アカデミー＝フランセーズ創設（1635）
- デカルト『方法序説』発刊（1637）
- ピューリタン革命（1640〜60）
- ルイ14世即位（1643）
- ニュートン『プリンキピア』発刊（1687）
- イギリス、名誉革命（1688〜89）
- 大ブリテン王国成立（1707）
- スペイン継承戦争（1701〜13）
- オーストリア継承戦争（1740〜48）
- モンテスキュー『法の精神』発刊（1748）
- ディドロ、ダランベール『百科全書』（1751〜72）
- ルソー『社会契約論』発刊（1762）
- カント『純粋理性批判』発刊（1781）
- アメリカ合衆国独立（1783）
- フランス革命（1789〜）
- ナポレオン皇帝に即位（1804）
- 神聖ローマ帝国消滅（1806）
- フランス復古王政（1814〜30）
- オースマンのパリ改造（1853〜70）
- イタリア王国成立（1861）
- フランス第二帝政（1852〜70）
- マルクス『資本論』第1巻発刊（1867）
- ドイツ帝国成立（1871）
- フランス共和国憲法制定（1875）

# 西洋建築史

## 0・1　時代区分と時代様式

　建築史学は、建築学、芸術学、歴史学、考古学、社会学、人類学のような、より上位の学術諸分野の一部を構成する分野であると同時に、西洋では19世紀以来、自律した独立の学術分野である。建築学の一部として建築設計に役立つ情報を提供したり、芸術学の一部として建築の価値評価を行ったりと、さまざまに建築史は役立ち、哲学の一部として建築とは何かという議論にも加わる。しかし西洋の文化は、建築史を過去の建築を扱う学問としての固有の主題や方法論、体系性を築き上げて自律した学術分野に仕立て上げた。こうして成った建築史は、様式が時間軸を区切るという明快な形で書かれる。本書はこの形に従い、ギリシア（前11～前4世紀）、ローマ（前6～5世紀）、初期中世（4～10世紀）、ビザンティン（4～15世紀）、ロマネスク（11・12世紀）、ゴシック（12世紀半～15世紀）、ルネサンス（15～17世紀初）、バロック（16世紀末～18世紀半）、新古典主義（18世紀半～19世紀初）、歴史主義（19世紀初）、というように、様式を辿る構成になっている（右頁の図）。これらの様式は「時代様式」である。

●時代区分と様式　西洋建築史は古代、中世、現代の三つからなる。これが西洋建築史の基本的枠組みである。この三区分は大きな時代区分であり、それぞれが固有の様式を持つ。その様式が歴史をこの三つの時代に区切っているのである。漫然と古い時代と現在の時代と、そしてその間の時代という時間の区分ではなく、この時間区分には様式が重なっているということである。これが西洋建築史の特徴である。

　様式という語は、非常に多義的である。広く造形の分野では、形に着目して、ある一群の作品が共有する一定の形式や造形上の特徴や表現の質のことを意味する。ここで「ある一群」を「ある一定期間」、つまり時代と考えた時、様式は、歴史という時間の流れの中のある期間の時代の造形上の形式や特徴となる。この時、様式は時代に重なる。これこれの様式がこれこれの時代に特有の様式だ、ということであれば、特定の様式がそれに対応する時代を形成する。様式が時代を作り、それが時代区分の根拠となる。様式が時間を区分するとき、その様式を「時代様式」という。社会史や政治史など他分野の時代区分を与件として借用するのではなく、ある一定の建築の形式や形が共通して連続する時代を見極めて、そうして理解される時代で時代区分を行うのが時代様式による建築史である。このような歴史記述では、様式が形作る時代、つまり時代様式が歴史を区分し、各々の時代様式を並べると歴史になる。これが20世紀の初めに西洋で出来た、建築史の仕組みである。

●古代・中世・近世　古代・中世・現代というおおまかな時代区分も、西洋文化においては、この三区分が歴史観として意識された当初より、単なる古い、新しい、といった漠然とした年代比較の用語ではなく、三区分は対応する意味内容と価値を伴っていた。この意味内容と価値を伝えるために、歴史を古代・中世・現代に三区分したといっても良い。14世紀イタリアの詩人ペトラルカ（1304～74）は、4世紀に終わるギリシア・ローマの輝かしい時代を「古代」として思い描き、彼の生きる「現代」を古代の文明の光を回復する新しい進歩の時代とみなし、「古代」と「現代」の間に挟まれた「中世」を、文明の光が届かない野蛮な闇の時代とした。16世紀イタリアの画家・彫刻家・建築家ジョルジョ・ヴァザーリ（1511～74）は、13世紀から16世紀までの芸術家の伝記集『芸術家列伝』（初版1550、第二版1568）でペトラルカの三区分を意識して、建築も含めた美術の分野で史上初の美術史を達成する（欧米では、現在でも建築史は、制度上は美術史の一部である）。ヴァザーリは「現代」を、ミケランジェロの芸術という到達点へと向かう進歩の段階として示し、輝かしい古代が「再生（リナーシタ）」する時代として「現代」の価値を説く。彼らが言う「現代」は、もちろん彼らの現代であり、古代の「再生（リナーシタ）」とヴァザーリが特徴づける時代「現代」を、今の私たちは、19世紀の終わり頃まで続く「近世」と呼ぶ。範とすべき優れた建築様式が行われた「古代」、古代の建築様式を再生し進化させた様式の建築が作られた「近世」、そして、その間に挟まれた闇の時代であり否定すべき建築様式が行われた時代「中世」という、時代のこうした三区分は同時に、古代様式、中世様式、近世様式による三区分であるので、西洋建築史では、この三区分は最も大きな区分の時代様式と言える。

●時代様式の成立　ヴァザーリが具体的に形として知っていた古代の建築様式はローマ建築であった。1755年、ドイツの美術史家ヨハン・ヨアヒム・ヴィンケルマン（1717～68）は『ギリシア芸術模倣論』を著し、ギリシア芸術の優位性を説く。漠然とギリシア・ローマが古代であるとの認識から、「古代」は「ギリシア」と「ローマ」の二つの時代様式から成るという認識へと変化した。建築においてもギリシア建築への興味が高まり、18世紀末から19世紀を通じて、建築家や美術史家たちは「ギリシア建築」と「ローマ建築」の、それぞれの時代様式としての内容を考究し

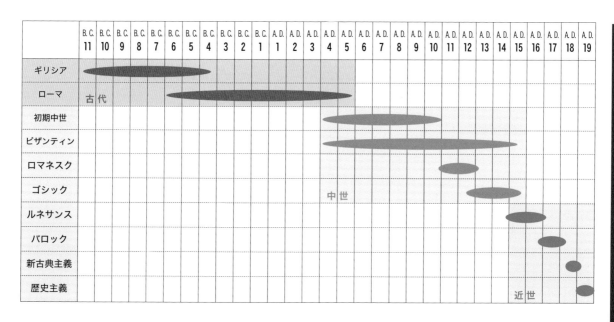

て行く。

　フランスにおけるロマン主義文学の先駆者シャトーブリアン（1768～1848）は、1802 年の『キリスト教精髄』で、闇の時代とされていた中世のキリスト教芸術に光を当てた。中世芸術は 14 世紀以来、「ゴシック」という蔑称で、ひとまとめで呼ばれており、『キリスト教精髄』も中世建築を全て「ゴシック建築」と呼んでいる。19 世紀初め、中世芸術への興味は高まり、フランスの考古学者アルシス・ド・コーモン（1801～73）は、1831 年出版の『古記念物講義』第 4 巻で、ゴシック様式の中に、未だローマ建築の影響が認められる古い建築を認め、「ロマネスク」という新しい語を使って、これを時代様式として「ゴシック」から分離した。「ロマネスク」と「ゴシック」という中世の時代様式は 19 世紀の初めに生まれたのである。

　ローマ帝国末期に始まるキリスト教美術を「初期キリスト教美術」のように時代区分する意識は早くから現れるが、東ローマ帝国の「ビザンティン美術」の位置付け、ゲルマン民族侵入の時代やカール大帝の時代、あるいはロマネスク様式の始まりの時期などの問題も関係し、現在でも様々な見方がある。古代末期からロマネスクの前までの時代区分と様式は、時代様式としては、西洋建築史の中では未だ確定していないとも言える。

　ヴァザーリがすでに「再生（リナーシタ）」という語で表していた「近世」は、その後 1840 年に、フランスの歴史家ジュール・ミシュレ（1798～1874）が、「再生」を意味するフランス語を用いて「ルネサンス」と呼び、この語が一般化する。同じく 19 世紀のスイスの美術史家ヤーコプ・ブルクハルト（1818～97）が 1860 年に出版した『イタリア・ルネサンスの文化』が「ルネサンス」の文化を定義した。古代美術の「再生」が「ルネサンス」様式の内実であるという時代様式としての定義の基礎を築いた。

　1888 年、ドイツの美術史家ハインリヒ・ヴェルフリン（1864～1945）は『ルネサンスとバロック』を上梓して、しばしば「バロック」という蔑称で呼ばれ、ルネサンス末期における様式の解体・堕落の時期と見られていた 17 世紀を、ルネサンスとは独立した独自の質を持つ「バロック」という時代様式として定義した。19 世紀末、ヴェルフリンによって 17 世紀は「バロック」という時代様式になった。

　ヴェルフリンは、1915 年の『美術史の基礎概念』で、ヴァザーリ以来の伝記的に書かれる美術史に代わって「名前のない美術史」を提唱する。ヴェルフリン以後（時代）様式」は、その形や形式自体の内在的発展過程が問題とされ、生物学的な成長と衰退をモデルとする時代様式概念が生まれる。20 世紀には、時代様式のそれぞれは、生まれ、育ち、絶頂期を迎え、年老いて消えて行くという過程で説明されるようになる。

　「バロック」が様式として確立すると、バロックの後に続いて現れた古典主義的傾向を時代様式として定める動き

が現れる。「新古典主義」の語は、当時の流行を指し示す語として、1880年頃から批評用語として使われ始めた。現在のように時代を表す語としての輪郭ができたのは、美術史家エミール・カウフマン（1891〜1953）らが近代建築の誕生にかかわる時代として「新古典主義」を描き上げた1900年頃である。

ドイツ生まれのイギリスの美術史家ニコラウス・ペヴスナー（1902〜83）は、1943年の『ヨーロッパ建築史序説』で、19世紀の建築を「歴史主義」という語で性格づけた。彼は、様々な過去の建築様式を、その時代と切り離して復古的に建築に当てはめる19世紀の態度や動向を「歴史主義」と呼んだ。

こうして、20世紀初めまでに『西洋建築の歴史』が辿る全ての時代様式が概ね出揃う。

●西洋建築史の構造　西洋建築史の時代様式は、16世紀に現れる古代・中世・近世の三区分をより精緻に区分する形で19世紀を通じて練り上げられたもので、20世紀初めになって出揃ったものである。こうしてできた西洋建築史は、様式が時代区分を生み、様式と時代が一体となり、時代様式が歴史という時間を分節し、それぞれの時代様式は生物の一生と同じように描かれ、時代様式を順に辿ると歴史を時系列に沿って辿る事になるという仕組みになったのである。

一方、西洋建築史には、時代様式とは異なる様式概念も、併存する。時代区分という役割を担うのではなく、ある特定の形、形式、傾向、動向、流行、態度を指し示すものとして用いられる「様式」も、しばしば歴史の説明に用いられ、歴史の中に織り込まれている。西洋建築の歴史のどの時代や時代様式であっても、そういった形や特質が認められれば、そうした「様式」の名前でそれら特質が指し示される。特定の時代区分や時代様式全体の特質としてその時代を区分するのではなく、歴史の中のどの時点でも、そうした様式は現れ得る「様式」であり、時代区分や時代様式を超越するもう一つの様式概念である。

「古典主義」というのはそうした様式概念での様式のひとつである。西洋建築史における古典主義建築というのは、その建物の建築要素が古代の建築に由来している、あるいは古代の建築をモデルとしている建築のことである。「古典主義」という語は、「12世紀のロマネスク建築の一部には古典主義が見られる」、「ルネサンス建築は古典主義建築である」、「フランスのバロック建築は古典主義である」のように使うことができる。この時の「古典主義」と言う「様

式」は、時代様式とはまた別の様式の範疇に属する。

さらに、「古典」という語には、模範となるような完成されたものという意味で用いられる。「古典」とは範例となる優れた作品のことをいうのである。だから「ゴシック様式の古典的段階」などのように用いるのである。この意味での「古典」の対義語として、しばしば「バロック」の語が使われることがある。ヴェルフリンが定義した時代様式としての「バロック」ではなく、この場合の「バロック」は、一つの様式の中で「古典」的段階の後に来る「爛熟・堕落・崩壊」の様相を持つ作品をいう。この意味での「バロック」も、時代を超越して、こうした様相が見られるときにはいつの時代にも使える語であり、「古代ローマ末期の建築のバロック的特徴」のように使える語である。一つの様式は「古拙 - 古典 - バロック」と言う段階を辿るとの考えは、ヴェルフリンが『美術史の基礎概念』で示した。

西洋建築史は、時代様式によって時間と形式の時間の流れとして、つまり通時態（時間軸に沿って見た変化の様態）として書かれる。各々の時代様式も、形式の通時態として記述される。そしてこの歴史と様式の通時態の軸に、形式の様式がもう一つの軸として絡んで、特定の時期は異なる様式の並存の様子として、つまり共時態（ある特定の時間の様態）で説明される。「西洋建築史」は、19世紀以来こうした構造の中に書かれてきた。　　　　　　　（西田）

# 第1部　建築の古代

　西洋建築史の「古代」は、15世紀のルネサンスの芸術家たち
が自分たちの建築の理想と範例をそこに求めたことで、様式を伴
った時代区分として建築史の中に姿を現した。ルネサンスの建築
家達が知っていた古代建築は「ローマ建築」だが、現代の私達は
「ローマ建築」の前に「ギリシア建築」があり、ルネサンスの建
築家たちが「古代建築」で特に重視していた「円柱の形式」と「建
築の比例」で建築美に至る方法が「ギリシア建築」の特質である
ことを知っている。「ギリシア建築」も「ローマ建築」も、二つ
の異なる時代様式としての編年的な記述が可能になっている。

　ギリシア建築は、建築美の問題を、「円柱の形式」と「建築の
比例」によって理論化・規範化・形式化して、これらを神殿建築
に実現した。ローマ建築は、建築美の方法をギリシアから受け継
ぎ、材料と技術の工夫をそこに加え、様々な用途の建物に適応し、
内部空間を伴った建築を出現させた。強・用・美の三つの理にお
いて建築を創造したローマ建築は、その後の西洋建築が絶えず理
想としたモデルであった。

●テアトロ・マリティーモ（海の劇場）（ヴィラ・アドリアーナ、ティヴォリ、118〜25）（撮影：西田雅嗣）

ギリシア文化は都市国家ポリスと共に前5世紀にその絶頂期を迎える。その時ギリシア建築も、神殿建築の視覚的な表現と構成の秩序の中にギリシア人の世界観を表現する芸術として、その古典的な完成に至る。ギリシア建築の建築的な本質は、クラシック時代の神殿の「円柱」の形式と神殿各部と全体との間の「比例」の原理に見て取ることができる。「円柱」と「比例」は、その後も歴史を通じて西洋建築の中心的な要素であり続ける。

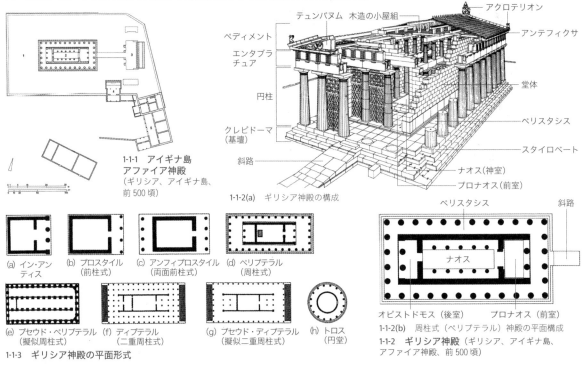

1-1-1 アイギナ島 アファイア神殿
（ギリシア、アイギナ島、前500頃）

1-1-2(a) ギリシア神殿の構成

（a）イン・アンティス
（b）プロスタイル（前柱式）
（c）アンフィプロスタイル（両面前柱式）
（d）ペリプテラル（周柱式）
（e）プセウド・ペリプテラル（擬似周柱式）
（f）ディプテラル（二重周柱式）
（g）プセウド・ディプテラル（擬似二重周柱式）
（h）トロス（円堂）

1-1-3 ギリシア神殿の平面形式

オピストドモス（後室）　プロナオス（前室）
1-1-2(b) 周柱式（ペリプテラル）神殿の平面構成
1-1-2 ギリシア神殿（ギリシア、アイギナ島、アファイア神殿、前500頃）

### 3つの要点

**1 ギリシア神殿**
●ギリシア建築で最も重要な建築は神殿である。ギリシア神殿は外観を重視した建築で、神像を安置するナオスの周りを独立円柱が取り囲み、その上に、三角破風を正面に見せた切妻屋根が乗るという、円柱が中心になって構成される外観を意識した基本的な形式を墨守した。

**2 円柱 - オーダー**
●オーダーと呼ばれる円柱の形式が神殿の文化的帰属を表現する。神殿の外観に現れる列柱の、円柱、梁、破風からなる配列形式をオーダーといい、細部の形が互いに異なるドリス式とイオニア式という基本的な二種類のオーダーがあった。

**3 比例 - シュンメトリア**
●シュンメトリアと呼ばれる比例の原理が神殿に数的秩序を与える。ギリシア建築は、シュンメトリアで得られる比例の調和を建物に求めた。神殿各部の間や各部と全体の間の関係を、基準の大きさモドゥルスを基に比例的に定め、そうした寸法の通約性であるシュンメトリアから生まれる均衡と統一性を通して建築に秩序を与えた。

●**ギリシア神殿**　古代ギリシアでは古い時代より神像が崇められていた。都市国家ポリスにおいても、神域テメノスが区画され、神像を中に安置する神殿が作られ、神殿の前に置かれた祭壇で犠牲の祭祀が執り行われた▶1-1-1。神殿は神像として偶像化された神の住まいであるが、人間がその中に入る建築ではない。ギリシア建築は、この神殿を建

築の主役の座に据え、神殿の構造形式を定型化し、建築美を追求した。

前10世紀頃の幾何学様式時代にその原型が姿を現したギリシア神殿の形式は、神像を安置する神室ナオスを持つ矩形平面の堂体の前面、背面、あるいは四周に列柱を配置したものだが▶1-1-2、最も単純なメガロン風のイン・アンティス形式から、ナオスを二重の列柱が取り囲むディプテラルまで、列柱の配置によっていくつかの形式がある▶1-1-3。典型的なのは、ナオスの周りを列柱が一重に取り囲む周柱式（ペリプテラル）である。ギリシア神殿の外観は、ナオスの外周に立ち並ぶ円柱である。中に入ることのない人々は、この円柱を眺めた。

●**円柱 - オーダー**　ギリシア神殿の外周や内部の円柱を、16世紀ルネサンスの建築家は「オーダー」と呼んだ。オーダーとは円柱とその上部構造が作る構成の形式で、下から、基壇、円柱、円柱上部の水平の梁状の部分であるエンタブラチュア、その上の三角破風のペディメントとなる。神殿が木造であった時の部材構成を石造化して、紀元前6世紀を通じて定型化した二つのオーダーが形成される。ドリス式とイオニア式のオーダーである。ドリス式▶1-1-4はエーゲ海の西のギリシア本土ドリス・アッティカ文化圏で、イオニア式▶1-1-5はエーゲ海の東の小アジア沿岸のイオニア文化圏で用いられた。文化的アイデンティティー

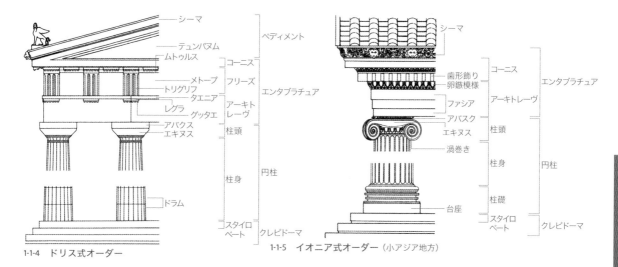

1-1-4　ドリス式オーダー

1-1-5　イオニア式オーダー（小アジア地方）

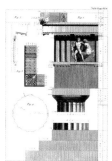

1-1-6　パルテノン（アテネ、前447～前432）の円柱：ドリス式オーダー

1-1-7　エレクテイオン（アテネ、前421～前406）の円柱：アッティカ型イオニア式オーダー

1-1-8　コリント式オーダー（アテネ、リュシクラテス記念碑、前4世紀末）

1-1-9　パルテノンの西正面

1-1-10　エレクテイオンの東正面

である二種類のオーダーは、紀元前5世紀半ばまでは、一つの建物で同時に使用されることはなかった。

　ドリス式オーダーは、男子の身体の比例と強さと美しさを持った、幾何学的性格の厳格なオーダーである。円柱が基壇の上に直接乗り、円柱上部の柱頭が逆饅頭形で、その上にアバクス（頂板）を頂く。エンタブラチュアは下からアーキトレーヴ、フリーズ、コーニスで出来ていて、フリーズは交互に並ぶ三本の縦溝のあるトリグリフと正方形のメトープから成る。円柱には鋭い綾角の縦の条溝がつく▶1-1-6。

　イオニア式オーダーは、婦人の細やかさと飾りを持った姿とされ、細身の華やかなオーダーである。基壇の上に柱礎を置きその上に円柱が立ち、柱頭は正面と背面とに左右一対の渦巻装飾を持つ。エンタブラチュアは、三段になったファッシアが柱頭の上に乗り、その上の平滑なフリーズ、そしてコーニスから成る。円柱の条溝は深く、溝と溝の間に細い平縁がある。各部分の形状はドリス式とは異なる▶1-1-7。

　5世紀半ばになるとドリス式神殿の中にイオニア式のオーダーを取り入れ、イオニアを従えた全ギリシア的な表現を持つ神殿が現れる。5世紀末になると、ナオス内部をイオニア式円柱で飾るドリス式神殿のナオスの中に、コリント式▶1-1-8と呼ばれる第三のオーダーが出現する。これ

はイオニア式オーダーの変種であり、柱頭が、アカンサスの葉が上下二段にバケツ形の柱頭を覆った形になっている点が異なるだけである。

●比例－シュンメトリア　シュンメトリアとは「建物の肢体そのものより生ずる工合よき一致であり、一定の部分が個々の部分から採られて全体の姿に照応すること」で、建物全体および各部が、基準の大きさであるモドゥルスと通約的に比例関係を保っている状態である。シュンメトリアが構造化する秩序を持つ神殿は、宇宙から人体に至るまでのあらゆる事物に共通する美の源泉としての調和を実現する。オーダーに関していうなら、そのシュンメトリアは、通常、円柱の下部直径をモドゥルスMとして、柱頭を含めた円柱の高さが、ドリス式では6M程度（前5世紀）で、イオニア式では9～10Mである。シュンメトリアの違いは比例の違いであり、それは神殿の外観の表情に現れる▶1-1-9、10。　　　　　　　　　　　　　（西田）

# 1・2 エーゲ海文明とアルカイック時代

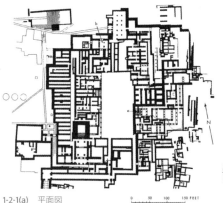

1-2-1(a) 平面図

1-2-1(b) 内部

1-2-1 クノッソス宮殿
（ギリシア、クレタ島、前1700〜前1400頃）

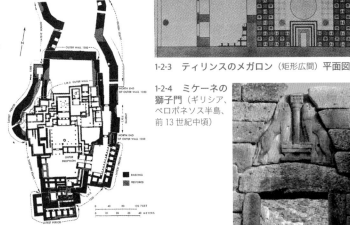

1-2-2 ティリンスの城塞（ギリシア、
ペロポネソス半島、前13世紀）平面図

1-2-3 ティリンスのメガロン（矩形広間）平面図

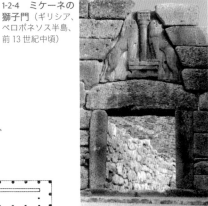

1-2-4 ミケーネの
獅子門（ギリシア、
ペロポネソス半島、
前13世紀中頃）

1-2-5 サモス島ヘラ第1神殿
（ギリシア、エーゲ海東、前8世紀前半）
平面図

## 3つの要点

### 1 エーゲ海文明
●青銅器時代の前3200〜前1100年のエーゲ海文明はギリシア建築の出発点である。クレタ島に栄えたミノス文明のクノッソス宮殿や、ギリシア本土のミケーネ文明のミケーネやティリンスの城塞や宮殿がそれである。ミケーネの宮殿にあったメガロンの形式は、前6世紀のアルカイック時代にはギリシア神殿の形式の一つになる。

### 2 幾何学様式時代
●前1100年頃クレタ、ミケーネの文明が終わると都市や宮殿は崩壊し、暗黒時代を迎えるが、それが終わって前1050〜前700年の「幾何学様式時代」には、宮殿とは別に神殿建築が姿を現し、日乾煉瓦の壁に木造の柱、草葺屋根の周柱式神殿の祖形が出現する。

### 3 アルカイック時代
●都市国家ポリスが形を整える前700〜前480年の「アルカイック時代」に、エジプトとの接触が神殿をモニュメンタルなものに変え、神殿の石造化、石造技術の発展、ドリス、イオニア両オーダーの様式化、比例と調和の原理の確立がみられる。

●**エーゲ海文明**　前2500年頃からクレタ島は矩形中庭をもつ巨大な宮殿中心の社会・経済のもと発展する。最大規模のものが主要都市クノッソスの宮殿▶1-2-1で、構成は礎盤上のドリス式を思わせる柱頭をもった下細りが特徴の彩色された木材円柱と梁の架構式、漆喰上に彩色壁画が描かれた日乾煉瓦や石材の壁との組み合わせである。

クレタ建築に感化されたギリシア本土ミケーネ建築の故にティリンスの宮殿▶1-2-2は構造的にはクノッソス宮殿と同様だが、開放性はなく厚い巨石の城塞で囲まれた中庭形式である。中庭北面に王などの居室として壁で囲まれた矩形平面のメガロン▶1-2-3が配される。正面に下細りの2本の柱が立つポーチと前室、奥の玉座と4本の柱で囲まれた炉が中央に位置する主室の構成で、これに倣ったのがギリシア神殿のイン・アンティス形式である。ミケーネの宮殿城塞には巨石積の獅子門▶1-2-4が遺る。方立と楣石、その上に楣石への荷重軽減のための三角形持ち送りが乗る。同様の巨石三角形持ち送りはクノッソス宮殿通用門やアトレウスの宝庫入口（前1350頃）にも見られる。

●**幾何学様式時代**　ミケーネ文明の時代までに独立した形式の神殿は認められず、ドリス式神殿が出現するのは当時代である。ポリス誕生に伴い、都市中心に神域と守護神像を納める神殿が建設される。初期神殿は住宅やメガロンが原型で次第に規模が拡大されていくが、長材木材が入手困難で桁行を延長するため細長い平面形状となる。サモス島ヘラ第1神殿▶1-2-5はヘカトンペドン（百尺神殿）と呼ばれ、長さ百尺の細長い矩形平面の石造ナオス中央に木造角柱が並ぶ。前8世紀前半、周囲にも角柱が布置され先駆的周柱式神殿の例となる。馬蹄形平面の先例にギリシア東部エウボイア島のレフカンディ遺跡ヘロオン（前10世紀）がある。

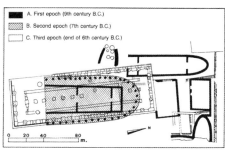

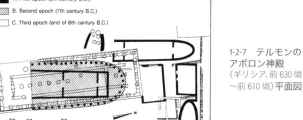

1-2-6　テルモンのメガロンA（ギリシア、前9世紀）と
メガロンB（ギリシア、前7世紀頃）平面図
右上がメガロンA、斜線部分がメガロンB

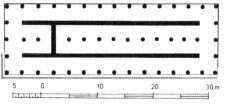

1-2-7　テルモンの
アポロン神殿
（ギリシア、前630頃
〜前610頃）平面図

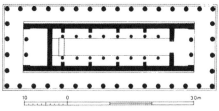

1-2-8　オリンピア
のヘラ神殿
（ギリシア、ペロポネ
ソス半島、前590頃）
平面図

1-2-9　コルフ島アルテミス神殿（ギリシア、
コルフ島、前580頃）復元立面図

1-2-10　コリントスのアポロン神殿
（前540頃）

1-2-11　アイギナ島アファイア神殿
（ギリシア、アイギナ島、前500頃）

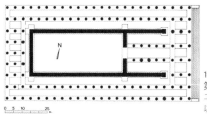

1-2-12　サモス島ヘラ
第4神殿（ギリシア、
エーゲ海東、前530頃
以降）平面図

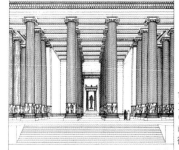

1-2-13　エフェソスの
アルテミス神殿
（現トルコ、エーゲ海東岸、
前560〜前460頃）
復元内部透視図

テルモンのアポロン神殿の前身メガロンB ▶1-2-6 も日乾
煉瓦壁の矩形平面を馬蹄型に並ぶ木造列柱が囲み、メガロ
ンBに隣接するメガロンAにも遺る礎石から湾曲したア
プシスを確認できる。テルモンのアポロン神殿 ▶1-2-7 は
日乾煉瓦による矩形平面構成でナオス中央に梁を支える列
柱が並び、木造でかつプロナオスが存在しない未完成形だ
がドリス式神殿の最初期例といえる。耐久性に劣る日乾煉
瓦によるナオス壁を保護するための屋根を支えるナオス内
列柱と軒を支持する外壁周柱が逐次形式化していく。

●アルカイック時代　前7世紀後半、エジプト建築技術に
触れ、その切石巨石のモニュメンタルな建築はギリシア建
築にとっての範となる。永続性のある神殿を求め野石や日
乾煉瓦壁は整形された石材壁に、木造柱は石造円柱に転ず
る。ナオス前後にプロナオスとオピストドモスが付く平面
構成や周柱式の定型化と同時にドリス式、イオニア式オー
ダーの確立、さらに経験の中から比例による調和のとれた
建築美を生む方法を創案する。木造柱から石造柱への移行
例で初期ドリス式神殿の一つオリンピアのヘラ神殿 ▶1-2-8
では、当初の木造円柱が順次石造に代えられていったが、
ドリス式柱頭は既に木造柱に確かめられる。ナオス壁は下
段切石に日乾煉瓦が積まれエンタブラチュアは木造だがテ
ラコッタ製瓦の切妻屋根が架かる。小屋組を除く建物全体
が石造の初期例がコルフ島アルテミス神殿 ▶1-2-9 で、テ

コッタ製装飾瓦屋根が載り、後のオーダーとの比例は異な
るが完全なドリス式形式によるものである。コリントスの
アポロン神殿 ▶1-2-10 も全体が石造で完成形の周柱式ドリ
ス式神殿の典型例だが、石灰岩による円柱は柱頭を除き1
本で構成され、ずんぐりとしたアルカイック時代の特徴を
示す。アイギナ島アファイア神殿 ▶1-2-11 にもアルカイッ
ク時代ドリス式神殿の完成した姿を見る。北側に立つドラ
ム構成の3本の柱を除き1本石柱で造られ、ナオス内には
2列の柱が立ち並ぶ。少し内側に傾斜させた円柱や隅角部
柱の直径を僅かに太くするなど、次の時代に極点に達する
リファインメントの始まりを認める。

　ギリシア本土で展開したドリス式に対し、小アジアでは
イオニア式オーダーによる神殿が主体となる。その一例、
サモス島ヘラ第3神殿（前560頃）と第4神殿 ▶1-2-12 は巨大
性のために石造円柱が採択され、イオニア式神殿の特徴で
ある二重周柱式である。エフェソスのアルテミス神殿 ▶
1-2-13 もヘラ第4神殿を凌ぐ大規模なイオニア式神殿で、
柱配置も第4神殿と同様だが、ナオス内の列柱を欠くこと
から屋根がなかったと推知される。サモス島ヘラ第4神殿
と共にこの先長くイオニア式神殿の規範となる神殿である。

（小林）

# 1·3 クラシック時代

第1章【古代】ギリシア建築──神殿の建築美

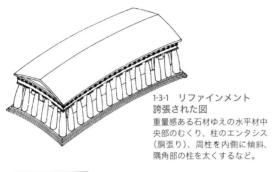

1-3-1　リファインメント
誇張された図
重量感ある石材ゆえの水平材中
央部のむくり、柱のエンタシス
（胴張り）、周柱を内側に傾斜、
隅角部の柱を太くするなど。

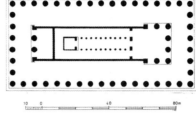

1-3-3　セリヌスのマリネ
ッラの丘のG神殿
（アポロン神殿）
（イタリア、シチリア島、
前530〜前460頃）平面図

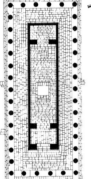

1-3-2　セリヌスのアクロポリスに建
つC神殿（イタリア、シチリア島、前
550〜前530頃）平面図

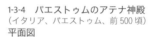

1-3-4　パエストゥムのアテナ神殿
（イタリア、パエストゥム、前500頃）
平面図

1-3-5　バッサイの
アポロ神殿
（イクティノス、ギリシア、ペロポネソス
半島、前5世紀中頃）
復元内部透視図

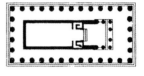

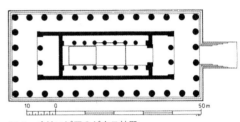

1-3-6　オリンピアのゼウス神殿
（リボン、ギリシア、ペロポネソス半島、
前470〜前457頃）平面図

## 3つの要点

### 1　クラシック時代の神殿建築
● 前480〜前323年の「クラシック時代」と呼ばれる時がギリシア美術・建築の最盛期である。アルカイック時代に規範的な形式に至った神殿建築は、特にドリス式神殿において、クラシック時代に洗練を加え、調和ある全体像に達した。また、アテネを中心としたアッティカ地方のポリスの繁栄が、オーダーの混淆やアテネにおけるイオニア式神殿の洗練を生む。

### 2　オリンピアのゼウス神殿とアテネのパルテノン
● クラシック時代の神殿建築は、ほぼ同時代の二つの対照的な大規模ドリス式神殿、オリンピアのゼウス神殿とアテネのパルテノンで代表される。ドリス式神殿の規範を達成した前者に対し、後者は、イオニア的な要素を交えた破格のドリス式神殿である。

### 3　アテネのアクロポリス
● イオニア式神殿の様式的完成も、ドリス式オーダーの地方であるアテネが達成した。アテネのアクロポリスの正門プロピュライアは、ドリス式の建築の中にイオニア式オーダーを持つ建築で、神域内には、アテナ・ニケ神殿とエレクテイオンのイオニア式神殿が建つ。

● **クラシック時代の神殿建築**　アルカイック時代に定型化されたドリス式神殿は一層洗練された形へと高められていく。比例の法則に基づく形の決定がギリシア建築の造形美としての調和を生む。比例と共に外的視覚性の重視から神殿の外観がより正しく見えるよう錯視補正技法リファイン

メント ▶1-3-1 を駆使しドリス式神殿は完成の域に達する。

この時代イオニア式神殿の巨大化がドリス式神殿にまで及ぶ。シチリア島やイタリア半島南部のギリシア植民地では前6世紀前半にドリス式神殿の建設が始まり、前6世紀中頃には巨大神殿セリヌスのアクロポリスに建つC神殿 ▶1-3-2 が誕生する。同じくセリヌスのマリネッラの丘のG神殿 ▶1-3-3 も大規模なものであった。ドリス式神殿の巨大化にあわせてイタリア半島南部ではドリス式の平面構成や比例にイオニア式オーダーが導入される。パエストゥムのアテナ神殿 ▶1-3-4 はドリス式の周柱に対してプロナオスのアンタ付柱と、その前柱にイオニア式を併用した初期の例である。更なる変化はコリント式オーダーの出現で、建築家イクティノスによるドリス式周柱のバッサイのアポロ神殿 ▶1-3-5 ではナオス両壁付柱がイオニア式に、さらにナオス後方柱がコリント式に代えられる。コリント式オーダーの最初の使用例であると共に内部柱にイオニア式とコリント式オーダーの混淆が認められる。ドリス式発祥の地であるギリシア本土のドリス式神殿も徐々に変容し、壁で囲われたナオスは外部列柱廊から独立したものと見做されナオス内部にイオニア式が浸透していくことになる。

● **オリンピアのゼウス神殿とアテネのパルテノン**　オリンピアの神域に建つ建築家リボンによるゼウス神殿 ▶1-3-6 は、現在廃墟となっているが、現存していればドリス式神

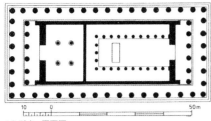

1-3-7(a)　平面図
円柱に囲まれた中央の堂体はアテナ像を安置するナオス
（右側）と後室の宝庫パルテノン（左側）に分かれている。

1-3-7(b)　復元透視図

1-3-7(c)　復元断面図
1-3-7　パルテノン（イクティノス、カリクラテス
ほか、アテネ、前447〜前432）

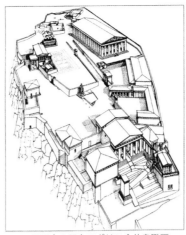

1-3-8　アテネのアクロポリス全体鳥瞰図

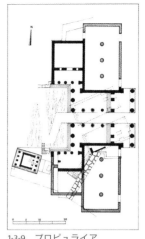

1-3-9　プロピュライア
（アテネ、前437〜前433頃）平面図

1-3-10　アテナ・ニケ神殿
（アテネ、前427〜前424頃）

1-3-11　エレクテイオン（アテネ、前421〜前406）
南ポーチのカリアティード

殿の完成形を見ることができただろう。標準柱間（ドリス尺で16尺＝約4.8m）を基準の1モドゥルスとし各部は比例で寸法決定され、仕上げに石灰岩表面を白漆喰で被い彩色が施された。

　片やアテネのアクロポリスに建つパルテノン▶1-3-7はドリス式神殿美の傑作だが、先の純粋なドリス式ゼウス神殿とは一線を画する。彫刻家フェイディアスを総監督にイクティノスらが既に建設が始まっていた工事を引き継ぐ。フェイディアス作の木像を黄金と象牙で覆った巨大なアテナ像のために広いナオスを要したが、元の計画でのペンテリコン産大理石ドラムの利用に応じ、プロナオスとオピストドモスの奥行きを狭め、従来のドリス式正面周柱6本を8本に、側面周柱も16本から17本へと変更した。周柱のドリス式に反って、宝庫内は背の高いオーダーに適したイオニア式柱を採用し、ナオス周壁フリーズのイオニア式浮き彫りなど、内部にイオニア式要素が散見される。従前の一建物は一様式でとの法則を覆した様式の混淆による神殿である。こうした様式の混淆はイオニア式とコリント式でドリス式が駆逐される予見ともいえ、現に前4世紀にはドリス式オーダーが漸次衰退していく。

●**アテネのアクロポリス**　アクロポリスとはポリスの要となる小高い丘陵地で、各地ポリスには神殿を設けた神域としてのアクロポリスがあり、その代表例が女神アテナを守護神とするアテネのアクロポリス▶1-3-8である。当初城塞の築かれた王宮があったとされるが、前6世紀末には神域として都市における宗教の中核となっていく。ペルシア戦争後の前5世紀後半パルテノン再建を主導したペリクレス（前495〜前429）の時代アテネは繁栄を極め、古代ギリシア文化が花開く。西側を除き三方を石灰岩による険しい断崖で囲まれた台地のアクロポリスにはパルテノンの他いくつかの神殿が建ち並ぶ。一見、各神殿配置に規則性はないが、アクロポリス入口プロピュライア▶1-3-9から一望すると各神殿の正面および側面が同時に見える。外的視覚性の重視から、より立体的に見せるための奥行感の強調を計った配置である。建築家ムネシクレスによるプロピュライアは、西側正面および東側背面に並ぶ各6本のドリス式円柱と中央列柱廊両側6本のイオニア式円柱の骨組みで、厳格な姿のドリス式外観と優美なイオニア式内部の融合が図られる。パルテノンの建築家の一人カリクラテスはプロピュライア入口右手前にイオニア式円柱の小神殿アテナ・ニケ神殿▶1-3-10を遺す。ムネシクレス設計のエレクテイオンもイオニア式円柱の神殿で、カリアティード（乙女像の柱）▶1-3-11の南ポーチとイオニア式円柱の北ポーチが付いた高低差を生かした複雑な神殿である。イオニア式の繊細な円柱による非対称構成▶1-1-10は、ドリス式のパルテノンに見る重厚で整然とした姿とは対照的である。　（小林）

21

# 1・4 ヘレニズム時代

1-4-1　ミレトス（現トルコ、エーゲ海東岸、前5世紀前半）
後にヒッポダモス方式と呼ばれる格子状街路計画

1-4-2　プリエネ
（現トルコ、エーゲ海東岸、前350頃）

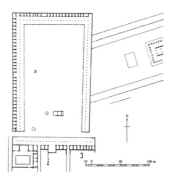

1-4-4　マグネシアのアルテミス神域（右）とアゴラ（左）
（現トルコ西部、前150）配置図

1-4-5　コス島のアスクレピオスの神域
（ギリシア、エーゲ海東、前2世紀）復元透視図

1-4-3　ペルガモン
（現トルコ、エーゲ海東岸、前3世紀半〜前2世紀半）

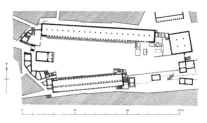

1-4-6　アッソスのアゴラ
（現トルコ、エーゲ海東岸、前4世紀〜前2世紀）配置図

## 3つの要点

### 1　ヘレニズム時代の建築
●アレクサンドロス大王の死からクレオパトラ7世が没したアクティウムの海戦前までの前323〜前31年が「ヘレニズム時代」である。アレクサンドロス大王の東方遠征により生まれた、ポリス社会とは異なる領土国家的文化の時代で、ヘレニズムを介してギリシア建築はローマ建築に流れ込む。単体建築よりも神域、都市広場、都市計画などの建築群の重要性が増す。

### 2　アゴラと公共建築
●ヘレニズム時代には、アゴラと呼ばれる都市広場が、神域であるアクロポリスと並んで重要な都市空間となる。アゴラに建つ各種公共建築や劇場など、公共的な建築が発展した。

### 3　大規模なイオニア式神殿
●ヘレニズム時代の建築には、壮大さを誇示する性格が見られるが、神殿においては、一群の巨大なアッティカ風のイオニア式神殿の建設が特筆される。マグネシアのアルテミス神殿の建築家ヘルモゲネスは神殿の建築理論の規範を示した。

●ヘレニズム時代の建築　ギリシアの初期都市建設は偶発的・無秩序で、単純な規則的計画や格子状街路計画を確認できるのが前7世紀頃の植民都市においてである。クラシック時代のミレトス▶1-4-1は格子状の街路計画で領域内が機能に従い区画されているが、未だ街区は画一的である。前5世紀、ミレトス出身のヒッポダモスは、単なる格子状街路計画でなく、都市要素を総合的に計画し記念碑的壮大

さと地形を利用した視覚的効果による景観調和を試みた。格子状街路計画を継承しつつ建築群による絵画的構成を目論んだ都市がプリエネ▶1-4-2である。ヘレニズム期は従来のより完成された単体建築物を目指すに留まらず、建築群を一体的に相互を規定していく。都市を壮麗な絵画的景観と結びつけ、軸線を重視した格子状街路や矩形広場の活用へと発展させていった。適例の一つであるペルガモン▶1-4-3は、高低差を高さの異なるテラスの利用で建築と景観を融合させた立体構成によるものである。

　自然の地勢に左右されていた神域も人工的に統制された空間へと変わる。マグネシアのアルテミス神域▶1-4-4は柱廊で囲んだ矩形広場中央に7段の基壇上に建つ神殿を位置させ、入口から神殿正面が見える厳格な中心軸による対称構成とする。同様の例としてコス島のアスクレピオス神域▶1-4-5が挙げられる。柱廊が神域を囲む立体的計画で、最上段中央のドリス式神殿を中心とした左右対称の配置、中心軸線上の階段での高低差処理など、壮大でモニュメンタルな構成はヘレニズム時代の都市計画の典型といえる。

●アゴラと公共建築　この時代を迎えると、宗教的施設だけでなくアゴラや劇場など都市公共施設の拡充が企図される。都市の神域アクロポリスに対して、市民生活の基盤となる公共広場アゴラは人が集まることから集会や商取引など政治、商業の中心となる。領域区画のために公共施設や

1-4-7 アッタロスのストア
（ギリシア、アテネ、前2世紀中頃）

1-4-9(a) テアトロン上部から
オルケストラを望む

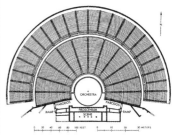

1-4-9(b) 平面図 上からテアトロン、オルケ
ストラ、プロスケニオン、スケーネと並ぶ

1-4-9 エピダウロスの劇場（ギリシア、ペロポネソス半島、前4世紀前半）

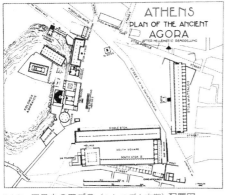

1-4-8 アテネのアゴラ（ヘレニズム末期）配置図

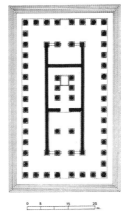

1-4-10 マグネシアのアルテミ
ス神殿（レフコフリエネ神殿）
（ヘルモゲネス、現トルコ西部、
前150）平面図

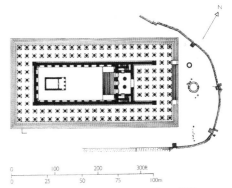

1-4-11 ディディマのアポロン神殿
（現トルコ、エーゲ海東岸、前2世紀後半）
平面図

宗教建築、ストアが広場を囲む。ストアは前面に屋根付きの柱廊を配した半屋外空間で奥側が部屋もしくは壁のみのＩ字型などの細長い建物で、その開放性から雨や日除け、催し物客席や商店などフレキシブルな市民空間であった。アッソスのアゴラ▶1-4-6は広場をストアと神殿、ブーレウテリオン（評議会議場）が囲み、当代の都市計画的特徴の視覚的効果を利用した都市景観を創出する。前300年頃のアテネのアゴラに特段の都市計画的要素は認め難いが、ヘレニズム時代、東面アッタロスのストア▶1-4-7を含め3棟のストアが建設され、西側公共施設と3方のストアが囲む擬似台形広場へと景観整備が行われた▶1-4-8。ストアと共に重要な都市施設に劇場がある。演劇は起源として儀式的・宗教的であったため、劇場は神域内もしくは近接して設置された。初期は平場のみで特定の建築形態はなかったが、前4世紀頃、中心角が180度より大きい扇形の階段状石造座席テアトロンが、背後の壁状の舞台背景兼楽屋のスケーネとその前の一段高くなった舞台プロスケニオンを備えた、すり鉢状底面の円形舞台オルケストラを取り囲む形式が生まれた。エピダウロスのアスクレピオス神域に保存状態の良い劇場▶1-4-9が遺される。この他行政官の執務施設であると共に公文書保管や役所、時には迎賓館でもあった都市の中心施設プリュタネイオン、運動と教育を目的とした施設ギムナシオン、1スタディオン（長さの単位、約

180m）の直線走路と客席による競技場スタディオン、図書館など、都市は様々な市民建築によって彩られていく。
●大規模なイオニア式神殿　従来の建築家の感覚（視覚）で調和を導き出す方法から論理による普遍的な美的方法論への転換が図られ、一層厳密な比例法則に従った寸法決定が求められるようになる。ドリス式はトリグリフの中心に柱を配置すると両端柱は中心から外れ柱間が狭くなり、柱間を等しくすると両端のメトプ幅が広くなるという問題を建築家が主観的に部分調整し解決してきたが、各部寸法決定が煩雑なため、ヘレニズム時代にはイオニア式が優勢となる。古代ローマのウィトルーウィウス『建築書』に影響を与えたとされる建築理論書を著したヘルモゲネスもイオニア式の優位性を示す。『建築書』にはヘルモゲネス発案の擬似二重周柱式イオニア式神殿に関する記述も見られ、ヘルモゲネスも自身の造形理論に基づく作品、マグネシアのアルテミス神殿▶1-4-10を設計する。爾来モニュメンタルな壮大さの追求と巨大性に有利かつ優位性を得たイオニア式による大規模神殿の建設が進む。ヘルモゲネスに倣い周柱を擬似二重周柱式としたサルディスのアルテミス・キベレ神殿（前300頃）、屋根のない中庭状ナオスに正面4柱のイオニア式小神殿が建つディディマのアポロン神殿▶1-4-11はヘレニズム時代のイオニア式巨大神殿の様相を端的に呈している。
（小林）

ローマ建国は伝説では前753年である。この時ローマは、イタリア中西部に定着していたエトルリア人の都市文明の中のラテン人による南部の小都市であった。前6世紀、エトルリアの最盛期にローマは貴族共和政を打ち立て、前3世紀にはエトルリアを滅ぼす。共和政ローマはヘレニズム諸勢力を駆逐し、前31年にはエジプトを併合して全地中海を手にし、前27年から帝政となる。エトルリア、ギリシア、ヘレニズムの影響を受けたローマ建築は、帝政期を通じて、神殿だけに限らない、強・用・美からなる建築の総合的な姿を実現する。

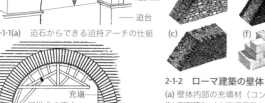

2-1-1(a) 迫石からできる迫持アーチの仕組

要石／迫石／迫高／起拱点／迫台

充填／起拱点の高さ

2-1-1(b) 迫持アーチと木造の仮枠

**2-1-1 石造迫持アーチ**

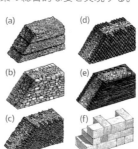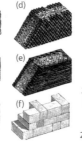

**2-1-2 ローマ建築の壁体**
(a) 壁体内部の充填材（コンクリート）、
(b) 割石積み、(c) 準網目積み、
(d) 網目積み、(e) 煉瓦積み、
(f) 切石整層積み

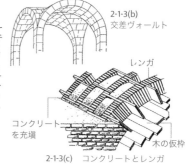

2-1-3(a) トンネル・ヴォールト

2-1-3(b) 交差ヴォールト

レンガ／コンクリートを充填／木の仮枠

2-1-3(c) コンクリートとレンガによるトンネル・ヴォールト

**2-1-3 ヴォールト**

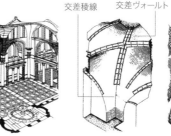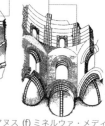

(a) アグリッパの浴場の半ドーム

(b) コンスタンティヌスのバシリカのトンネル・ヴォールト

(c) カラカラ浴場の半ドーム

交差稜線／交差ヴォールト／ペンデンティヴ

(d) カラカラ浴場のテピダリウムに架かるヴォールト

(e) ディオクレティアヌス浴場の交差ヴォールト

(f) ミネルウァ・メディカの神殿に架かるヴォールト

**2-1-4 ローマ建築のヴォールト**

## 3 つの要点

### 1 アーチの構造
●ローマ建築は、ギリシアからもたらされた石造の迫持アーチの構法を、建築の構造の中心に据えた。また、セメントと骨材でできるローマ式コンクリートを創出し、これを利用して、アーチの原理に基づく曲面天井であるヴォールト架構の様々な形式を発展させた。

### 2 五つのオーダー
●ギリシア建築からオーダーを受け継いだ。ドリス式、イオニア式、コリント式の他に、トスカナ式とコンポジット式の二種類のオーダーを新たに加え、オーダーを五つの円柱の形式とした。各オーダーに固有の比例 - シュンメトリアの考えもギリシアから受け継ぐ。アーチを構造体とする建物のアーチ形開口部をオーダーが装飾的に枠取る意匠が出現する。

### 3 ビルディング・タイプ
●ローマ建築の特徴は、建設と技術と実用の点にある。アーチとヴォールトによる技術で建造された、実用を旨とした多岐に渡る様々なビルディング・タイプが建築として建てられた。建物の内外を飾るオーダーが、様々なビルディング・タイプを「建築」の名に相応しいものに仕立て上げた。

重に耐えるようにして、開口の大きな差し渡しを実現する構法である。専ら柱と梁の楣式に頼ったギリシア神殿と異なり、ローマ建築は迫持アーチの可能性を利用した。

アーチの発展と並んで、共和政ローマではローマ式コンクリートが出現する。火山灰土を混ぜた天然セメントに割石や小石、煉瓦片などの骨材混ぜて作るローマ式コンクリートでは、石材や煉瓦で作られた型枠はそのまま残されて壁体の外装とされる▶2-1-2。帝政期になると、ローマ式コンクリートはもはや石造の代用ではなくなり、コンクリートで作られるアーチやヴォールト▶2-1-3 は、架構の形式や建築の形態の自由度を増大させ、建築の大規模化を促し、ローマ建築は、中で人間が活動をする内部空間を獲得する▶2-1-4。

●**五つのオーダー** アーチを構造の主体とするローマ建築では、構造としての柱は必要ない。しかしローマ建築は、構造体に施す装飾としてギリシア由来のオーダーを扱い、建築美を建物に与えた。オーダーは、従って建築の構造的制約を離れて比較的自由に建築を飾ることができた。帝政期には、アーチ形開口部をオーダーの円柱やエンタブラチュアで枠取る形の「ローマ式柱間」▶2-1-5 の意匠が生み出され一般化していく。しかしローマのオーダーはギリシアのシュンメトリアも受け継いだので、ギリシア同様、オーダーを構成する要素は各オーダーに固有の比例に従うと

●**アーチの構造** 前3世紀終わり頃からエトルリアやローマの建築は、イタリア南部のギリシア植民地やギリシア本土から伝わった石造の迫持アーチの構法を発展させる。迫持アーチ▶2-1-1 とは、小形の石材を迫石にして、開口の両側から徐々に持ち出して円弧状に積み上げて、上部の荷

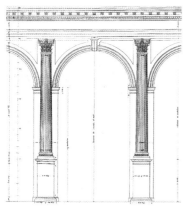

2-1-5　ローマ式柱間

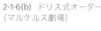

2-1-6(a)　トスカナ式オーダー
（コロッセウム）

2-1-6(b)　ドリス式オーダー
（マルケルス劇場）

2-1-6(c)　イオニア式オーダー
（ボルトゥヌス神殿）

2-1-6
ローマ建築のオーダー

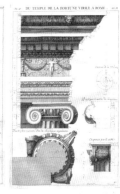

2-1-7　五つのオーダー
（クロード・ペロー 1683）

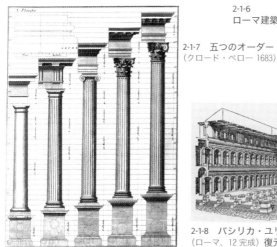

2-1-6(d)　コリント式オーダー
（パンテオン）

2-1-6(e)　コンポジット式オー
ダー（ティトゥスの凱旋門）

2-1-8　バシリカ・ユリア
（ローマ、12 完成）復元図

いう制約条件が付いた。

　ローマ建築は、ギリシア建築のドリス式、イオニア式、コリント式の三つのオーダーに加えて、受皿型の柱頭を持ち柱礎も備えた、エトルリア建築から受け継いだ簡素なトスカナ式オーダーと、イオニア式とコリント式を組み合わせた華麗なコンポジット式オーダーの二種類のオーダーを新たに創出した。ドリス、イオニア、コリントの三つのオーダーも、ヘレニズム建築のオーダーを手本として全体的に装飾性を強め、トスカナ、ドリス、イオニア、コリント、コンポジットの順で細身になる各オーダーのシュンメトリアも定まり、ルネサンス以降にヨーロッパ建築のオーダーの規範となる五つのオーダー▶2-1-6、2-1-7 が、ローマ建築で成立する。

●ビルディング・タイプ　ローマ建築においては、ギリシアのように神殿だけが重要な建築というわけではなく、他にも、実用的な公共建築の種々のビルディング・タイプが、アーチ、ヴォールト、コンクリートの技術で様々に建てられ、これにオーダーが施されることで建築美が付与され、ローマの都市文化の重要な建築として建てられていった。実用建築としてのビルディング・タイプの多様化はローマ建築の大きな特徴である。都市広場であるフォルムに建てられた、裁判・集会などの多人数のための多目的な広間状の建築バシリカ▶2-1-8 や、1世紀末には「皇帝の浴場」と

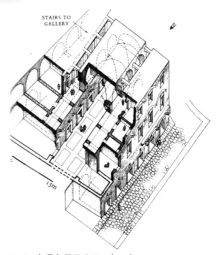

2-1-9　トラヤヌスのマーケット
（ローマ、100 ～ 112 頃）
メイン・マーケット・ホール

して複雑な構成を持った大規模建築となる浴場、自然の地形を利用せずに市街地に独立した建造物として建設された劇場や円形闘技場、あるいはマーケット▶2-1-9、記念柱や記念門、凱旋門などのモニュメントなど、ローマが建築として建造したビルディング・タイプとその形態は多岐に渡る。

（西田）

# 2・2 エトルリア時代、共和政時代

2-2-1　トスカナ式オーダー

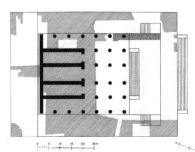

2-2-2(a)　復元平面図

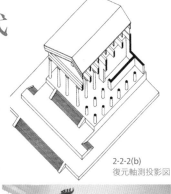

2-2-2(b)　復元軸測投影図

2-2-2　ユピテル・オプティムス・マキシムス、
ユーノー、ミネルウァ神殿（ローマ、前509 ?）

2-2-2(c)　復元模型

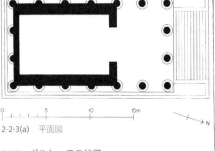

2-2-3(a)　平面図

2-2-3　ポルトゥヌス神殿
（フォルトゥナ・ウィリリス神殿、ローマ、
前2世紀）平面図

2-2-3(b)　立面図

2-2-3(c)　外観

## 3つの要点

### 1　エトルリア時代
●前3世紀中頃まで存続したエトルリア人の都市文明における建築の中で知られているのは、神殿と墳墓である。ギリシア建築の影響も留めるその特徴は、ローマ建築の神殿と住宅に受け継がれた。

### 2　共和政初期の建築
●イタリア半島に勢力を伸ばしてエトルリアを滅ぼした前6〜3世紀の共和政ローマの建築は、エトルリアとヘレニズム文化の影響を受けたラテン人の建築であった。高い基壇の上に建ち切妻屋根を乗せる長方形平面の神殿は、妻側正面に円柱を並べた「神の住まい」だった。

### 3　共和政末期の建築
●前2世紀以降の共和政末期のローマ建築は、強いヘレニズムの影響のもと、ギリシア建築のオーダーを取り入れ、アーチ構造を用い、ヴォールトを建造し、ビルディング・タイプが多様化し始めるなど、ローマ建築の独自性を示す。神殿と並んで、ポンペイで見られるアトリウムやペリステュリウムを持つ住宅建築の出現が特筆される。

●**エトルリア時代**　エトルリアの神殿は、その「正面性」に特徴の一つがある。平面配置において設定された中心軸を基準として、ファサードの前面には柱がシンメトリカルに並び、さらには、その中心軸を強調するかのように、高い基壇の上に建つ神殿へと向かう階段が正面中央に配されていた。そしてそこで用いられていたオーダーは、ギリシ

ア建築のそれではなく、礎盤の上に溝彫りをもたない柱身を立てドリス式に似た受け皿型の柱頭を載せたトスカナ式オーダー▶2-2-1であった。

●**共和政初期の建築**　王政を経て、共和政が始まる紀元前6世紀は、ローマ建築の黎明期に位置づけられる。この頃のローマは、文化的には未だエトルリアの影響下にあった。カピトリヌスの丘に建設された、国家的儀式の行われる最も格の高い神殿ユピテル・オプティムス・マキシムス、ユーノー、ミネルウァ神殿▶2-2-2は、先のエトルリアの神殿の特徴を具備した、まさにエトルリア式ローマ神殿と呼ぶべき神殿であった。さらには、神室の前面には三列に列柱が立ち並ぶ奥行きのある吹き放ちの空間が形成されていた。また、間口や奥行きに対して柱の高さが抑えられ、ペディメントには彫刻などの装飾は施されておらず、これらの点ではギリシア神殿とは異なった様相を呈していた。

●**共和政末期の建築**　紀元前272年南イタリアに位置した最後のギリシア植民地都市ターレスを陥落させ、イタリア半島の統一を果たしたローマは、その後、マケドニアや小アジアなどへも勢力を伸ばし、征服と略奪を通じて文化的に高い水準にあったギリシアやヘレニズムの文化を直接的に摂取していくこととなる。前2世紀に建設されたポルトゥヌス神殿▶2-2-3は、それまでのエトルリア神殿の形式を踏襲しつつも、擬似周柱式の平面形式を採用しているが、

2-2-5　ポンペイのバシリカ（前2世紀）

2-2-4(a)　鳥瞰写真
2-2-4　ポンペイのフォルム

ペリステュリウム

ペリステュリウム

アトリウム

アトリウム

タブリヌム

0　10　20m

2-2-6(a)　平面図

2-2-4(b)　配置図
（図中 1. バシリカ、2. 元老院）

2-2-6(b)　アトリウム

2-2-6　ファウヌスの家（ポンペイ、前2〜1世紀）

2-2-7　ディアナの家（オスティア、2世紀中頃）復元模型

これはギリシア神殿の周柱式平面形式がローマにもたらされた一つの帰結であるとされている。さらに、エトルリア時代以来の石と木とテラコッタではなく、神殿は大理石によって建設されるようになり、ギリシア由来の三種のオーダー － ドリス、イオニア、コリントの各オーダーが「新たなオーダー」として使用されるようになる。テヴェレ河畔に建つ円形神殿、通称ウェスタ神殿（ヘルクレス・ウィクトワール神殿、ローマ、前1世紀）は、ヘレニズム時代における正統なコリント式オーダーを用いた共和政末期のローマ神殿として知られる。

　フォルムにおける空間の秩序化もまた、ギリシア・ヘレニズム文化の影響の一つと考えられている。多くの場合都市の中心部に位置した都市広場フォルムは、政治や商業、そして様々な公的活動のための施設がその周りに集積した都市の核としての広場を意味した。前2世紀以降これらの広場は、ポンペイのフォルム▶2-2-4のように、三方を列柱廊で囲まれた、中心軸を有する左右対称の矩形の広場という秩序づけられた空間性を獲得することとなる。言うまでもなく、こうした特徴は、ヘレニズム時代の神域やアゴラに見られた形式にその起源を辿ることができる。

　このフォルムにとって欠くことのできない建築が、バシリカとクリア（元老院）▶2-2-4(b)であった。バシリカとは、もとは裁判のための施設であったと考えられるが、徐々に

様々な集会や商取引などにも使用されるようになり、多人数が使用する公共空間として定着していく。先のポンペイのフォルムに建設されたバシリカ▶2-2-5は、その一例と言えよう。列柱もしくはアーケードによってその広間状の内部空間は、中央の身廊とその両側の側廊に分けられ、身廊の天井高を高くすることでそこには光が降り注ぐこととなる。

　紀元前2世紀頃になると、住宅にもヘレニズム文化の影響が現れる。ドムスと呼ばれるローマの伝統的な独立住宅は、アトリウム（天窓つき大広間）の周囲を諸室が囲む構成をなしていた。ファウヌスの家▶2-2-6にあるように、このアトリウム型の住宅の後庭に、ヘレニズム時代の東地中海の住宅に見られた、列柱廊に囲まれた中庭ペリステュリウムが持ち込まれることとなる。このようなアトリウム - ペリステュリウム型の住宅において、主要な室は、次第にペリステュリウムの周りに配されることが多くなっていく。また古代ローマでは、6〜7階あるいはそれ以上にも及ぶインスラと呼ばれる集合住宅も建てられていた。道路に面した1階部分には店舗（タヴェルナ）が入り、2階以上が住居として使用された。大規模化したインスラには、オスティアのディアナの家▶2-2-7のように、ペリステュリウムを配し、内部への採光、通風を確保するものもあった。

（本田）

2-3-2(a) 復元図

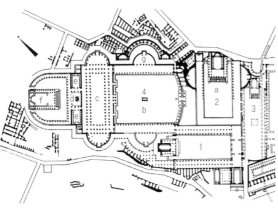

2-3-1　皇帝たちのフォルム

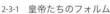

1. カエサルのフォルム
2. アウグストゥスのフォルム
3. フォルム・トランジトリウム（ネルウァのフォルム）
4. トラヤヌスのフォルム

a. マルス・ウルトル神殿
b. トラヤヌス帝の騎馬像
c. バシリカ・ウルピア
d. トラヤヌスの記念柱、
e. 図書館
f. トラヤヌス神殿
g. トラヤヌスのマーケット

2-3-2(b) 現況
2-3-2　マルス・ウルトル神殿
（ローマ、アウグストゥスのフォルム、前2世紀頃）

2-3-3 メゾン・カレ
（フランス、ニーム、前16）

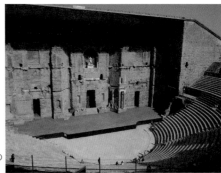

2-3-4　オランジュの劇場（前50頃）

## 3 つの要点

### 1 ローマ帝政期の建築
●一般にローマ建築と言った場合、帝政期のローマ帝国の建築を指すことが多い。共和政末期のカエサルの時代から、初代ローマ皇帝アウグストゥスを経て、ローマ帝国の版図が最大となった2世紀初めの皇帝トラヤヌスの時代にかけて、ローマ帝国の建築は大きく展開した。

### 2 アウグストゥスの古典主義
●前44〜14年のカエサルからアウグストゥスの時代にかけてのローマ建築は、ギリシア・ヘレニズム文化への強い憧れのもと、アウグストゥス時代にローマの古典主義建築が確立し、ローマの帝国建築は最初の黄金時代を迎える。

### 3 ローマ建築の確立
●14〜117年の皇帝ティベリウスからトラヤヌスの時代には、ローマ建築は古典主義の傾向を強めつつも、同時にコンクリートやアーチの技術を広範に利用し始める。こうしてトラヤヌスの時になると、ヘレニズム文化の影響から脱却し、独自のローマ建築が確立する。

●ローマ帝政期の建築　古代ローマ人が共和政期を通じてその摂取に努めたギリシア・ヘレニズム時代以来の古典建築は、帝政への移行期、すなわちカエサルからアウグストゥス帝の時代において完全に消化され、古代ローマの古典主義建築が完成の域に達する。特にアウグストゥス帝の時代の建築は、ギリシア建築を指向する古典主義的性向を強く保持し、「アウグストゥス様式」とも呼称される。ただし、

様式的完成は、一種の造形上の閉塞状況を導くこととなる。トラヤヌス帝の時代は、新たな建築意匠、つまりはローマ独自の建築様式の模索が試みられた時代であった。

●アウグストゥスの古典主義　古代ローマのフォルムは、フォルム・ユリウスやアウグストゥスのフォルムをはじめとする「皇帝たちのフォルム」▶2-3-1においてその基本形が確立されたと考えられる。それは、整然と並ぶ列柱で囲まれた矩形の広場に、中心軸に基づいて左右対称に諸施設を配置するというものであり、それまでのフォルムと比べ、広場の一体性が高められていた。アウグストゥスのフォルムでは、フォルムの短辺、つまりは中心軸上の最奥にマルス・ウルトル神殿▶2-3-2が配され、さらには高い基壇の上に置かれることで、空間の軸性がより強調されている。

　古代ローマが版図を広げるにつれ、首都ローマで生み出された建築の形式は「規範」として属州へと伝えられていく。通称メゾン・カレ▶2-3-3に見られるように、高い基壇と正面に据えられた階段、そして擬似周柱式の平面形式の採用は、ローマ神殿の典型的特徴とされる。またこの神殿では、ローマ型のコリント式オーダーが用いられている。古代ギリシアから受け継いだオーダーの中でも、古代ローマ人はコリント式オーダーを好み、その装飾性をより豊かなものとするかたちで洗練させていくこととなる。

　古代ローマにおける劇場建築▶2-3-4もまた、古代ギリ

2-3-5　マルケルス劇場（ローマ、前23〜前13）

2-3-6　トラヤヌスの記念柱（ローマ、113）

2-3-7　ティトゥスの凱旋門（ローマ、81以降）

2-3-8(a)　外観

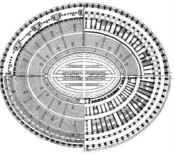
2-3-8(b)　平面図

2-3-8(c)　内部

2-3-8　コロッセウム（ローマ、72〜80頃）

シアの劇場を継承、発展させたものであるが、自然の斜面が利用されたギリシアに対し、古代ローマではアーチやヴォールトによって平地に階段状の観客席（カウェア）を造り出すことが可能となった。また、古代ローマでは、舞台背景（フロンス・スカエナエ）の高さが半円形となった観客席の外周壁の高さに揃えられ、さらには、舞台の差し掛け屋根と観客席頂部に立てられたマストとの間に天幕が張られることによって、舞台と客席が一体となった内部空間が創出された。そしてこの外周壁には、連続したアーチをオーダーで枠取るという古代ローマが発展させた意匠法が確認できる。このような完成されたローマ劇場の典型をマルケルス劇場 ▶ 2-3-5 に見て取ることができる。

●ローマ建築の確立　最も壮大かつ壮麗なフォルムと評されるトラヤヌスのフォルムは、中心軸上に、神殿、記念柱 ▶ 2-3-6、バシリカ、そしてトラヤヌス帝の騎馬像を中央に据えた中庭を配し、二つの図書館とともに完全なるシンメトリカルな配置を達成している。そしてこれらの建築には大理石が仕上げとして用いられ、さらにはオーダーによる意匠が施されている。このような特徴は、この時代までに古代ローマが獲得してきた建築的所産に他ならない。

　コンクリートを手に入れた古代ローマにおいてオーダーは、構造体を仕上げる装飾的要素、すなわち美的規範としての役割を果たすこととなる。帝政期ローマでは、アーチをオーダーで枠取るという意匠法が洗練されていく。そしてその完成された姿をティトゥスの凱旋門 ▶ 2-3-7 において確認することができる。中央部のアーチはコンポジット式オーダー ▶ 2-1-6(e) によって枠取られ、アーチ頂部ではS字形の装飾的要石がエンタブラチュアとアーチをつなぐことで、構造としてのアーチと装飾としてのオーダーが一体となった意匠が成立している。基壇とアティック（屋階）の導入に加え、単純な数的比例関係で主要部分が決定されていることもまた、記念門建築の要点とされる。

　帝政前期、ローマ市の中心部に、後にコロッセウム ▶ 2-3-8 の名で知られることとなる巨大な建築物がその姿を現す。約4万5千人もの観客を収容できたこの円形闘技場では、楕円形平面（長径約188m／短径約156m）に放射状に壁が配され、その上にコンクリートを用いたヴォールトを架けることによって観客席が設けられた。また、全周527mにわたるコロッセウムの周壁は、3層に積み上げられたアーケードとコリント式のピラスターで分節された壁面によって構成され、それはアーチの連続によって特徴づけられている。また3層のアーケードでは、下からドリス式（トスカナ風ドリス式とも言われる ▶ 2-1-6(a)）、イオニア式、コリント式の3/4円柱がアーチを枠取っている。その偉容は、古典建築の「教科書」として、近世の建築に多大なる影響を与えることとなる。　　　　　　　　　　（本田）

29

# 2·4 帝政期 (2)

2-4-1(a)　正面外観

2-4-1(b)　内部

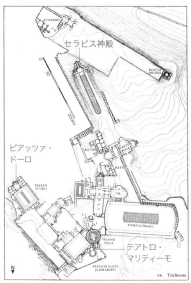

2-4-2(a)　全体平面図

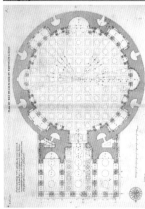

2-4-1(c)　平面図

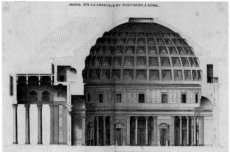

2-4-1(d)　断面図

2-4-1　パンテオン（ローマ、118 〜 28）

2-4-2(b)　セラピス神殿
（ヴィラ・アドリアーナ、132 〜 35 頃）
2-4-2　ヴィラ・アドリアーナ
（イタリア、ティヴォリ、118 〜 34 頃）

## 3 つの要点

### 1　ローマ建築の勝利と衰退
● トラヤヌスの時代に独自の帝国建築の成立を見たのち、帝国の領土経営においては守勢に入るものの、五賢帝に数えられる皇帝ハドリアヌスの時代以降、ローマ帝国の建築は成熟期を迎える。その後の時代は、313 年以降のキリスト教建築の出現までは停滞期とされる。

### 2　帝国建築の成熟
● 117 年の皇帝ハドリアヌスに始まる時代には、古典主義の洗練と同時にバロック的傾向も現れ、また属州におけるローマ建築も大きく発展し、成熟したローマ建築の時代が、ローマ内戦が勃発する 192 年まで続く。ハドリアヌス帝の時代はローマ建築の傑作の時代である。

### 3　帝国建築の停滞
● 192 年のローマ内戦以降、皇帝コンスタンティヌスがミラノ勅令でキリスト教を公認する 313 年頃までの時代は、軍事力が物を言う政治的に不安定な社会情勢を反映して、巨大性やバロック的奇想、あるいは復古的性格で特徴づけられる。

● ローマ建築の勝利と衰退　「パクス・ロマーナ（ローマの平和）」と称される、いわゆる五賢帝の時代において古代ローマは繁栄を享受する。帝国の版図を最大のものとしたトラヤヌス帝に続き皇帝の座に就いたハドリアヌス帝は、トラヤヌス帝による建築的遺産を引き継ぎ、旺盛な建設活動を行ったことで知られる。この時代に、コロッセウムと並び称される古代ローマ建築を代表するパンテオンが建設

されることとなる。ただし、287 年に帝国の東西二分割統治が始まったことが象徴しているように、肥大化したローマ帝国は政治的に不安定な時代を迎えるのであった。そしてこの時代には、それまでに確立された建築の形式や意匠が安易に踏襲されるなど、創造的な建設活動は影を潜めるのであった。

● 帝国建築の成熟　万有神殿という意をその名とするパンテオン ▶ 2-4-1、2-1-6(d) は、その内部に 43.8 m の球体を宿している。小宇宙を象徴しているとも言われるこの巨大な「虚」としての空間は、古代ローマにおいて著しい発達を見せた構造技術によってはじめて実現可能なものとなった。すなわちそれは、迫持アーチとローマ式コンクリートの邂逅を意味した。迫持アーチは、石造において発達した構法であったが、帝政期に入ると、コンクリートによるアーチが実用に供され、さらに、アーチ構造の原理に基づいたさまざまなヴォールトやドームが生み出されていく。なぜならコンクリートは、加工が比較的容易な木製の型枠によってその造形を決定することができるという可塑性を有していたからであった。パンテオンでは、アーチやヴォールトを徹底的に活用することによって、円筒形の壁部分に開口部や空隙部を作り出し、壁の自重を軽減することに成功している。同じくドーム部は、上方ほど壁厚を薄くし、コンクリートの骨材に軽量の凝灰石や軽石を用いることで自重

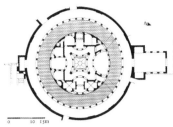

2-4-2(c) テアトロ・マリティーモ（海の劇場）
（ヴィラ・アドリアーナ、118 〜 25）平面図

2-4-2(d) テアトロ・マリティーモ（海の劇場）
（ヴィラ・アドリアーナ、118 〜 25）

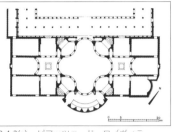

2-4-2(e) ピアッツァ・ドーロ（ヴィラ・
アドリアーナ、125 〜 33）平面図

2-4-2(f) ピアッツァ・ドーロ
（ヴィラ・アドリアーナ、125 〜 33）

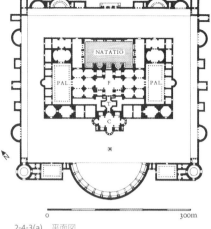

2-4-3(a) 平面図

2-4-4(a) 内部

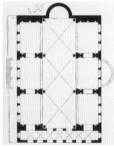

2-4-4(b) 平面図

2-4-4 コンスタンティヌスのバシリカ（ローマ、307 〜 12 およびその後）

2-4-3(b) 創造復元図

2-4-3 ディオクレティアヌスの浴場（ローマ、298 〜 368 頃）

を軽くし、安定した構造を達成している。

　パンテオンと時を同じくしてハドリアヌス帝は、自身の別荘ヴィラ・アドリアーナ ▶ 2-4-2 の建設に着手する。ローマの東約 30 km に位置するティヴォリに建設されたこのヴィラは、数多くの建築からなり、一つの村とも呼ぶべき規模を誇った。パンテオンは古代ローマのドーム建築の到達点と言えるが、ヴィラ・アドリアーナでは、カノプスのセラピス神殿 ▶ 2-4-2(b) に架けられた傘型ドームや、交差ヴォールトを用いた大浴場のドームなど、その多様化が見られた。また、それまでのローマ建築が直交する軸線に基づいていたのに対し、このヴィラでは複数の屈曲する軸線に沿って建物が配され、建物間の多様な関係性が生み出されている。さらにテアトロ・マリティーモ（海の劇場）▶ 2-4-2(c)、(d) やピアッツァ・ドーロ ▶ 2-4-2(e)、(f) に代表されるように、コンクリートの可塑性を活かした曲面の大胆な使用が認められることからも、このヴィラはローマ建築のバロック的傾向の頂点とも評される。

●帝国建築の停滞　歴代のローマ皇帝の中には、浴場を中心とした一大レクリエーション施設の建設に取り組む者が現れる。その過程において「皇帝の浴場」と呼ばれるビルディング・タイプが確立されていった。中心となる建物は、明快な軸線を保持し、その中心軸上には循環式入浴法にあわせて熱浴室、温浴室、冷浴室、そして大プールといった

浴場施設が整然と並べられた。そしてその周囲には、図書室や講義室などが配されるとともに、中心施設と高い周壁の間には散歩や運動のための屋外空間パラエストラが広がり、中には一つの都市にも喩えられる規模を誇るものすらあった。帝政末期に建設されたディオクレティアヌスの浴場 ▶ 2-4-3 は、その典型例の一つであり、3,000 人を収容できたと伝えられる。

　この巨大性は、浴場にのみ確認されるわけではなく、ローマ世界最大のバシリカであるコンスタンティヌスのバシリカ（バシリカ・ノウァ）▶ 2-4-4 もまたこの時代に建設されている。長辺約 100 m、短辺約 65 m の矩形平面の中央には、高さ約 35 m の巨大な身廊が位置し、その天井には交差ヴォールトが架けられていた。その内部空間は、多彩な大理石板によって仕上げられており、このような巨大で豪奢な内部空間の創造にこそ、このバシリカの特質が見出せる。

　帝政末期を代表するこのような大空間は、古代ローマがそれまでに獲得していたローマ式コンクリートのヴォールト架構への適用によって可能となったものであった。さらに、その建築形式もまた、すでに確立されていたものであった。このように古代ローマ建築は、ある意味では停滞的状況おいてその最終局面を迎えることとなる。　（本田）

# 『ウィトルーウィウス 建築書』——「書物」という建築の形

古代ローマ、共和制末期の詩人ホラーティウス（前65～前8）は、「私は、ブロンズよりも永遠なる記念物を建てた」と詩に歌い、自らの詩を建造物以上に永続するモニュメントだとした。記憶を伝えるというモニュメントとしては、建築よりも詩、つまり文章や書物の方が永遠不滅だというのである。同じ時代、紀元前35年から25年の間に成立した十書からなる『建築書』が今に伝わる。著者は、歴史上初めて「建築」を「書物」にして、永遠のモニュメントにした。この『建築書』の著者ウィトルーウィウスについては、この書以外に知られるところはほとんどない。バシリカの建設に携わったこと、水道の技術者であり、ユリウス＝カエサル（前100～44）に大砲の技術者として仕えたことはわかっている。『建築書』の中で彼は、建築に対して勤勉で誠実であるが故に、ほとんど名声は得られなかったと言う。しかし初代皇帝アウグストゥス（前63～後14、在位前27～後14）に献呈され、ラテン語で書かれた『建築書』により、彼は建築の歴史に不滅の名を刻み、後の世の名声を得た。

ウィトルーウィウスの『建築書』は、建築は、建物を建てる事、日時計を作る事、機械を作る事の三部門からなるとする。『建築書』十書の各書は、現代でいうなら、都市計画、材料学、計画各論（神殿、公共建築、劇場、浴場、港、住宅）、一般構造、衛生設備、天文学、各種機械と兵器、という幅広い領域に割り振られ、その理論と技術を記述し、その全体像を建築とする。『建築書』は、「建築は制作と理論から成立つ」と言う。「理論」は「比例」である。建築はシュンメトリアで建つ。『建築書』は、比例の理論で建築の各部が割り付けられることを示す。建築は円柱の様式に従う。『建築書』は、後に「オーダー」と呼ばれる円柱の様式に従った建築のあり方を説く。すぐに使える実用的な数値をも示す。ドリス式の柱の直径は2モドゥルスで、高さは柱頭込みで14モドゥルス、柱頭の高さは1モドゥルス、幅は2モドゥルス1/6、壁体を強固にする砂と石灰の混合比は、山砂3に石灰1、川砂あるいは海砂2に石灰1、のようなレシピが示される。

「強と用と美の理が保たれるようにすべきである」という有名な建築定義もこの『建築書』のものである。構造としての安定の理である「強」、建物を支障なく使用できる間取りや配置の理である「用」、そして建物がシュンメトリアの理に適っているときに得られる「美」である。帝政時代に発展するローマ建築の特徴である「強」や「用」について『建築書』は多くを語らない。「美」については、ギリシア建築の例を引いて記す。ヘレニズムの伝統が残る時代のウィトルーウィウスにとってギリシア建築は同時代建築である。アウグストゥスによって都市ローマが大きく変貌を遂げようとしているとき、古い様式であるギリシア建築の伝統が失われていくのを彼

は目にしていた。失われつつある建築を記録に残すのも『建築書』の役目であった。ウィトルーウィウスが自身の経験を通して観察、考察したことの記述と、先人の、特にギリシアの建築家などが書き残した個別的事項についてのテキストから得た知識の二種類を情報源として『建築書』は書かれた。ギリシアの建築家たちは、個別の事項については書き残したが、建築という領野全てを体系的に一冊の書物にすることはなかった。本人も自負するように、ウィトルーウィウスは初めて「建築」の全体を、彼が範とするギリシア建築を核にして、「書物」という形で示した。ウィトルーウィウスは、知識人や学者たちを主要な読者対象とした。

ローマ帝政期の建築には『建築書』の直接的影響は見られない。しかし『建築書』は、写本として中世の修道院で生きながらえた。中世は『建築書』を実用書として扱った。ルネサンスの1414年、スイスのザンクト・ガレン修道院図書室で、人文学者ポッジョ・ブラッチョリーニが『ウィトルーウィウス建築書』の写本を発見する。1452年にレオン・バッティスタ・アルベルティが、この写本を範として著した『建築論』を公表する。ウィトルーウィウスの翻案であるこの書は古典主義建築のあり方を決定付けた。1486年には『建築書』の最初の版本が、そして1511年にはフラ・ジョコンドが挿絵を付した版本を刊行する。1521年にはチェザーレ・チェザリアーノがイタリア語訳を、多数の図版を付して出版する。16世紀には、ドイツ語訳、フランス語訳、スペイン語訳も出版される。ルネサンスの大建築家たち、ヴィニョーラ、パラーディオ、フィラレーテ、セルリオ等は皆『ウィトルーウィウス建築書』を見た。そして彼らも自身の『建築書』を著す。これらは、大なり小なり『ウィトルーウィウス建築書』の翻案である。18世紀後半の新古典主義の時代になるまで、『ウィトルーウィウス建築書』は、近世が理想のモデルとした古代建築についての不動の権威であり続ける。

日本語版は、森田慶一／訳註『ウィトルーウィウス建築書・普及版』東海大学出版会、東海選書、1979年。

**『建築書』が著されたアウグストゥス時代のローマの建築**

マルケルス劇場のイオニア式オーダー（ローマ、前23～前13）
ウィトルーウィウスはイオニア式オーダーのシュンメトリアを詳細に論じている。
（撮影　西田雅嗣）

　　西洋建築史の「中世」は、15世紀のルネサンスの人文主義者が、彼らが理想とする「古代」と、そして「古代」の文明を再生して進歩する彼らの時代「近世」との間に挟まれた野蛮な闇の時代として建築史に登場させた。建築史における中世は、19世紀になってから時代様式で語られるようになる。

　　「中世」はキリスト教会の権力が支配する宗教的な時代で、修道院と教会堂が西洋を覆った時代である。ローマ末期に現れたキリスト教建築が、キリスト教建築の時代としての中世という時代の劈頭を飾る。ローマの伝統は東ローマ帝国でビザンティン建築として独自の展開を辿る。西ローマ帝国を手にしてカトリック化したゲルマン民族が、ローマ建築に学び、ローマ建築を基にして、独自の建築の創造へと向かう。9世紀にはカロリング朝建築として、11・12世紀にはロマネスク建築として、13〜15世紀にはゴシック建築として、キリスト教ヨーロッパは、とりわけ宗教建築において独自の建築様式を達成する。中世の二大建築様式、ロマネスクとゴシックが、構造と形態と表現において対照的な方法で実現した建築は、西洋のキリスト教建築の到達点である。

●クリュニー第Ⅲ教会堂（フランス、クリュニー、1088〜1130）大交差廊南袖廊天井見上げ（撮影：西田雅嗣）

## 3·1〈時代様式概説〉 長堂と集中堂

古代の末期、313年にコンスタンティヌス帝が発布したミラノ勅令でキリスト教が公認されると、それまで迫害を逃れるために地上に建設されることのなかったキリスト教の礼拝専用の建築が、ローマ帝国内に続々と建てられるようになる。古代の末期である4世紀から、中世の始まりである5世紀末頃までを初期キリスト教建築の時代という。これ以後、6世紀から10世紀のプレ・ロマネスクの時代、そしてロマネスク、ゴシックと、中世を通じての建築の主役はキリスト教の宗教建築である。キリスト教建築はその出現時から、二つの原型的な形式を見せていた。本章では、初期キリスト教とプレ・ロマネスクの時代を合わせて初期中世として扱う。

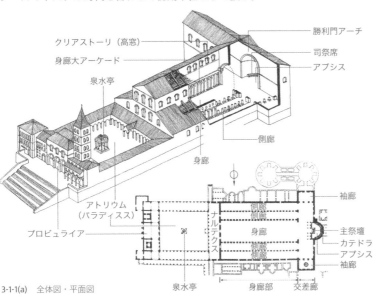

3-1-1(a) 全体図・平面図

**3-1-1 バシリカ式教会堂の構成**（旧サン・ピエトロ大聖堂、ローマ、319〜）

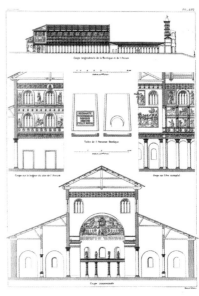

3-1-1(b) 断面図

### 3つの要点

#### 1 長 堂
● 4世紀に出現した最初のキリスト教建築は、当時のローマ建築のビルディング・タイプの中から、キリスト教の礼拝に転用可能なものを選んで作られた建築で、その後のキリスト教建築の原型となった。原型の一つが、入口から奥へ向かう水平軸を強調した「長堂」式の教会堂で、集会施設である公共バシリカをミサのための教会堂に転用したもので、「バシリカ式教会堂」という。

#### 2 集中堂
● もう一つの原型が「集中堂」で、トロスと呼ばれる円形神殿や、墓廟・霊廟、あるいは庭園などに建つパヴィリオンをモデルとし、円形、正八角形、正六角形、正方形、ギリシア十字形などを平面として、堂の中央の上にドームを乗せる求心的な空間構成を持つ。洗礼堂、殉教者記念堂、霊廟などに用いられ、時には集中堂形式の教会堂も建てられた。

#### 3 バシリカの新しい形
● ローマ帝国は395年に東西に分かれる。西ローマ帝国、そこに侵入したゲルマン諸部族の国、そして9世紀のカロリング朝のフランク帝国の西方世界では、二つの原型のうちのバシリカ式教会堂が新しい形へと変化し、次のロマネスクやゴシックの教会堂建築を直接準備する形式が生まれる。

● **長堂** ローマ建築の公共バシリカは細長い箱型の集会用の建築であった。内部は、長軸方向に並ぶ列柱もしくはアーケードが、中央の空間（身廊）と、それよりも天井の低い両脇の空間（側廊）に区分していた。身廊上方側面には窓が並び、そこから採光した。この形式は、集まった信者がパンとぶどう酒の聖変化の場を共有するミサのための施設に転用できる形だった。長方形平面の一方の短辺に入り口が設けられ、反対側の短辺には半円形平面の上に半ドームが乗るアプシスが付けられ、「バシリカ式教会堂」 ▶3-1-1 が生まれた。アプシスは身廊との境のところで勝利門アーチに縁取られ、前には主祭壇が置かれる。アプシスの半円形の壁面に沿って司祭席（プレスビテリウム、至聖所）を設け、その中心軸上の真ん中を一段高くして司教席（カテドラ）とした。主祭壇前に囲われた聖歌隊席からアプシスまでを内陣とする。大規模な教会堂の場合、アプシスの前に、身廊の軸に直交する形で交差廊が加えられ、平面の形がラテン十字形となる。身廊と側廊を隔てる列柱は身廊大アーケードと呼ばれ、その上の壁面に高窓（クリアストーリ）が並んで堂内を明るく照らす。屋根は木造小屋組で作られ、大アーケードの円柱は古材の再利用（スポリア）であることが多かった。入口の前はナルテクス（玄関廊）と呼ばれ、まだ信者になっていない人たちの場所だった。その前には列柱廊で囲われた四角い前庭アトリウム（パラディススともいう）が広がる。バシリカ式教会堂では、入口を入ると、前方の奥の方の端部にある勝利門アーチで囲われた霊的ボルテージの高いアプシスへと否応なく注意が引き寄せられる。バシリカ式教会堂は、軸線と距離の空間である。

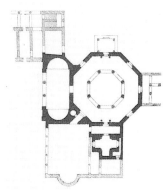

3-1-2(a) 平面図

3-1-3(a) 全体図（Conant）

3-1-3 カロリング朝時代のバシリカ式
教会堂（コルヴァイ修道院教会堂、ドイツ、873〜85）

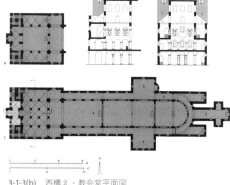

3-1-3(b) 西構え・教会堂平面図

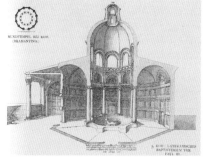

3-1-2(b) 断面図
3-1-2 集中堂の構成（サン・ジョヴァンニ・イン・ラテラーノ大聖堂洗礼堂、ローマ、313〜）

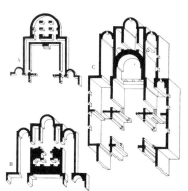

3-1-4 カロリング朝時代のクリュプタの発達
サン＝フィリベール＝ド＝グランリュー修道院教会堂（フランス、814〜47頃）

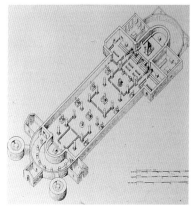

3-1-5 対向内陣式の教会堂
ザンクト・ガレン修道院教会堂復元図

●集中堂　対して中央空間にドームをのせ、円形や正多角形、あるいは四本の腕の長さが等しい十字形であるギリシア十字形を平面の中心に置く集中堂 ▶3-1-2 では、空間に強い中心点があるのでそこに注意が向かう。同時に、上に乗るドームの上方へと視線は引き寄せられる。求心的な高さの建築であり、天上世界の建築化である。バシリカ式教会堂とは大きく異なる空間の性格である。集中堂の場合も中央の円形空間の周りを、大アーケードが隔てる側廊（この場合は周歩廊ともいう）が取り囲み、大アーケード上方には高窓が並び、上方から光が降り注ぐ。

　洗礼堂は集中堂で建てられた。中央に浸水洗礼のための大きな洗礼槽を置き、その周囲で儀式が執り行われる。洗礼堂が好んだ正八角形の平面は、神のこの世の創造における7日目の安息日の後の8日目の8、つまり洗礼によって新たな生を授かる象徴性を持つ数でできた形である。元来墓廟の形式であった集中堂は、キリスト教でも、殉教者や成人の墓廟や聖跡、聖遺物を治める殉教者記念堂（マルティリウム）などに用いられた。コンスタンティヌス帝が創建したエルサレムの聖墳墓教会堂では、キリストの墓である岩を覆っているのがアナスタシスと呼ばれる円堂である。数は多くはないが、ミサのための教会堂に集中堂の形式が用いられることもあった。

●バシリカの新しい形　西ローマ帝国に侵入したゲルマン人の諸部族もカトリックに改宗し、ローマ建築を手本としてキリスト教建築を建てるようになる。ゲルマン人たちが西ヨーロッパ各地に様々な工夫を凝らして建てた長堂や集中堂の石造の教会堂が遺っている。

　カール大帝の時代、8世紀後半から9世紀のカロリング朝のフランク帝国では、修道院が数多く設立され、附属教会堂として建設されたバシリカ式教会堂が大型化・複雑化して新しい形のバシリカ式教会堂が現れた ▶3-1-3。殉教者記念堂や聖人廟などは内陣の床下にクリュプタ（地下祭室、地下聖堂）として取り込まれるようになる。非常に発達した大掛かりなクリュプタも出現した ▶3-1-4。この頃になるとバシリカ式教会堂は内陣を東に置き、西側を入口とするオリエンテーションが決まりになる。教会堂の東側が霊的に最も重要な場となるが、世俗権力である皇帝の介入がバシリカ式教会堂の西側にその表現の場を求め、多層構成で、正面の左右に双塔を備えた手の込んだ「西構え」（ヴェストヴェルク）と呼ばれる西側部分を作り出した。この肥大化した西側は半ば独立した建築のようであり、しばしば祭壇も置かれて西内陣を形成した。こうしてできた東西に内陣を持つ形式を対向内陣式（二重内陣式） ▶3-1-5 という。カロリング朝はこうしてバシリカ式教会堂の姿を大きく変えた。　　　　　　　　　　　　　　　　（西田）

3-2-1　コンスタンティヌスの凱旋門（ローマ、315）

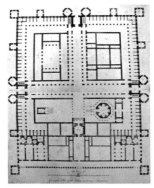

3-2-2　スパラートのディオクレティアヌス宮殿（クロアチア、300～6）平面図

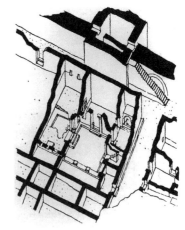

3-2-3　ドゥラ・エウロポス 住宅教会堂（シリア、3世紀初頭）

3-2-4　サン・ジョヴァンニ・イン・ラテラーノ大聖堂（ローマ、313年起工）

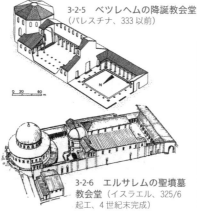

3-2-5　ベツレヘムの降誕教会堂（パレスチナ、333以前）

3-2-6　エルサレムの聖墳墓教会堂（イスラエル、325/6起工、4世紀末完成）

3-2-7　サン・パウロ・フォリ・レ・ムーラ教会堂（ローマ、388創建、1928再建）（ピラネージ画、1748）

## 3つの要点

### 1　古代末期のキリスト教建築
●最初のキリスト教建築は古代の末期、ローマ帝国が衰退し始めた後期ローマ帝国の時代に出現した。キリスト教はその時、既にローマ帝国各地に広まっていたが、迫害を受けることが多く、信徒は信仰に必要な集会や儀式を、迫害を避けるように共同の地下墓地であるカタコンベや、あるいは住宅を転用した住宅教会で行っていた。

### 2　コンスタンティヌス帝のキリスト教建築
●313年にミラノ勅令でキリスト教を公認したコンスタンティヌス帝はその時以降、ローマ、パレスチナ、そしてコンスタンティノープルにキリスト教の儀式・典礼のための大規模な建築を自ら建設し、中世を通じて大きく展開するキリスト教建築の出発点を画した。

### 3　コンスタンティヌス帝以後の初期キリスト教建築
●コンスタンティヌス帝以後の4世紀後半以降、ローマ世界でのキリスト教の拡大につれて、長堂式と集中堂式を二つの原型としたキリスト教の宗教建築が、ローマ、ギリシア、ガリアなど西ヨーロッパ世界に数多く建設され浸透していく。

●**古代末期のキリスト教建築**　313年のミラノ勅令がキリスト教を公認し、ローマの地上に最初のキリスト教建築が建設されたのはコンスタンティヌス帝の時代（312～337）で、ローマ帝国後期の時代である。当時のローマ建築は、ディオクレティアヌスの浴場▶2-4-3やコンスタンティヌスのバシリカ▶2-4-4に見られる巨大性、あるいはコンスタ

ンティヌスの凱旋門▶3-2-1に見られる創造性の枯渇、そしてスパラートのディオクレティアヌス宮殿▶3-2-2やピアッツァ・アルメリーナ（4世紀初め）に窺われる建築的奇想で特徴付けられる。

　一方すでにローマ帝国内に広まっていたキリスト教の信徒は、公認以前は皇帝達から迫害を受けることがしばしばで、市壁の外の共同の地下墓所であるカタコンベに礼拝、典礼用の装飾を施し所々に聖所を設けて儀式用の集会の場としていた。ローマ郊外にあるサン・カリスト（2世紀前半～3世紀）やプリシッラ（2世紀初頭）のカタコンベなどがキリスト教装飾で重要である。信者である貴族、有力者、富裕者の住宅が信仰の場所として用いられることもあった。現在のシリア東部の古代都市遺跡ドゥラ・エウロポスでは、3世紀初頭の、住宅を転用した形のキリスト教徒のための施設－住宅教会堂▶3-2-3が見つかっている。

●**コンスタンティヌス帝のキリスト教建築**　分割統治が始まったローマ帝国末期の時代、コンスタンティヌス帝はローマ帝国の再統一を目論む。313年にミラノ勅令を発布したコンスタンティヌス帝は自らの発願で大規模な一連のバシリカ式の大聖堂を建設した。「ローマと世界のすべての教会の母にして頭」として建てられたサン・ジョヴァンニ・イン・ラテラーノ大聖堂▶3-2-4は、身廊の両側に二本ずつ側廊を持つ五廊式の身廊部を持つ巨大なバシリカ式教会

3-2-8　サンタ・マリア・
マッジョーレ教会堂
（ローマ、432〜40頃）

3-2-9　サンタ・サビーナ
教会堂（ローマ、422〜32）

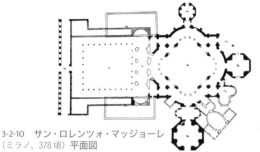

3-2-10　サン・ロレンツォ・マッジョーレ
（ミラノ、378頃）平面図

3-2-11　サント・ステ
ファノ・ロトンド
（ローマ、468〜83）

3-2-12　サン・ジョヴァ
ンニ・イン・ラテラー
ノ大聖堂付属洗礼堂
（ローマ、440）

3-2-13　サンタ・コスタンツァ廟堂
（現教会堂、ローマ、350頃）

堂、洗礼堂▶3-1-2(a)、教皇宮殿、学校などの附属施設を附設する複合建築であった。使徒聖ペテロの墓の上に建てられたサン・ピエトロ大聖堂▶3-1-1も五廊式で、交差廊やアトリウムも完備する標識的な初期キリスト教の大規模バシリカ式教会堂であった。

　コンスタンティヌス帝はパレスティナにもキリスト教建築を建設した。ベツレヘムの降誕教会堂▶3-2-5とエルサレムの聖墳墓教会堂▶3-2-6は、バシリカ式教会堂の頭部に、それぞれキリスト降誕の場、キリストの遺体を納めた岩を覆う集中堂の建築を接合した形式である。聖墳墓教会堂の集中堂はアナスタシスと呼ばれる円堂で、中世を通じて大きな影響を持った。

●コンスタンティヌス帝以後の初期キリスト教建築　コンスタンティヌス帝の時代には他にも様々な形式のキリスト教建築が試行されたが、バシリカ式の長堂形式と集中堂形式が支配的になる。初期キリスト教時代の重要な建築は、コンスタンティヌス帝没後もこの二つの原型の形式を採って、西ヨーロッパ中で展開する。

　バシリカ式教会堂では、ローマには、テオドシウス帝が聖パウロの墓の上の記念堂を再建して建てた巨大なサン・パウロ・フォリ・レ・ムーラ教会堂▶3-2-7、内部空間に創建当初の姿を留めるサンタ・マリア・マッジョーレ教会堂▶3-2-8があり、交差廊のない単純な箱型の、身廊の両側に側廊を一本ずつ備えた三廊式で5世紀の新しいバシリカ式教会堂の標準的な形を見せるサンタ・サビーナ教会堂▶3-2-9がある。

　集中堂の建築では、司教聖アンブロジウスが活発な建設活動を見せたミラノのサン・ロレンツォ・マッジョーレ▶3-2-10が大規模な教会堂で、前面にアトリウムを遺している。またローマのサント・ステファノ・ロトンド▶3-2-11も大規模な教会堂で、アナスタシスをモデルとして建てられたと伝わる。サン・ジョヴァンニ・イン・ラテラーノ大聖堂付属の洗礼堂は、改築で440年にできたもの▶3-2-12だが、当初の正八角形平面を残し、集中堂の洗礼堂の典型と言える。ローマのサンタ・コスタンツァ廟堂▶3-2-13は、ドームの架かる中央部の周りをトンネル・ヴォールトが架かった周歩廊が取り囲む形式で、円堂形式の典型である。

　こうした建築の他にも、324年にコンスタンティヌス帝が建設した新首都コンスタンティノープルや、早くからキリスト教化されたギリシア地方、北イタリアのラヴェンナ、現在のフランスにあたるガリア地方などでも、コンスタンティヌス帝以来の初期キリスト教建築は、様々なローカルなバリエーションや工夫を伴いながら続々と建設された。

（西田）

# 3·3 蛮族侵入期

3-3-1 ポワティエのサン=ジャン洗礼堂
（フランス、4世紀末〜7世紀半）

3-3-2 ララのサンタ・マリア・デ・クィンタ
ニーリャ・デ・ラス・ヴィーニャス教会堂
（スペイン、7世紀後半、後陣部分のみ現存）

3-3-4 ラヴェンナのサン・ジョヴァンニ・エ
ヴァンゲリスタ教会堂（イタリア、424〜34）

3-3-3(a) 平面図

3-3-3 ナーヴェのサン・ペドロ・デ・ラ・ナー
ヴェ教会堂（スペイン、7世紀後半〜8世紀初頭）

3-3-3(b) 内観

3-3-5 ラヴェンナのサンタポリナーレ・
ヌオヴォ教会堂（イタリア、5世紀末）

## 3つの要点

### 1 ゲルマン民族の侵入期
● 5世から7世紀にかけては、古代ローマの末期であると同時に、ゲルマン民族のローマ帝国領内への到来と定住の時代であり、ゲルマン民族の建築が始まる時代でもある。また6世紀には東ローマ帝国が地中海のほぼ全域を手中に収める時期も出現し、この時代はローマ建築、ビザンティン建築、ゲルマン人の建築の三者が輻輳する時代である。

### 2 西ゴート王国
● 最終的にイベリア半島に定住したゲルマン部族国家の西ゴート王国（5〜8世紀）は、7世紀のイベリア半島で、西ゴート建築と呼ばれる独自の石造建築の展開を見せた。カトリックを受け入れ、6世紀のシリアやビザンティンにも比べることのできる独自のゲルマン建築文化を形成し始める。

### 3 東ゴート王国
● 西ローマ帝国首都ラヴェンナを首都としたゲルマン部族国家の東ゴート王国（5〜6世紀）は、東ローマ帝国の影響の下でローマ色の強い建築を生む。5世紀末から、東ローマ帝国に征服される6世紀にかけてのラヴェンナに建てられた東ゴート王国の建築は初期ビザンティン建築でもある。

● ゲルマン民族の侵入期　395年、テオドシウス帝はローマ帝国を東西に分割した。ローマ帝国はこれ以後二度と統一されることはなかった。ゲルマン民族はローマ帝国の軍事境界線付近に定住していた。476年、将軍オドアケルが西ローマ皇帝を廃位する。これ以降、ローマ帝国とは東ローマ帝国（ビザンティン帝国）であり、かつての西ローマ帝国の領土内にはゲルマン部族国家が生まれる。6世紀には一時的に東ローマ帝国が力をつけ、往時のローマ帝国を思わせる地中海世界を領土とするが、北イタリアに侵入してイタリア半島に勢力を拡大したゲルマン部族のロンバルト王国の出現や、ペルシアの勢力拡大で領土を東方に移す。

　5世紀から7世紀にかけての西ヨーロッパ世界の建築は、蛮族と呼ばれるゲルマン人の侵入と徐々に独自性を強める東ローマ帝国、そして依然存在感と影響力を保持するローマの伝統といった三つの要素のせめぎ合いの中に姿を見せる。帝国領土内に定住したゲルマン人達は、自分たちが持っていなかった建築という文化を、ローマの建築を利用することで獲得し始める。フランク族のメロヴィング朝フランク王国の建築の例としては、現在のフランスのポワティエにあるサン=ジャン洗礼堂 ▶ 3-3-1 がある。4世紀末のローマ建築をゲルマン人が利用し始め、6〜7世紀半ばに改築して利用し続けた様子がこの建築に窺える。

　この時期の建築の実態を語る現存建築の数は多くはない。それでも、西ゴート族がイベリア半島を中心に建国した西ゴート王国、そして東ゴート族が、東ローマ帝国の強い影響力と西ローマの伝統のもとで建築活動を行なった北イタリアのラヴェンナの建築は、この時代のローマの建築要素とゲルマン的要素が絡み合う様相を見せてくれる。

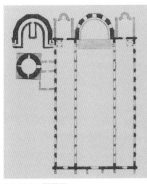

3-3-6(a)　平面図　　　　　3-3-6(b)　身廊

3-3-6　ラヴェンナのサンタポリナーレ・イン・クラッセ教会堂
（イタリア、534 頃～49）

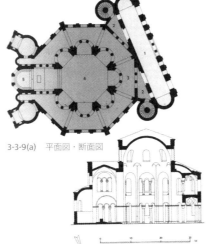

3-3-9(a)　平面図・断面図

3-3-8　ラヴェンナのテオドリックの廟堂
（イタリア、526 頃）

3-3-7　ラヴェンナの正教徒洗礼堂
（イタリア、540～50 頃）

3-3-9(b)　内部

3-3-9　ラヴェンナのサン・ヴィターレ教会堂
（イタリア、546～48 完成）

●西ゴート王国　中央ヨーロッパのダキアからローマ帝国領内に侵入した西ゴート族は、イタリア半島、ガリア（現在のフランス）を経て、6 世紀後半にはトレドを拠点にしてイベリア半島に王国の地を定め、カトリックにも改宗する。7 世紀になると、他の地中海地方の建築やローマ建築とは異なる独自の建築を生み出し、7 世紀から 8 世紀の初め頃まで「西ゴート建築」と呼ばれる建築を建てた。

　西ゴート建築の教会堂は、角形の祭室、馬蹄形アーチ、仕切りで区画された内部、石造ヴォールト天井の試行、比較的大きな切石による精度の高い組積などの特徴を持つ。カスティーリャ地方のララのサンタ・マリア・デ・クィンタニーリャ・デ・ラス・ヴィーニャス教会堂 ▶ 3-3-2 やナーヴェのサン・ペドロ・デ・ラ・ナーヴェ教会堂 ▶ 3-3-3 が代表例で、角形の至聖所をもち、バシリカ式を基にした十字形の平面の上に建つ、直線的な形の教会堂である。

●東ゴート王国　東ゴート族の王テオドリックが建設した東ゴート王国（493～555）は首都を西ローマ帝国の首都だった北イタリアのラヴェンナに定めた。イタリア半島におけるローマ権力再興を東ローマ皇帝に託されて生まれた東ゴート王国は、ローマの文化を積極的に継承した。東ローマ皇帝ユスティニアヌスがラヴェンナを征服（540）した後に完成した建築も含めて、ラヴェンナにはテオドリックの下で、ローマ建築の性格が強い宮廷建築が建てられた。テ

オドリック王からユスティニアヌス帝にかけて開花したラヴェンナの建築は、初期ビザンティン建築とされる。

　ラヴェンナにある三つのバシリカ式教会堂 - 東ゴート王国以前の建設のサン・ジョヴァンニ・エヴァンゲリスタ教会堂 ▶ 3-3-4、テオドリック王の宮廷附属教会堂であるサンタポリナーレ・ヌオヴォ教会堂 ▶ 3-3-5、ユスティニアヌス帝時代建設のサンタポリナーレ・イン・クラッセ教会堂 ▶ 3-3-6 は、身廊壁面のモザイク画や副柱頭などの装飾要素を除けば、ローマに生まれた初期キリスト教のバシリカ式教会堂の構成を遵守している。ラヴェンナには三つの集中堂もある。東ゴート王国以前の建築である正教徒洗礼堂 ▶ 3-3-7 は初期キリスト教建築の洗礼堂であり、テオドリックの廟堂 ▶ 3-3-8 は、大型の切り石積みで、地下に埋葬室を置き、巨大な一枚石の屋根を載せた建築、そしてユスティニアヌス帝の下で工事が進められたサン・ヴィターレ教会堂 ▶ 3-3-9 は、ギャラリーが付く周歩廊が巡る、直径 17 メートルのドームを乗せた八角形平面の集中堂で、大アーケード柱間が半円形のエクセドラになった初期ビザンティンの傑作建築である。

（西田）

# 3·4 プレ・ロマネスク建築

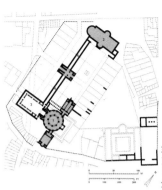

3-4-1 カール大帝の
アーヘンの宮殿
（ドイツ、790〜805）
全体平面図

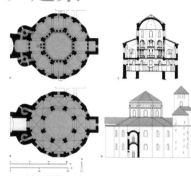

3-4-2(a) 平面図・立面図・断面図

3-4-2 アーヘンの宮廷礼拝堂（ドイツ、805年献堂）

3-4-2(b) 内部

3-4-3(a) 外部　　　　3-4-3(b) 内部
3-4-3 ジェルミニ＝デ＝プレ教会堂（フランス、806）

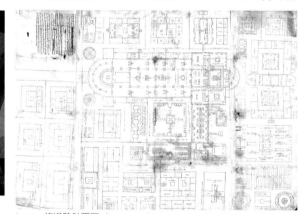

3-4-4 修道院計画図（スイス、ザンクト・ガレン修道院蔵、820頃）

## 3つの要点

### 1 カロリング朝の建築
●大多数のゲルマン諸部族を統一したフランク王国は、9世紀のカロリング帝国の時代に活発な建設活動を見せる。ローマへの強い憧れを基調として、ゲルマン的要素をそこに混在させ、その後の西ヨーロッパの中世建築の基本となる姿が現れる。特にバシリカ式教会堂の建築形式が大きく刷新される。こうした建築の時代をプレ・ロマネスクと呼ぶ。

### 2 修道院、そしてバシリカ式教会堂の刷新
●カロリング帝国のカール大帝は、帝国経営の基盤をカトリックに求めた。カロリング帝国には多くの修道院が設けられ、その後の西ヨーロッパ世界での修道院建築の定型となる構成が出現する。また、このような修道院に建てられた附属教会堂は、その後の長堂式教会堂建築の展開の出発点となる形を見せ始める。

### 3 ロンバルディア地方とイベリア半島の建築
●9世紀から10世紀にかけて、カロリング帝国の周縁地方である北イタリアのロンバルディア地方とイベリア半島には、次の時代様式であるロマネスクに直結する組積造の技術や意匠を見せる建築が現れる。ヨーロッパ南部に展開したこれらの建築を特に「初期ロマネスク建築」と呼ぶこともある。

●カロリング朝の建築　カール大帝のアーヘンの宮殿▶3-4-1には、北にローマ風のバシリカ「王の広間」があり、南には、ラヴェンナのサン・ヴィターレ教会堂を模した正八角形平面の中央空間の上にドームを乗せ、その周りを二層の周歩廊が巡る、全体が正十六角形平面の宮廷礼拝堂▶3-4-2がある。礼拝堂の前には矩形のアトリウムが広がり、王の広間と長い直線の歩廊でつながり、中央に王の居館が建つ。メッスのオドの手になるこの宮殿建築は、ローマ建築とビザンティン建築というモデルのゲルマン的理解を示している。カール大帝の側近テオドゥルフがアーヘンの宮廷礼拝堂を模して建てたジェルミニ＝デ＝プレ教会堂▶3-4-3は、ギリシア十字形を平面とする集中堂で、中央にペンデンティヴ・ドームが乗り、東端部の三連アプシスはモザイクで装飾され、やはりローマとビザンティンの建築をモデルとする。カロリング朝建築にはローマへの強い憧れが見られる。

●修道院、そしてバシリカ式教会堂の刷新　6世紀の『聖ベネディクトゥスの戒律』に基づく西欧型の共住修道制が採用され、学者修道士を招いて開いた数々の修道院でカロリング・ルネサンスが出現する。スイスのザンクト・ガレン修道院に残る、820年ごろに描かれた修道院計画図▶3-4-4は、帝国経営の拠点としてのカロリング朝修道院の理想の姿を伝える。教育、療養、生産、貯蔵の各施設に囲まれた広大な敷地の中央、方形の中庭を囲む回廊の周囲に、附属教会堂と、修道士の生活のための諸施設が配されて修道院の中心部が形作られる。この形式はその後永く修道院の基本形式であり続ける。この計画図の附属教会堂▶3-1-5

3-4-5　オーセールのサン＝ジェルマン修道院教会堂
（フランス、9世紀半ば）クリュプタ

3-4-6　ケントゥーラのサン＝リキエ修道院
（フランス、790〜99、現存せず）
17世紀初に描かれた図

ロンバルド帯
3-4-7　サン・ヴィチェンツォ・イン・プラート教会堂
（イタリア、ミラノ、814〜33頃）会堂頭部

3-4-8　サン・フーリアン・デ・ロス・プラードス教会堂（スペイン、9世紀初め）会堂頭部

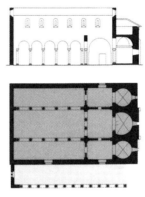
3-4-9(a)　平面図・断面図

3-4-9(b)　外観

3-4-9　サン・ミゲル・デ・エスカラーダ教会堂（スペイン、913献堂）

は対向内陣式のバシリカ式教会堂で、半円形のアトリウムと二基の塔が西側に付き、東側の内陣下には地下祭室（クリュプタ）もある大規模建築が描かれている。クリュプタは、カロリング朝のバシリカ式教会堂で発展した礼拝空間で、オーセールのサン＝ジェルマン修道院教会堂 ▶3-4-5 では、側廊を持った二層の発達したクリュプタが見られる。

　教会堂建築の新しい形は、ケントゥーラのサン＝リキエ修道院 ▶3-4-6 と9世紀のコルヴァイ修道院 ▶3-1-3 に見られる。ケントゥーラのサン＝リキエ修道院は、救世主と聖リキエに捧げられたバシリカ式の修道院附属教会堂が、他の二棟のバシリカ式教会堂（サン＝ブノワ教会堂とサント＝マリー教会堂）と長い回廊でつながれた複合建築で、救世主／サン＝リキエ教会堂だけが極端に大きく、一つのバシリカ式の教会堂に諸々の機能が集約される様子が伺える。教会堂東側に、聖リキエに捧げられた塔を頂く交差廊を持つが、西端部にも救世主に捧げられた塔を頂く「西構え」と呼ばれる大掛かりな構造物が付く。「西構え」の内部は多層で祭壇を備え、正面に双塔を備えるなど、内陣以上に手の込んだ建築で、バシリカの西側にもう一つの内陣を形成し、「対向内陣」と呼ばれる形式を生み出した。「西構え」は、その後数世紀にわたって長堂式の教会堂の西側の形の基本形となる。コルヴァイ修道院の教会堂に「西構え」が現存する ▶3-1-3。

●ロンバルディア地方とイベリア半島の建築　小割石の壁体、トンネル・ヴォールトの架構、外壁のロンバルド帯といった高度な石造技術で建てられた建築は、9世紀に北イタリアのロンバルディア地方に現れ、イベリア半島に至る地中海沿岸地方に「初期ロマネスク建築」をもたらした。バシリカ東端部の三連アプシスや壁付き小円柱の装飾などはロンバルディア地方に由来する。ミラノのサン・ヴィチェンツォ・イン・プラート教会堂 ▶3-4-7 やコモ地方のアリアーテのサン・ピエトロ教会堂（875頃）は、アプシスや内陣に石造天井ヴォールトを架け、ロンバルド帯が外壁を飾る「初期ロマネスク建築」のバシリカ式教会堂である。

　イベリア半島北岸アストゥリアス地方では8世紀末から10世紀初頭にかけて、西ゴート建築の伝統を保持した石造建築がアストゥリアス王国に展開した。馬蹄形アーチを用いず、矩形平面のバシリカを基本に、横断アーチを備えた石造ヴォールト天井を架ける。例としてサン・フーリアン・デ・ロス・プラードス教会堂 ▶3-4-8、サンタ・マリア・デ・ナランコ教会堂（848献堂）がある。9世紀末から11世紀末にかけての、イスラムの支配圏内に建ったキリスト教建築をモサラベ建築という。イスラム建築の影響が加わり、内部を仕切壁で区画したバシリカを馬蹄形アーチの美しいアーケードが飾るサン・ミゲル・デ・エスカラーダ教会堂 ▶3-4-9 のような建築が生まれた。　　　　（西田）

# 第4章 【中世】ビザンティン建築 ── ドームの建築

## 4・1〈時代様式概説〉ギリシア十字式教会堂

395年、ローマ帝国は東西に分割されローマ帝国は二つになる。330年にコンスタンティノープル（現トルコのイスタンブル）を首都とした東ローマ帝国は、初めは西のローマ帝国と同様の初期キリスト教建築を建てていたが、ギリシア文化の中に作られた東ローマ帝国は、徐々に独自の文化を形成し、教会や建築においても西とは異なる独自性を見せる。6世紀、ユスティニアヌス帝の時代には、ローマの地中海帝国にも匹敵する勢威を見せる。1453年にオスマン帝国に滅ぼされるまでの1000年に渡る東ローマ帝国の建築をビザンティン建築と呼ぶ。

4-1-1(a) 東側からの外観

4-1-1(b) バシリカの上にドームが乗る構造

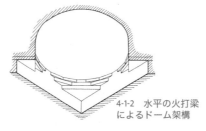

4-1-2 水平の火打梁によるドーム架構

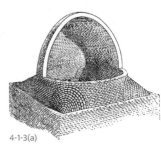

4-1-3(a)

4-1-1 コンスタンティノープルのハギア・ソフィア大聖堂
（イスタンブル、532〜37）

4-1-3(b)

4-1-3 トロンプ・ドーム

4-1-3(c) トロンプ・ドームの例（サン＝ポール＝トロワ＝シャトー大聖堂、フランス、12世紀）

### 3つの要点

**1 集中堂とバシリカ式の融合**
●初期ビザンティンの時代、皇帝ユスティニアヌスは、コンスタンティノープルのハギア・ソフィア大聖堂の再建において、初期キリスト教建築で生まれた二つの原型的形式である集中堂とバシリカ式を融合して、ドームが主張する新しい形式の教会堂建築を創出した。

**2 トロンプとペンデンティヴ**
●ビザンティンの集中堂と長堂式が融合した建築にはドームが乗る。箱形空間の上にドームを乗せる架構技術としてトロンプとペンデンティヴという二つの構法があるが、ビザンティン建築では、ペンデンティヴ・ドームという高度な架構法が多く使われた。

**3 ギリシア十字式教会堂**
●中期・後期ビザンティン建築を代表するのがギリシア十字式教会堂と呼ばれる形式の建築で、ハギア・ソフィア大聖堂で出現した集中堂とバシリカ式を融合したドーム建築を起源とする、ビザンティン建築に独特の新しい集中堂の形式である。

●集中堂とバシリカ式の融合　ビザンティン美術史では、9世紀半ば以降12世紀末までを中期、13世紀から、コンスタンティノープルをオスマンが征服してビザンティン帝国が滅亡する1453年までを後期と呼ぶ。中期・後期では「ギリシア十字式教会堂」という、ビザンティン建築が新たに生み出した建築形式が特徴となるが、この形式の基になっ

た建築は、初期ビザンティン美術の時代であるユスティニアヌス帝の時代の建築に現れる。ユスティニアヌス帝が再建したコンスタンティノープルのハギア・ソフィア大聖堂 ▶4-1-1、4-2-3 と、それとともにほぼ同時に建設された二つの教会堂、そして彼が再建したコンスタンティノープルの聖使徒教会堂（536頃〜65）、あるいはエフェソスのハギオス・ヨアンニス・オ・テオロゴス教会堂 ▶4-2-6 は、箱形空間の上にドームを乗せた建築で、一様にドーム建築への執着を見せる。これらに見られるバシリカとドームの融合は、初期キリスト教建築の二つの原型的形式の融合であり、今までにない新しい建築形式の出現を告げる。ビザンティン建築は、ハギア・ソフィア大聖堂以後、箱形空間の上にドームを乗せ、ドームに執着し、ドームを介して集中堂建築の可能性を追求した。

●トロンプとペンデンティヴ　箱形空間の上にドームを乗せると言う建築課題には、正方形の平面の上に円形の基礎を持つドームを架けると言う技術的問題がある。正方形の四隅に火打梁を架けて、全体を八角形にしてドームを架ける方法 ▶4-1-2 が考えられるが、二点間に水平の梁を差し渡すよりも、アーチで跨ぐ方が一般的である文化圏では、水平の火打梁の代わりにアーチを使って正方形平面を、正八角形、そして円に近付けようとした。正方形の隅に架けたアーチで出来る穴は、隅に向かって徐々に小さくなるア

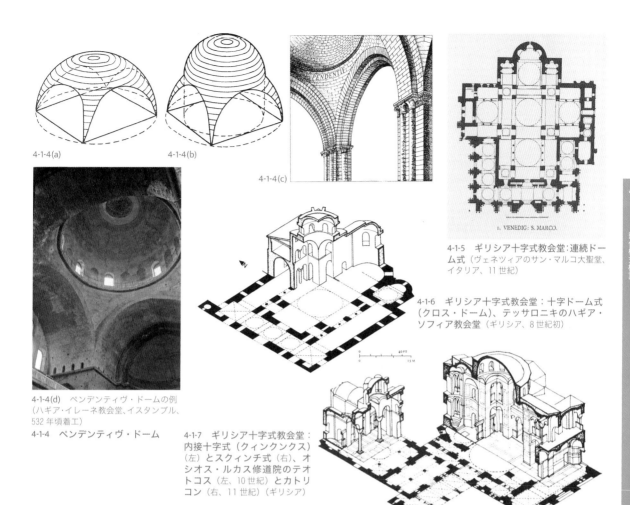

4-1-4(a)

4-1-4(b)

4-1-4(c)

4-1-4(d)　ペンデンティヴ・ドームの例
（ハギア・イレーネ教会堂、イスタンブル、
532 年頃着工）
4-1-4　ペンデンティヴ・ドーム

4-1-5　ギリシア十字式教会堂：連続ドーム式（ヴェネツィアのサン・マルコ大聖堂、イタリア、11 世紀）

4-1-6　ギリシア十字式教会堂：十字ドーム式（クロス・ドーム）、テッサロニキのハギア・ソフィア教会堂（ギリシア、8 世紀初）

4-1-7　ギリシア十字式教会堂：内接十字式（クィンクンクス）（左）とスクィンチ式（右）、オシオス・ルカス修道院のテオトコス（左、10 世紀）とカトリコン（右、11 世紀）（ギリシア）

ーチを重ねた半割りのコーン形のヴォールトで塞ぐ。この半割りのコーン形の部分をトロンプ▶4-1-3 と呼ぶ。しかしビザンティン建築では、矩形から円への移行がより滑らかなペンデンティヴ▶4-1-4 という構法が多用された。正方形に外接する円で出来るドームから、正方形からはみだした球面の裾を四辺に沿って切り落とすと、四辺の上の垂直の半円の大開口と、四隅の上の球面三角形の上に乗る扁平のドームが出来る。正方形の四隅に立ち上がる球面三角形をペンデンティヴと呼ぶ。扁平のドームだと自重で崩落する危険性もあるので、この扁平ドームを水平に切り落として出来る円形を基礎として、その上に半球ドームを乗せる▶4-1-4(b) 場合が多い。

●ギリシア十字式教会堂　ビザンティン建築の代表的な遺構の一つであるヴェネツィアのサン・マルコ大聖堂▶4-2-1 の平面は、四本の腕の長さの等しい十字形（ギリシア十字形という）で、その四本の腕の上と、腕が交差する中心部に合計五つのドームを乗せる集中堂式教会堂▶4-1-5 である。このように、教会堂の平面の中にギリシア十字が形作られ、腕の交差する中心部にドームが架かる教会堂を「ギリシア十字式教会堂」と言う。ビザンティン建築独特の集中堂式建築である。ハギア・ソフィア大聖堂以後、中・後期ビザンティン建築では、もはや大規模な教会堂は建てられなくなるが、十字ドーム式（クロス・ドーム）▶4-1-6 や内接

4-1-8　ドームにモザイク画で描かれたクリストス・パントクラトールの例（ギリシア、ダフニ修道院、1080 頃）

十字式（クィンクンクス）▶4-1-7、あるいはスクィンチ式▶4-1-7 などのバリエーションを生みつつ、背の高いドラムの上にドームを乗せた独特の集中堂建築を展開した。地上世界を象徴する立方体の上に、天上世界を象徴するドームが乗るギリシア十字式教会堂は、天上世界の霊的位階（天上位階論）を重視する東方キリスト教会が考える神の国の姿だと言える。ドームの頂点には、万能の主（パントクラトール）としてのキリスト像がモザイクで描かれる▶4-1-8。

（西田）

43

# 4·2 初期ビザンティン建築

4-2-1　ヴェネツィアのサン・マルコ大聖堂
（1063 頃〜 73）

4-2-2　コンスタンティノープル、テオドシウス
の大城壁（5 世紀）

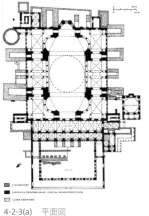

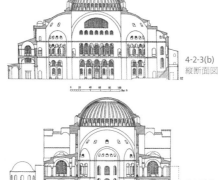

4-2-3(b)
縦断面図

4-2-3(a)　平面図

4-2-3(c)
横断面図

4-2-3　コンスタンティノープルのハギア・ソフィア大聖堂（イスタンブル、532 〜 37）

4-2-3(d)　身廊の内部

4-2-3(e)　身廊上部のドーム

## 3 つの要点

### 1　コンスタンティノープルの建築
●コンスタンティヌス帝は、330 年にローマ帝国の首都をコンスタンティノープルと定め、キリスト教による帝国経営のための中心都市の建設を始める。313 年以降、コンスタンティヌス帝が主導した初期キリスト教建築が東のローマ帝国文化に移植された。

### 2　ハギア・ソフィア大聖堂
●初期ビザンティン建築は、6 世紀のユスティニアヌス帝の活発な建設活動で絶頂期を迎える。巨大ドームを乗せたバシリカと集中堂の融合であるハギア・ソフィフィア大聖堂は、最後のローマ建築であると同時に、ドーム建築としてのその後のビザンティン建築の姿でもある。

### 3　ユスティニアヌス帝の建築
●ユスティニアヌス帝の建築の多くはドーム建築への興味を示す。「四角い箱形空間の上にドームを乗せる」という空間プログラムを生んだハギア・ソフィア大聖堂は、その後のビザンティン建築が生み出した「ギリシア十字式教会堂」の先駆となった。

●コンスタンティノープルの建築　広大な領土を持ったローマ帝国を 3 世紀半ば以来複数の皇帝が統治した。284 年にはディオクレティアヌス帝が四分統治制を始める。こうした動きに対してコンスタンティヌス帝はローマ帝国再統一を行い、四分統治時代に乱立した宮廷都市に代わって、再統一された帝国の首都として、自らの名を冠した都市コ

ンスタンティノープル（現在のイスタンブル）を 330 年に建設する。ローマ帝国の中心はギリシア世界に移った。395 年にテオドシウス帝の死に伴いローマ帝国は再び東西に分かれその後二度と統一されなかったが、分裂後の東ローマ帝国の中心地はコンスタンティノープルであった。

　コンスタンティヌス帝は、ギリシア都市ビュザンティオンを征服し、これを拡張して「新しいローマ（ノヴァ・ローマ）」としてコンスタンティノープルを建設した。ローマ同様七つの丘を持つ都市で、既存の公共浴場やバシリカ、戦車競技場などが再建され、フォルムが設けられ、ローマ都市として整備された。313 年にキリスト教を認めていたコンスタンティヌス帝は、コンスタンティノープルでは、当初よりキリスト教施設を建設し、初期キリスト教建築がコンスタンティノープルでも展開した。コンスタンティヌス帝は自らの霊廟として聖使徒教会堂（335 頃、現存せず）を建てた。これは、これを模したヴェネツィアのサン・マルコ大聖堂 ▶4-2-1 に見るように、ギリシア十字形の平面を持つ集中堂の建築であった。

●ハギア・ソフィア大聖堂　395 年のローマ帝国の東西分離以後、ギリシア文化圏のコンスタンティノープルを中心とする東ローマ帝国は、西のローマ帝国に対して独自性を強め、ビザンティン帝国と呼ばれる。5 世紀には皇帝テオドシウス 2 世が活発な建設活動を展開し、長大な城壁 ▶

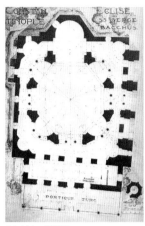

4-2-4(a) 平面図

4-2-4(b) 内部

4-2-4 コンスタンティノープルのハギイ・セルギオス・ケ・バッコス教会堂（イスタンブル、527頃〜36以前）

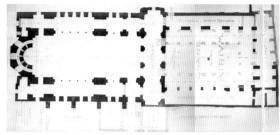

4-2-5(a) 平面図

4-2-5(b) 会堂頭部

4-2-5 コンスタンティノープルのハギア・イレーネ教会堂（イスタンブル、532頃着工、740以降再建）

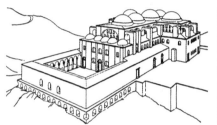

4-2-6(a) 外観復元図

4-2-6(b) 内部復元図

4-2-6 エフェソスのハギオス・ヨアンニス・オ・テオロゴス教会堂（ギリシア、548〜65以前）

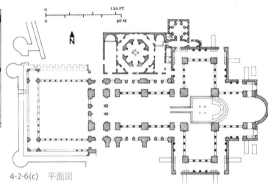

4-2-6(c) 平面図

4-2-2の建設やローマのトラヤヌスのフォルムに倣った建築群の整備などが行われた。この頃のコンスタンティノープルの建築は初期キリスト教建築に分類される。その後ビザンティン帝国最盛期のユスティニアヌス帝の時代から9世紀中頃までを初期ビザンティン建築の時代という。

ユスティニアヌス帝の時代には大規模な建設活動を見る。最も重要な建築はユスティニアヌス帝発願の「偉大な教会」ハギア・ソフィア大聖堂 ▶4-2-3 である。幅70m、長さ75mの巨大建築は、ローマ建築末期の特質を示す。集中堂を思わせる正方形に近い平面でありながら、内部構成はトリビューン（側廊の二階）を持つ三廊式のバシリカ式である。ペンデンティヴの技術で建造された直径31mの巨大なドームを身廊中央に乗せ、これを少し低い位置の半ドームが東と西から支持し、高さ55mに達する中央のドームへと向かって段状に高くなる集中堂の空間特質を持つ。初期キリスト教で成立した二つの原型であるバシリカ式と集中堂式を融合し、ハギア・ソフィアはローマ建築にはない新しい形式、四角い箱の上にドームを乗せるという空間プログラムを生んだ。その後のビザンティン建築に独自の集中堂形式「ギリシア十字式教会堂」の先駆である。

●ユスティニアヌス帝の建築　ユスティニアヌス帝がハギア・ソフィアよりも僅かに早くコンスタンティノープルに建てたハギイ・セルギオス・ケ・バッコス教会堂 ▶4-2-4 は、ドームが乗る八角形の中央空間を、トリビューンが乗る周歩廊が取り囲む集中堂である。ハギア・ソフィアと時を同じくして着工した近くのハギア・イレーネ教会堂 ▶4-2-5、4-1-4(d) は、身廊にトンネル・ヴォールトを架けた三廊式のバシリカ式教会堂の内陣にドームを架けた建築である。ハギア・ソフィア大聖堂も含めて、ユスティニアヌス帝がコンスタンティノープルにほぼ同時に建てた三つの建築はいずれもドームへの執着を見せた。

ユスティニアヌス帝の時代、ラヴェンナには、東ゴート王国の建築を引き継いでユスティニアヌス帝が完成させた建築、サンタポリナーレ・イン・クラッセ教会堂 ▶3-3-6 やサン・ヴィターレ教会堂 ▶3-3-9 がある。また、エフェソスのハギオス・ヨアンニス・オ・テオロゴス教会堂 ▶4-2-6 は、ハギア・ソフィアと並んで、ユスティニアヌス帝が再建したもう一つの大規模建築である。ヴェネツィアのサン・マルコ大聖堂に見た、コンスタンティヌス帝の聖使徒教会堂に遡るギリシア十字の中央と四本の腕とにドームを乗せた集中堂の身廊を、西側の方に梁間一つ分だけ延長した、ラテン十字形の長堂式の平面となっている。ハギア・イレーネ教会堂同様、身廊部の西側にアトリウムを附設する。やはりドームへの執着がうかがえる建築である。　　　（原）

# 4·3 中・後期ビザンティン建築

4-3-1(a)　会堂頭部

4-3-1(b)　内部

4-3-1　テッサロニキのハギア・ソフィア教会堂（ギリシア、8世紀初）

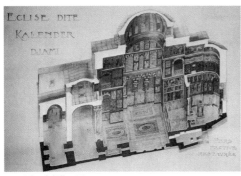

4-3-2(a)　内部復元図

4-3-2　イスタンブルのカレンデルハネ・ジャーミイ
（トルコ、12世紀）

4-3-2(c)　外観

4-3-2(b)　内部

## 3つの要点

### 1 中・後期のビザンティン建築

● ビザンティン美術では726～843年の聖像破壊運動による美術の空白期を挟んでその前を初期、後を中期といい、1204～61年のラテン帝国だった後からオスマン帝国による陥落までを後期という。ギリシア十字式教会堂は、コンスタンティノープル教会がローマ教皇と断絶する1054年頃の中期に大きく発展する。

### 2 十字ドーム式教会堂

● ハギア・ソフィア以降に展開するギリシア十字式教会堂は、小・中規模の空間を持つ箱形の建物の上にドラムを乗せ、その上にペンデンティヴ・ドームを架けることで高さを増したドームが特徴である。初期ビザンティン建築の末期の8世紀には「十字ドーム式」のギリアシア十字教会堂が成立する。

### 3 内接十字式教会堂とスクィンチ式教会堂

● 中期で流行するのは「内接十字式」のギリシ十字式教会堂で、中・後期ビザンティンの教会堂建築の代表的な形式となる。この時期の教会堂はまた、外壁の煉瓦をモザイク状にして装飾性も増した。また、スクィンチ式と呼ばれる手の込んだドーム架構法を見せる教会堂も現れる。

● **中・後期のビザンティン建築**　ユスティニアヌス帝の時代の6世紀は、ハギア・ソフィア大聖堂に見たように、箱形空間の上にドームを乗せる建築が出現し、ビザンティン建築の形成期の時代であった。7世紀の初めになるとビザンティン帝国は弱体化する。また8世紀には教会建築の中

に聖像を取り入れることが禁止され、聖像破壊運動（イコノクラスム）へとつながり9世紀の半ばまで続く。この頃までを初期ビザンティン美術の時代というが、ユスティニアヌス帝の活発な建設活動の後は衰退の時代である。9世紀中頃からは中期、13世紀からは後期と言われ、壁画やモザイクの聖像表現は容認され芸術活動は持続するが、建築も含め生彩を欠くようになる。中期・後期を通じてビザンティン建築の教会堂は小規模な建築の中に、箱形空間の上にドームを乗せる建築課題を追求し洗練してゆく。ドームは普遍的に用いられ、ギリシア十字形を内包する正方形平面の上に乗る。ドームはドラムの上に乗り、外観においてもビザンティン建築のシンボルとなり、こうして「ギリシア十字教会堂」に新しいタイプが加わる。8世紀には「十字ドーム式」▶4-1-6のギリシア十字教会堂が現れ、中期には「内接十字式」▶4-1-7のギリシア十字教会堂が流行する。また「スクィンチ式」▶4-1-7と呼ばれるドーム架構法も中期に現れ、一部で行われる。

● **十字ドーム式教会堂**　「十字ドーム式教会堂」▶4-1-6は、身廊となる中央の矩形の四隅にペンデンティヴ・ドームを支える巨大な角柱を建て、その角柱に架かるトンネル・ヴォールトを腕のように、中央のドームが架かる矩形の四方に伸ばすことでギリシア十字形を形作る平面形式の教会堂で、8世紀には既に出来上がっていた形式である。はっき

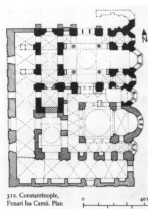

4-3-3 イスタンブルのフェナリ・イサ・ジャーミイ（コンスタンティノス・リプス修道院教会堂、トルコ、908 献堂）平面図

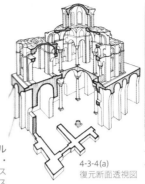

4-3-4(a) 復元断面透視図

4-3-4(b) 外観

4-3-4 イスタンブルのボドルム・ジャーミイ（ミュレレオン修道院教会堂、トルコ、920 頃）

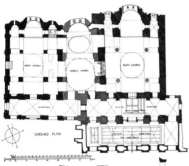

4-3-5(a) 平面図

4-3-5 イスタンブルのゼイレク・キリッセ・ジャーミイ（クリストフ・パントクラトール修道院、トルコ、12 世紀）

4-3-5(b) 外観

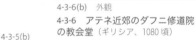

4-3-6(a) 内部

4-3-6(b) 外観

4-3-6 アテネ近郊のダフニ修道院の教会堂（ギリシア、1080 頃）

りとした形で現存する十字ドーム式教会堂は多くはない。

テッサロニキのハギア・ソフィア教会堂 ▶4-3-1、4-1-6 は、十字ドーム式教会堂の代表的な建築である。側廊と玄関廊が十字形の三方を囲むが、初期キリスト教のバシリカ式教会堂と比べると、ドームを支える巨大な角柱が、十字形平面の身廊とその横の側廊の間をはっきりと区画する。完全な十字ドーム式教会堂の遺構としては、他にイスタンブルにあるカレンデルハネ・ジャーミイ ▶4-3-2 がある。現在はモスク（ジャーミイ）であるが、12 世紀に、既にあったキリスト教の教会堂を取り込む形で十字ドーム式教会堂という古式で改築された。四本の巨大なピアが支持するペンデンティヴ・ドームが架かる中央の矩形の空間とその周りのトンネル・ヴォールトが構成するギリシア十字形平面の中心部分は、十字ドーム式教会堂の空間構成をよく示している。

●内接十字式教会堂とスクィンチ式教会堂　中期ビザンティン建築では「内接十字式」▶4-1-7 が一般的となる。これは、堂体となる正方形の中央部分に、ドームを支えるための四本のピアや円柱が建ち、正方形平面が縦横にそれぞれ三等分されて九目方眼となって、中央の正方形とその周りの四本の腕が、堂体平面に内接するギリシア十字形を形作る構成の教会堂である。イスタンブルのフェナリ・イサ・ジャーミイ（コンスタンティノス・リプス修道院教会堂）▶

4-3-3 では南北に二つの教会堂が並び建つが、北教会堂ではペンデンティヴ・ドームを支えるのが四本の円柱であり、南教会堂では角柱（ピア）になっている。両堂とも内接十字式である。イスタンブルのボドルム・ジャーミイ（ミュレレオン修道院教会堂）▶4-3-4 も円柱がドームを支える典型的な内接十字式である。イスタンブルのゼイレク・キリッセ・ジャーミイ（クリストフ・パントクラトール修道院）▶4-3-5 も時期を違えて建てられた 12 世紀の二つの教会堂が連結しているが、どちらも内接十字式である。なお、複数の教会堂が南北に並び建って一体の複合教会堂となるのもビザンティン中・後期の建築の特徴である。

中期には「スクィンチ式」▶4-1-7 と呼ばれるドームの架構法も現れる。ドームが乗る正方形平面の四隅にピアを建てるのではなく、正方形の四隅に斜めに火打梁を架ける、あるいはトロンプ（＝スクィンチ）にすることで、比較的大きなドームを乗せることを可能にした形式である。ギリシアのフォキスにあるオシオス・ルカス修道院 ▶4-1-7 の二つの教会堂のうちテオトコス（聖母教会堂、10 世紀後半）は内接十字式の教会堂であるのに対し、カトリコン（主教会堂、11 世紀前半）はスクィンチ式教会堂である。アテネ近郊のダフニ修道院の教会堂 ▶4-3-6 もスクィンチ式によるギリシア十字式教会堂の代表例である。　　　　　（原）

# 第5章　【中世】ロマネスク建築──教会堂と神の国

## 5・1〈時代様式概説〉ヴォールト、長堂式教会堂、霊性表現

概ね11世紀と12世紀のヨーロッパ建築をロマネスク建築と呼ぶ。教会堂建築においては、古代ローマ建築を参照しつつ、古代末期のバシリカ由来の長堂式教会堂の構造や意匠を刷新し、この時代のキリスト教の改革運動に相応しいヨーロッパの宗教建築の一つの到達点となった。ロマネスク建築の基本的性格は、この時代の修道院建築で醸成された。また、次のゴシック建築が生まれるための基本的な建築要素はロマネスク建築が生み出した。

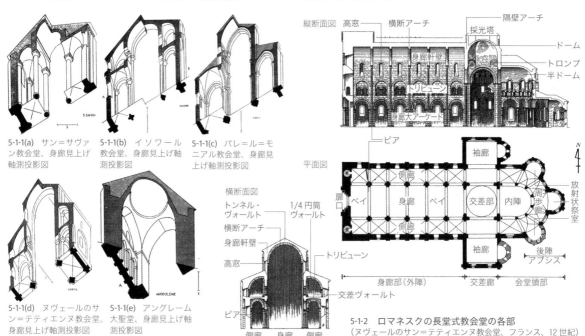

5-1-1(a)　サン=サヴァン教会堂、身廊見上げ軸測投影図

5-1-1(b)　イソワール教会堂、身廊見上げ軸測投影図

5-1-1(c)　パレ=ル=モニアル教会堂、身廊見上げ軸測投影図

5-1-1(d)　ヌヴェールのサン=テティエンヌ教会堂、身廊見上げ軸測投影図

5-1-1(e)　アングレーム大聖堂、身廊見上げ軸測投影図

5-1-1　ヴォールト架構と身廊立面の五つのタイプ

5-1-2　ロマネスクの長堂式教会堂の各部
（ヌヴェールのサン=テティエンヌ教会堂、フランス、12世紀）
縦断面図・平面図・横断面図

### 3つの要点

#### 1　ヴォールト
● 教会堂の天井に全面的にヴォールトを導入することでロマネスク建築が生まれた。ヴォールトの荷重を受けるため壁は厚く、直接採光のための開口部の大きさは制限を受けた。ヴォールト天井を支持する方法が身廊立面の形式化を促す。ヴォールトを補強する横断アーチはベイを形成し、建築はこれを単位空間として反復する構成を持つようになった。

#### 2　長堂式教会堂
● 古代末期に由来するバシリカ式教会堂がさらなる展開を遂げ、ロマネスクの長堂式教会堂として、形態と形式の合理的な組織化を達成する。教会堂の西側や会堂頭部に顕著な新しい形式や形態が出現し、この時代の修道院の隆盛、聖遺物信仰や巡礼の活発化に対応した新しい平面形式が生まれる。

#### 3　霊性表現
● 修道院を土壌として形作られたロマネスクの宗教建築は、象徴的に仕組まれた霊性の表現を持つ。ロマネスクの宗教建築の比例はキリスト教が考える宇宙の秩序の引き写しであり、寸法などに現れる数は、建築を聖歌の響きの調和に結び付ける数の科学から引き出されるものでもあった。

● ヴォールト　ロマネスクの教会堂建築は、前の時代まで木造小屋組で木造天井だった身廊や側廊の天井に全面的に石造のヴォールトを架けて、教会堂建築全体の石造化を達成した。長堂式教会堂の身廊にトンネル・ヴォールトを架けることは、身廊のヴォールトが外に開こうとする構造に

本来的に由来する推力に抵抗する側廊形式の工夫と相まって、内部空間の質に直接関わる身廊の立面構成の組織化につながった。側廊の形式、身廊立面の層構成、身廊内部の採光の違いが、以下の(a)～(e)の五つのタイプを生んだ ▶5-1-1。

　(a) 身廊とほぼ同じ高さの側廊が身廊ヴォールトの推力に直接抵抗するタイプで、身廊立面は大アーケードのみの一層構成で、身廊の採光は側廊からの間接光（サン=サヴァン教会堂）、(b) 側廊の上にトリビューンを築き、トリビューンの1/4円筒ヴォールトが身廊ヴォールトを支持するタイプで、身廊立面は大アーケードとトリビューンの二層構成で、身廊の採光は側廊とトリビューンからの間接光（イソワール教会堂）、(c) 身廊を側廊よりも高くして身廊ヴォールト直下に高窓を設けて身廊への直接採光を重視するタイプで、身廊ヴォールトを尖頭にして推力を弱める。側廊の片流屋根の小屋組の立ち上がり部分に対応する身廊立面部分には盲アーケード装飾が施され、身廊立面は大アーケード、盲アーケード装飾、高窓の三層構成となる（パレ=ル=モニアル教会堂）、(d) 上記の(b)タイプの身廊軒壁を側廊より高くして(c)と同様に身廊ヴォールト直下に高窓を設けて身廊への直接採光を確保するタイプ（ヌヴェールのサン=テティエンヌ教会堂）、(e) ペンデンティヴ・ドームを連続して架けて身廊を構成するタイプで、構造的には側廊を必

縦断面図・高窓・横断アーチ・隔壁アーチ・採光塔・ドーム・トロンプ・半ドーム・身廊軒壁・トリビューン・身廊大アーケード・ピア・平面図・袖廊・側廊・身廊・ベイ・交差部・内陣・放射状祭室・周歩廊・後陣・アプシス・扉口・ベイ・身廊部（外陣）・交差廊・会堂頭部

横断面図・トンネル・ヴォールト・1/4円筒ヴォールト・横断アーチ・身廊軒壁・高窓・トリビューン・ピア・側廊・身廊・側廊・交差ヴォールト

5-1-3(a) 「前身廊」トゥールニュのサン=フィリベール教会堂（フランス、1035 ～ 40）

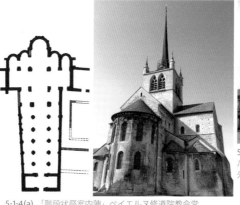

5-1-4(a) 「階段状祭室内陣」ペイエルヌ修道院教会堂（スイス、1040 ～ 1100 頃）平面図・外観

5-1-4(b) 「放射状祭室付半円形周歩廊内陣」パレ=ル=モニアル教会堂（フランス、1120 頃）外観・平面図

5-1-4 ロマネスクの長堂式教会堂の会堂頭部の新しい形式

5-1-3(b) 「鐘塔玄関」サン=ブノワ=シュール=ロワール修道院教会堂（フランス、1020 代）

5-1-3(c) 「調和正面」カンのサン=テティエンヌ修道院教会堂（フランス、1066 ～ 80 代）

5-1-3 ロマネスクの長堂式教会堂の西側の形式

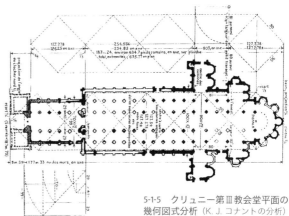

5-1-5 クリュニー第Ⅲ教会堂平面の幾何図式分析（K. J. コナントの分析）

要とせず、直接採光が可能となる。一部の地域に限定的に建てられた。

　また、身廊のトンネル・ヴォールトは横断アーチで補強される。横断アーチの導入は、「ベイ（梁間、柱間）」という単位空間の連続・反復で身廊や交差廊を構成するという合理的建築構成を長堂式教会堂にもたらした ▶5-1-2。

●長堂式教会堂　ロマネスクの教会堂建築は、バシリカ式教会堂に対する様々な形式的実験を 11 世紀に経験した後、12 世紀に成熟した姿に至る。教会堂の内部にどのように信者を導き入れるかという工夫は、カロリング朝建築の「西構え」に連なる教会堂の西側の機能も関わって、教会堂本体の西側に半ば独立した形の新しい玄関廊の形式を出現させた。二層、あるいはそれ以上の階にまで及ぶ礼拝空間を持つ大規模な「前身廊」や、鐘塔と一体化した大規模な玄関廊である「鐘塔玄関」などである。また二基の鐘塔を左右に備え、扉口に大規模なタンパン彫刻を施す「調和正面」のタイプも広まる ▶5-1-3。

　教会堂の頭部や内陣も変化する ▶5-1-4。11 世紀には、クリュプタから発達した集中堂を内陣として東側に附設するような実験 ▶5-2-7 も見られるが、聖遺物信仰の隆盛と司祭の数の増加が、祭壇を置く祭室の数の増加を促し、会堂東端中央のアプシスから交差廊の両端に向かって階段状に後退していく祭室を備えた新しい形の会堂頭部「階段状

祭室内陣」を生む。また、「巡礼」の興隆は、多数の祭室と並んで、不特定多数の信者を常時収容し、巡礼者が常時堂内を巡ることのできる平面形式の工夫を促し、半円形周歩廊を備え、その周囲に放射状祭室を配する形の会堂頭部形式である「放射状祭室付半円形周歩廊内陣」が生まれた。

　こうして古代末期由来のバシリカ式教会堂は、12 世紀を迎える頃にはロマネスクの長堂式教会堂として刷新され、次のゴシック大聖堂の基本形式につながる。

●霊性表現　ロマネスク建築は象徴の建築である。キリスト教が考える宇宙の秩序を象徴的に仕組んだ高度に記号的な建築である。幾何学・数学・音楽理論を扱い、聖書をラテン語で読む一握りの知識人である修道士の創造がロマネスク芸術の根底にある。数とその組み合わせの科学としての数学が、当時の建築を構想した神学者、聖職者、修道士にとっての最も重要な学問であり、霊的象徴性の中心は数の科学だった。ロマネスクの宗教建築には、寸法のような数を通して様々なシンボリズムが仕組まれている ▶5-1-5。天上世界を象徴する円や地上のエルサレムを象徴する正方形、三位一体を示す正三角形などは霊性表現する重要な建築部位や平面計画に用いられ、当時の聖職者たちが著す「数象徴」に示された神聖数が、建築の各部寸法やものの数に現れる。

（西田）

5-2-1　サン＝ミシェル＝ド＝キュクサ修道院教会堂
（フランス、プラード、10世紀後半）

5-2-2　サン＝マルタン＝
デュ＝カニグー修道院教
会堂（フランス、1009献堂）

5-2-3　カルドナのサン・ヴィセンス
参事会教会堂（スペイン、1040献堂）

5-2-4　リポイのサンタ・マリア修道院教会堂
（スペイン、1032献堂）会堂頭部

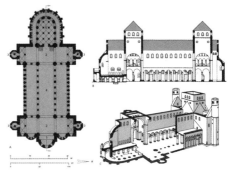

5-2-5　ヒルデスハイムの
ザンクト・ミヒャエル教
会堂（ドイツ、1010～1033）
平面図・断面図・説明図

## ３つの要点

### 1　「初期ロマネスク建築」
● ロマネスク建築の起源の一つは、10世紀末からイタリア北部、フランス南部、カタルーニャ地方に広まった「初期ロマネスク建築」と呼ばれるタイプの建築で、比較的小振りの粗い切石の組積造で、身廊にトンネル・ヴォールトを、側廊に交差ヴォールトを架けていた。

### 2　オットー朝建築
● カロリング朝を引き継いだオットー朝の建築もロマネスク建築の起源の一つである。初期キリスト教のバシリカ式教会堂に忠実なオットー朝建築は、ロマネスク建築にカロリング朝建築の伝統的要素を伝えた。

### 3　バシリカ式教会堂の建築実験
● 11世紀を通じてフランス各地では、建築実験とでも言えるような様々な形式・形態のバシリカ式教会堂が出現する。ロマネスクの教会堂建築は、安定した形式の長堂式教会堂の建築が達成される前のこうした多様な実験的形態の建築により11世紀に完成する。

● 「初期ロマネスク建築」　ロマネスク建築は10世紀末から11世紀の初めにかけ現れる。最初期のロマネスク建築の一つとされる所謂「初期ロマネスク建築」は、イタリア北部、フランス南部、カタルーニャ地方といった南方でのロマネスク建築の開始を告げる。11世紀の「初期ロマネスク建築」は、バシリカ由来の古典的な長堂式が主で、アプシスを有し、粗い割石や小振りの切石による組積造で、

壁体は厚く窓が少ない重厚な建築で、ロンバルディア地方由来の「ロンバルド帯」が外壁を飾る。ピレネー山中のサン＝ミシェル＝ド＝キュクサ修道院教会堂（10世紀後半）▶5-2-1 はモサラベ建築であり、身廊は木造天井だが、「初期ロマネスク建築」である。近くのサン＝マルタン＝デュ＝カニグー修道院教会堂 ▶5-2-2 は、1009年の献堂時点で上堂の身廊全体にトンネル・ヴォールトを架け、堂全体の石造化を達成した「初期ロマネスク建築」である。カタルーニャ地方のカルドナのサン・ヴィセンス参事会教会堂 ▶5-2-3 やリポイのサンタ・マリア修道院教会堂 ▶5-2-4 が、標識的な「初期ロマネスク建築」である。

● オットー朝建築　北方ではオットー朝の建築がロマネスク建築を開始する。10世紀半ばにカロリング帝国を継承したオットー朝は神聖ローマ帝国となる。10世紀後半のオットー朝建築の教会堂は、初期キリスト教のバシリカ式教会堂をモデルとし、これにカロリング朝建築由来の「対向内陣式」や「西構え」が取り込まれる。ケルンのザンクト・パンタレオン教会堂（966～11世紀初頭）は木造天井の身廊で、「西構え」を見せる。オットー朝の教会堂建築は11世紀に入って、ヒルデスハイムのザンクト・ミヒャエル教会堂 ▶5-2-5 に完成された姿を見せる。これは木造天井の身廊を持つ建築だが、西構えは建物本体に統合されて西側にも交差廊を有する対向内陣式となり、二階廊を持つ

5-2-6　トゥールニュのサン＝フィリベール修道院教会堂（フランス、1019献堂）前身廊上堂内部

5-2-7　ディジョンのサン＝ベニーニュ修道院教会堂（フランス、1001〜18）

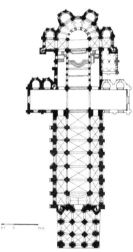

5-2-8　クリュニー修道院第Ⅱ教会堂（フランス、981献堂、1010頃）平面図

5-2-9　サン＝ブノワ＝シュール＝ロワール修道院教会堂（フランス、1020代）平面図

5-2-10　ジュミエージュ修道院のノートル＝ダム教会堂（フランス、1067献堂）西正面

5-2-11　カンのラ・トリニテ女子修道院教会堂（フランス、1080頃）西正面

東西二本の交差廊と身廊の天井高は等しく、正交差式と呼ばれる交差部を形成する。単純なマッスからできた積木細工のような全体のヴォリューム構成と整然とした空間構成がロマネスク建築の到来を告げる。

●バシリカ式教会堂の形態実験　11世紀のフランスでは、12世紀のロマネスク建築が体系的に取り込む形式や形態がバシリカ式教会堂に様々な形で現れ、実験場的活況を呈する。この時代は、宗教建築の活発な建設活動が見られた時代であった。紀元千年の時、修道士グラベールは、フランスとイタリアの様子を、「あたかも世界そのものが自らの体を揺り動かし、古くなったものを捨て去り、あらゆる部分に教会堂という白い衣を身に纏ったかのようだった。その時、司教座のあるほとんど全ての教会堂、あらゆる種類の聖人に捧げられた修道院の教会堂、さらには村の小さな礼拝堂までもが信者たちの手で、何かもっと良いものに再建された。」と記す。ロマネスクの石積みの壁は、漆喰で全体が塗られていたので、当時の人には「白い衣を身に纏ったかのよう」に見えた。

　南ブルゴーニュ地方の「初期ロマネスク建築」であるトゥールニュのサン＝フィリベール修道院教会堂の西側の玄関廊▶5-1-3(a)、5-2-6は二階建になっていて、上階のトンネル・ヴォールト、1/4円筒ヴォールト、下階の交差ヴォールト、横置きトンネル・ヴォールトと、ヴォールトの架構法が試されると同時に、身廊に接続された別建築「前身廊」を形成している。また会堂頭部は放射状祭室のついた半円形周歩廊形式で、また身廊にはトンネル・ヴォールトを横置きに架け、明るい空間を実現する。ディジョンのサン＝ベニーニュ修道院教会堂▶5-2-7では、バシリカ式教会堂の東端に三層の円堂形式の後陣を連結し、後陣形式に工夫が加わる。クリュニー修道院の第Ⅱ教会堂▶5-2-8は「階段状祭室内陣」を最初に作った教会堂である。サン＝ブノワ＝シュール＝ロワール修道院教会堂▶5-2-9西側の「ゴーズランの塔」▶5-1-3(b)は「鐘塔玄関」と呼ばれる新しい工夫である。またこの教会堂は東側に交差廊を二本備え、長大な内陣を持つ。クリュニー第Ⅲ教会堂に影響を与えた。

　ノルマンディー地方の11世紀の教会堂建築は先進性を見せる。ジュミエージュ修道院のノートル＝ダム教会堂▶5-2-10は、「西構え」を備えるが、半円形周歩廊内陣を持ち、木造天井ながらも三層構成の整った身廊立面を形成している。カンにある二つの修道院教会堂、ラ・トリニテ▶5-2-11とサン＝テティエンヌ▶5-1-3(c)はともに、二基の鐘塔を左右に備え、扉口にタンパンを持つ「調和正面」のタイプで、やはりともに「階段状祭室内陣」であった。12世紀ロマネスク建築の予形である。　　　　　（西田）

# 5·3 12世紀のロマネスク建築（1）

5-3-1 クリュニー第Ⅲ修道院（フランス）1157年の様子 南東から見る（K.J. コナント）

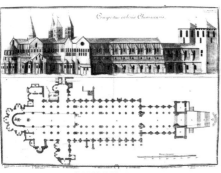

5-3-2 クリュニー第Ⅲ教会堂（フランス、1088〜1130）（1713年に描かれた図）

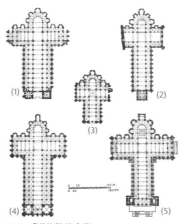

(1) (2) (3) (4) (5)

5-3-3 「巡礼路教会堂」平面図
(1) トゥールのサン＝マルタン教会堂
(2) リモージュのサン＝マルシャル教会堂
(3) コンクのサント＝フォワ修道院教会堂
(4) トゥールーズのサン＝セルナン参事会教会堂
(5) サンティアゴ・デ・コンポステーラ大聖堂

5-3-4 サンティアゴ・デ・コンポステーラ大聖堂（スペイン、1078〜1122）身廊

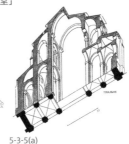

5-3-5(a) 身廊見上げ軸測投影図）

5-3-5(b) 身廊

5-3-5 トゥールーズのサン＝セルナン参事会教会堂（フランス、1075 着工）

## 3つの要点

### 1 クリュニー会修道院
● 10世紀創設のクリュニー修道院は修道院改革の主役として急速に発展し、従属修道院のネットワークでキリスト教世界に君臨する。12世紀になると本山クリュニーに、ロマネスク建築の一つの到達点とも言える未曾有の規模を誇るクリュニー第Ⅲ教会堂を建設する。

### 2 「巡礼路教会堂」
● 11世紀末から12世紀初めにかけて、「巡礼路教会堂」と称される一群の教会堂が、サンティアゴ・デ・コンポステーラに向かう巡礼路上に現れる。11世紀のロマネスクの建築創造を総合し、聖遺物信仰や巡礼者の増加に応えて生まれた大規模長堂式教会堂である。

### 3 「地方流派」
● クリュニー第Ⅲ教会堂が建った12世紀前半はロマネスク建築の成熟期である。クリュニー会の建築をモデルとした建築がヨーロッパ各地に建つ。「地方流派」と言われる、ロマネスク建築の多彩な地域的類型が姿を見せる時代でもある。

● クリュニー会修道院 フランス、ブルゴーニュ地方のクリュニーに、910年に創設されたクリュニー修道院は修道院改革運動の拠点で、従属修道院の設立を通じてクリュニー会修道院の一大ネットワークを築いた。ロマネスクの修道院は、9世紀の『ザンクト・ガレン修道院計画図』▶3-4-4 に見た、中庭を囲む回廊の周りに教会堂と修道院の生活諸室を配置する、古代ローマの住宅に由来する構成を

踏襲し、『聖ベネディクトゥスの戒律』にある修道生活の三区分に対応して、祈りの場＝教会堂＝回廊の南（北）、研鑽の場＝書庫や集会室の翼＝回廊の東、肉体的必要充足の場＝食堂のある翼＝回廊の北（南）という構成で整備された。クリュニーの本山修道院は11世紀初めに拡張され（クリュニー第Ⅱ修道院）、階段状祭室内陣をもち、西側が「ガリレ」と呼ばれる大規模な玄関廊になった最先端の教会堂クリュニー第Ⅱ教会堂▶5-2-8 を建てた。11世紀末、クリュニー会が最盛期を迎えるとさらに大規模なクリュニー第Ⅲ修道院となる▶5-3-1。クリュニー第Ⅲ教会堂▶5-3-2 は、放射状祭室付半円形周歩廊内陣と二基の鐘塔の建つ長大な「ガリレ」をもち、高窓の並ぶ三層構成の身廊に尖頭トンネル・ヴォールトを架けた五廊構成の身廊部で、大小二本の交差廊を備えた全長187メートルに及ぶ『最大の聖堂』で、古代ローマ建築を参照した構成と装飾を持ち、切石を用いた先進建設技術で建てられた。後のゴシック建築につながる多くの特徴を備えたこの教会堂は12世紀の多くの宗教建築のモデルとなった。

● 「巡礼路教会堂」 イスラム教徒との戦いの守護聖人聖ヤコブの墓がスペイン北西端のサンティアゴ・デ・コンポステーラで9世紀に発見されると、各地からこの地に向かう巡礼路が整備され、サンティアゴ・デ・コンポステーラは一大巡礼地となる。フランスなどからサンティアゴ・デ・

5-3-6　コンクのサント＝フォワ修道院教会堂（フランス、11 世紀後半）会堂頭部

5-3-7　オータンのサン＝ラザール大聖堂（フランス、1120 ～ 32）身廊

5-3-8　ヴェズレのラ・マドレーヌ教会堂（フランス、1120 ～ 50 頃）身廊

5-3-9　アングレーム大聖堂（フランス、1110 頃起工）身廊

5-3-10(a)　平面図

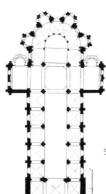

5-3-10(b)　身廊内観

5-3-10(c)　会堂頭部外観

5-3-10　クレルモン＝フェランのノートル＝ダム＝デュ＝ポール教会堂（フランス、1100 ～ 50 頃）

コンポステーラに向かう巡礼路上に、11 世紀末から 12 世紀初めにかけての同時期に建設された一群の同一形式の大規模教会堂を「巡礼路教会堂」と称する ▶ 5-3-3。聖遺物信仰や巡礼者の増加によって生じた、教会堂内部を多人数が巡り歩く必要に応える建築で、発達した交差廊や二階廊（トリビューン）を乗せた側廊を伴う二層構成の身廊、内陣は放射状祭室を持つ半円形周歩廊で構成され、聖職者の専用部分と一般信者の部分の二種類の場所を一つの建物の中に実現した教会堂である。トンネル・ヴォールトの推力に抵抗するためにトリビューンに 1/4 円筒ヴォールトを架ける。サンティアゴ・デ・コンポステーラ大聖堂 ▶ 5-3-4、トゥールーズのサン＝セルナン参事会教会堂 ▶ 5-3-5、コンクのサント＝フォワ修道院教会堂 ▶ 5-3-6 の三教会堂のみが現存するが、トゥールのサン＝マルタン教会堂やリモージュのサン＝マルシャル教会堂とともに、「巡礼路教会堂」は、教会堂が大型化し始めた 11 世紀末までに現れたロマネスクの建築創造を総合した姿を見せる。

●「地方流派」　ロマネスク建築の様式的な多様性は、地理的条件で説明されて「地方流派」として地域毎に分類され、成熟を迎えた 12 世紀のロマネスクを説明する。

　クリュニー本山のあるブルゴーニュ地方は、クリュニー第Ⅲ教会堂の縮約版であるパレ＝ル＝モニアル修道院教会堂 ▶ 5-1-4(b) やオータンのサン＝ラザール大聖堂 ▶ 5-3-7 に

見る古代意匠、あるいはヴェズレのラ・マドレーヌ教会堂 ▶ 5-3-8 の長大な身廊の交差ヴォールトの先進的な石造建設技術などに、クリュニー第Ⅲ教会堂建設がもたらしたこの地方の特色を見せる。フランス南部のラングドック地方やペリゴール地方には、アングレーム大聖堂 ▶ 5-3-9 やカオール大聖堂（1119 献堂）に見るように、ペンデンティヴ・ドームが天井に連続して単身廊を形成する独特のもう一つの長堂式教会堂形式が見られる。フランス中部オーヴェルニュ地方では、クレルモン＝フェランを中心として半径約 40 キロメートル以内の地域に、姿・形がよく似た同一の構造形式の一群の教会堂が建てられた。クレルモン＝フェランのノートル＝ダム＝デュ＝ポール教会堂 ▶ 5-3-10、オルシヴァルのノートル＝ダム教会堂（12 世紀中）、イソワールのサン＝トストルモワン教会堂（12 世紀中）、サン＝ネクテール教会堂（1146 ～ 78）などの一群の教会堂は、放射状祭を備えた半円形周歩廊内陣、トリビューンには 1/4 円筒ヴォールトを持ち、横断アーチを持たずピアは細く、交差部に、八角大塔を乗せる長方形のマッスを見せる。巡礼路教会堂の形式を洗練させた建築である。　　　　　（西田）

# 5·4 12世紀のロマネスク建築（2）

第5章【中世】ロマネスク建築──教会堂と神の国

5-4-1 アルルのモンマジュール修道院教会堂
（フランス、12世紀後半）会堂頭部

5-4-2 アヴィニョンのノートル＝ダム＝デ＝ドン教会堂（フランス、1150）正面

5-4-3 アルルのサン＝トロフィーム大聖堂（フランス、12世紀）身廊

5-4-4 サン＝ポール＝トロワ＝シャトー大聖堂（フランス、12世紀）身廊

5-4-5 サン＝ジョルジュ＝ド＝ボシェルヴィル教会堂（フランス、1125頃）身廊

5-4-6 ブロワのサン＝ロメール教会堂（フランス、1138〜86）身廊天井

## 3つの要点

### 1 南フランス
● 南フランスの優れたロマネスク建築遺構の多くは12世紀後半の建築である。これらは、古代ローマ建築の伝統を受け継いだ古代的な形態、そして高い技術を持った組積造による「ローマ風」の建築である。ロマネスクの終わりの南フランスは、古代の技術や意匠を利用した。

### 2 交差リブ・ヴォールト
● 12世紀のノルマンディー地方や12世紀後半のイール＝ド＝フランス、およびその周辺地域の教会堂建築は、身廊の天井に交差リブ・ヴォールトを採用し始め、線条要素の勝った新感覚の造形を生む。交差リブは、次のゴシック建築を生み出す主要な要素の一つとなった。

### 3 シトー会修道院
● 12世紀後半にはシトー会修道院がヨーロッパ中に広まり、宗規に従った無装飾、簡素・厳格で簡明な構造と構成を特徴とする中庸な規模の建築を各地に建設する。シトー会建築は交差リブ・ヴォールトの架構技術をいち早く採用し、ゴシック建築への橋渡しとなった。

● 南フランス　南フランス、プロヴァンス地方には古代ローマの遺構が多く、この地方は12世紀半ば以降、古代建築の影響を受けた「地方流派」を生む。単純明快な平面、厳格なヴォリューム表現、高度な組積技術、神殿や凱旋門を模した正面、交差部のトロンプ・ドーム、溝彫のある円柱、コリント式柱頭など、この地方に残る古代建築の参照

を特徴とし、マッスやヴォリュームの均整が美しい厳格な建築表現を持つ。無装飾壁面が見事なアルルのモンマジュール修道院教会堂▶5-4-1の多角形の会堂頭部は、内部では半円形のアプシスとなり、初期キリスト教のバシリカを想起させる。ペディメントと古代風の円柱を持つ神殿風玄関が付き、八角形の採光塔にトロンプ・ドームを架けるアヴィニョンのノートル＝ダム＝デ＝ドン教会堂▶5-4-2、神殿風切妻の古代風正面で、古代風の円柱に乗る横断アーチがつく尖頭トンネル・ヴォールトを1/4円筒ヴォールトが支える身廊を持つアルルのサン＝トロフィーム大聖堂▶5-4-3、トロンプ・ドームの交差部、随所に見る古代的装飾、横断アーチを受ける古代風円柱を持つサン＝ポール＝トロワ＝シャトー大聖堂▶5-4-4などがある。

● 交差リブ・ヴォールト　12世紀になるとノルマンディー地方の教会堂は、交差ヴォールトの稜線にリブを沿わせた交差リブ・ヴォールトを身廊に架け始める。カンのラ・トリニテとサン＝テティエンヌの両修道院教会堂は、11世紀の天井を六分交差リブ・ヴォールトに改造する。レッセ修道院教会堂（1100頃）やサン＝ジョルジュ＝ド＝ボシェルヴィル教会堂▶5-4-5では、この地方の構法である「厚い壁」の身廊軒壁の上に、当初から四分交差リブ・ヴォールトを架け、トリフォリウムを持つ三層構成の整った身廊立面を見せる。

5-4-7　ラングルのサン=マメス大聖堂（フランス、12世紀末）身廊

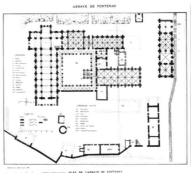

5-4-9(a)　平面図　PLAN DE L'ABBAYE DE FONTENAY

5-4-9(c)　身廊

5-4-9(b)　後陣外観

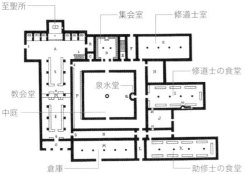

至聖所
集会室
修道士室
教会堂
泉水堂
修道士の食堂
中庭
倉庫
助修士の食堂

5-4-8　シトー会修道院の構成

5-4-9　フォントネ修道院（フランス、1147 完成）平後陣

5-4-10　ル・トロネ修道院（フランス、1146～1200頃）回廊中庭から見た教会堂

5-4-11　ポンティニー修道院（フランス、1114～1210）身廊

5-4-12　ノワールラック修道院（フランス、12世紀末～13世紀初）身廊

　12世紀後半のパリを中心とするイール=ド=フランス地方とその周辺のロマネスク建築は身廊に交差リブ・ヴォールトを採用する。リブをピアに沿わせて添え柱として床まで下ろし、リブという線条要素が生む新しい造形感覚の建造方法を見せる建築も現れる。ブロワのサン=ロメール教会堂▶5-4-6やラングルのサン=マメス大聖堂▶5-4-7がそうした例で、後に「フランス様式」と呼ばれるゴシック建築の先駆けとなる。

●シトー会修道院　ロマネスクの最後を代表する修道院は、1098年にブルゴーニュ地方のシトーに創設されたシトー会修道院である。12世紀後半に興隆するシトー会は、栄華を極めて堕落したクリュニーへの反動が生んだ、貧者の修道会運動の一つであり、『聖ベネディクトゥスの戒律』への回帰を旨とする宗規のもと、娘修道院を各地に創設して繁栄する。シトー会建築は、宗規やその精神を反映して、無装飾、簡素・厳格で簡明な構造と構成を持ち、霊性を建築的に表現する中庸な規模の修道院建築を、人里離れた寂寥の地を選んで築いた。シトー会もまた、中庭を中心とする回廊の周囲に、教会堂他修道士の生活諸室が、『戒律』が記す修道生活の三区分に対応する構成を厳格に守る。回廊中庭では、食堂前の歩廊に面して、泉水堂が小型の集中堂建築として回廊の中心を建築化する▶5-4-8。シトー会は、こうした形式を各地の娘修道院で繰り返した。現存最古のシトー会建築であるフォントネ修道院▶5-4-9は、こうした構成の模範的な例である。フォントネの教会堂は、交差廊に角形の祭室が開き、小振りの角形の至聖所を内陣とする「平後陣」を持つ、直角直線で構成された無装飾の教会堂である。「平後陣」の平面形式は「ベルナール式平面」と呼ばれ、初期キリスト教のバシリカ式教会堂への回帰を望んだシトー会に特有の形式である。しかし、天井にはヴォールトが架かる。

　シトー会建築は一方で、その修道院が建つ地方のロマネスク様式にも従う。例えばプロヴァンスの三姉妹として有名なル・トロネ▶5-4-10、セナンク（1160～13世紀初）、シルヴァカンヌ（1175～1230）の各修道院も、宗規に従う簡素厳格な建築である一方で、石造技術や細部意匠には地方性が見られ、プロヴァンスの地方流派に属する建築である。

　シトー会建築は、その合理性ゆえに交差リブ・ヴォールトの架構技術をいち早く採用した。ポンティニー修道院▶5-4-11やノワールラック修道院▶5-4-12の教会堂は、シトー会の簡素な建築に四分交差リブ・ヴォールトを全面的に架ける。シトー会の広まりがリブ・ヴォールトをヨーロッパ各地に伝えたので、シトー会建築はゴシックの伝道師といわれる。
（西田）

5-5-1　シュパイアー大聖堂
（ドイツ、1030 〜 61、1082 〜 1106）西正面

5-5-2　マインツ大聖堂
（ドイツ、1009、1081 〜 1137 献堂）
西正面

5-5-3　マリア・ラーハ修道院教会堂
（ドイツ、1093 〜 1156）

5-5-4　ザンクト・マリア・イム・カピトール
教会堂（ドイツ、ケルン、1050 頃〜 65）
三葉型の会堂頭部

5-5-5　セント・オールバンズ修道院教会堂
（イギリス、1077 〜 88）

5-5-6　ダラム大聖堂（イギリス、1133 献堂）
身廊

## ３つの要点

### 1　ドイツ
● 10世紀のオットー朝以来神聖ローマ帝国となったドイツでは皇帝権力が強く、皇帝の建築であるカロリング朝建築の「西構え」や「対向内陣」の伝統を保持する12世紀の帝室大聖堂の建築に、ドイツのロマネスク建築の特徴が見られる。

### 2　ノルマン・ロマネスク
● 10世紀にノルマンディー地方に定住したノルマン人は、11世紀にイングランドを征服し、イングランドに渡ったノルマン人はこの地でアングロ＝ノルマン様式を生み出す。11世紀には一部のノルマン人がシチリアにまで南下し、ビザンティンやイスラム美術の影響も受けたノルマン・ロマネスクをシチリアに展開する。

### 3　イタリアとスペイン
● イタリアでは、初期キリスト教の伝統が根強く、箱型の木造天井のバシリカ式教会堂が続く一方、ロンバルディア地方のヴォールト架構や中部イタリアの壁面装飾など、地域的ヴァリエーションが豊かである。スペインでは、カタルーニャ地方の「初期ロマネスク建築」と、巡礼路教会堂のフランス系ロマネスクがあり、イスラム系の装飾要素がそこに混じる。

● **ドイツ**　皇帝の力の強かった神聖ローマ帝国では、皇帝的表現を持つカロリング朝建築の伝統は12世紀においても未だ顕著で、雄大なヴォリュームを大胆に構成した壮大なロマネスク建築が建てられた。皇帝の名の下に建設された三大帝室大聖堂、シュパイアー ▶5-5-1、マインツ ▶5-5-

2、ヴォルムス（1181 献堂）は、西構え（シュパイアー）、対向内陣（マインツ、ヴォルムス）、正交差式、多塔式、ロンバルド帯、ピアの強弱交代を伴う正方形のベイにかかる交差ヴォールト、壮大な威容といった特徴を持ち、神聖ローマ帝国のロマネスクを代表する。ライン川沿岸のマリア・ラーハ修道院教会堂 ▶5-5-3 も、対向内陣、正交差式の教会堂の外壁をロンバルド帯が美しく飾る。ケルンはロマネスク建築の都市である。古代の集中堂の影響で成立した周歩廊の巡る三葉形内陣はケルンのロマネスクの特徴でもり、この形の内陣を持つザンクト・マリア・イム・カピトール教会堂 ▶5-5-4 やザンクト・アポステルン教会堂がライン川沿岸の地方流派を代表する。

● **ノルマン・ロマネスク**　11・12世紀にフランスのノルマンディー地方に定住したノルマン人は、先進的なロマネスク建築を達成していた。ノルマンディー公のイングランド征服（1066）に伴って、ノルマンディー地方のロマネスク建築はイングランドに移植される。この時期イングランドの建設活動は活発化し、装飾パターンなどに土着のサクソン様式の名残りをとどめながら、アングロ＝ノルマン様式と称される地方流派を生む。セント・オールバンズ修道院教会堂 ▶5-5-5 やイーリー大聖堂（1093 〜 1190）などは、フランスのノルマン・ロマネスクの影響を受けつつ、交差部に塔を乗せ、長大な内陣をもつ非常に長いバシリカ式教会

5-5-7　モンレアーレ大聖堂（1174 以降）身廊

5-5-8　フィレンツェのサン・ミニアート・
アル・モンテ教会堂（1150 頃）身廊

5-5-9　ピサ大聖堂（イタリア、1118 献堂）

5-5-10　サンタンブロージオ教会堂
（イタリア、ミラノ、1174 以降）アトリウム

5-5-11　ヴェローナのサン・ゼノ
教会堂（イタリア、1117 〜 1138）
身廊

5-5-12　ラ・セウ・ドゥル
ジェル大聖堂（スペイン、
1131 〜 75）身廊

5-5-13　アヴィラのサン・
ヴィセンテ教会堂（スペイ
ン、12 世紀末）身廊

堂という特徴を持つ。またダラム大聖堂 ▶ 5-5-6 では、極
めて早い時期に交差リブ・ヴォールトが全面的に使用され
る。

　一部のノルマン人は南下してシチリアに至り、11 世紀
以降、パレルモを中心に、ビザンティンやイスラムの美術
とも接触、融合して、もう一つの独特なノルマン・ロマネ
スクを生む。チェファルー大聖堂（1131 〜 1241）やパレル
モのモンレアーレ大聖堂 ▶ 5-5-7 に見られる、壁面のビザ
ンティン美術のモザイク装飾、イスラム起源の交切アーチ
による外壁装飾などが特徴である。

●イタリアとスペイン　古代の末期、初期キリスト教の時
代に箱型のバシリカ式教会堂を案出したのがイタリアであ
る。この伝統は根強く、ロマネスクの大きな特徴であるヴ
ォールト天井にすら冷淡で、木造の化粧小屋組・木造天井
の初期キリスト教のバシリカに忠実な教会堂建築が続く。
ローマのサンタ・マリア・イン・コスメディン教会堂（12
世紀）やトスカナ地方フィレンツェのサン・ミニアート・
アル・モンテ教会堂 ▶ 5-5-8 はそうした例で、同じトスカ
ナ地方の有名なピサの大聖堂 ▶ 5-5-9 も身廊は木造天井で
ある。一方でピサ大聖堂の正面は、横に立つ鐘塔（ピサの斜塔、
1173）同様、前面がアーケードで開放された奥行きの浅い
ロッジアが幾層にも重なるピサ式と呼ばれる外観で、ロー
カルな意匠である。北イタリア、ロンバルディア地方は組

積技術の伝統の地であり、ミラノのサンタンブロージオ教
会堂 ▶ 5-5-10 の身廊は交差リブ・ヴォールト天井の早い例
である。この教会堂の前にはアトリウムが広がり、初期キ
リスト教のバシリカ式教会堂の伝統の護持も見られる。ヴ
ェネト地方ヴェローナのサン・ゼノ教会堂 ▶ 5-5-11 は、木
造天井の箱型バシリカの伝統に連なる教会堂だが、外観に
は、ロンバルド帯、各種アーケード装飾、古代モチーフ、
白い石と赤い煉瓦の縞模様装飾など、ローカルな要素の融
合が見られる。

　スペインでは「初期ロマネスク建築」に連なる建築と、
巡礼路を通じてフランスのロマネスクに連なる建築との二
系統が見られる。「初期ロマネスク建築」は、ロンバルド
帯やロッジアで飾られた外観にロンバルディア建築の影響を
見せ、十字形の重厚なピアから昇る横断アーチ上のトンネ
ル・ヴォールトを両側廊の交差ヴォールトが支持するカタ
ルーニャ地方のラ・セウ・ドゥルジェル大聖堂 ▶ 5-5-12 に、
その到達点を見る。フランス系の建築としては、サンティ
アゴ・デ・コンポステーラ大聖堂（1078 〜 1122） ▶ 5-3-3(5)、
5-3-4 のほか、アヴィラのサン・ヴィセンテ教会堂 ▶ 5-5-13
が、身廊に交差リブ・ヴォールト、側廊に交差ヴォールト
を架け、彫刻で飾られた大規模な西扉口をもち、フランス・
ブルゴーニュ地方の影響を見せる。　　　　　　　（西田）

# 第6章

# 【中世】ゴシック建築 ── 大聖堂と神の光

## 6・1〈時代様式概説〉都市の教会堂、光、骨組みの構造

12世紀半ばから16世紀初めまでのヨーロッパ建築をゴシック建築と呼ぶ。大きく発展した都市を舞台に、都市の教会堂に求められる建築のあり方に応えて、大聖堂を舞台にゴシック建築は開花した。神性を光で表現するゴシック大聖堂は、大開口部の実現のために、ロマネスク建築が創造した構造や形態を選択・統合して、骨組みの構造体系を作り上げる。ロマネスクとは全く異なった、光に満ちた、圧倒的な高さを誇る新しい様式が出現した。

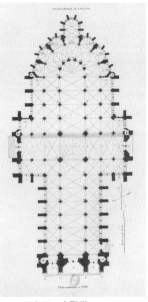

6-1-1　アミアン大聖堂
（フランス、1220〜64）平面図

6-1-2　シャルトル大聖堂
（フランス、1195〜1220頃）内陣周歩廊

6-1-3　アミアン大聖堂
（フランス、1220〜64）
西正面立面図

## 3つの要点

### 1　都市の教会堂
●ゴシック建築は、都市の一般民衆のための教会堂である、司教座が置かれた大聖堂を舞台として展開した様式である。都市を庇護する王権と司教の教会権力が生み出す大聖堂の建築様式は、実利的な都市的機能を備え、都市の民衆の感覚に直接訴えかける霊性表現を持った。

### 2　光
●聖書に見られ、初期キリスト教の時より宗教者たちが論じてきた「神は光である」という考え方が、大聖堂の巨大な開口部に嵌まるステンドグラスの実現の原動力となった。ステンドグラスは、聖書が語る「まことの光」を堂内に向けて発する「光る壁」であり、巨大な「光る壁」が大聖堂を「神の国」へと変える。

### 3　骨組みの構造
●より多くの光を求め、より大きな「光る壁」を実現するべく、ヴォールト天井はますます高くなり、壁体は大きく取り除かれてステンドグラスに置き換えられ、ゴシック建築は線条要素が生み出す骨組みの構造となる。この構造体系は、ロマネスクの技術を合理的に統合することで生まれた。

●都市の教会堂　ゴシック建築の特質は、ゴシック建築が、都市の大聖堂を舞台として民衆に向けた様式として展開したという事実に良く現れている。都市建築としてのゴシック大聖堂は、大人数の民衆を収容する必要がある。長堂式の多くの大聖堂▶6-1-1 は、他人数の信者や巡礼者を収容

するためにロマネスクが生み出した「放射状祭室付半円形周歩廊内陣」を取り入れた▶6-1-2。周歩廊を民衆は自由に巡り歩いた。民衆を堂内に迎え入れる西正面でも、ロマネスクの発明になる「調和正面」の図式に基づいて、切妻を乗せて彫刻を施した扉口と、その上方のバラ窓の層を挟んで、地上から左右二基の鐘塔が立ち上がる。大聖堂の鐘塔は都市生活のリズムを刻む。正面の彫刻群は、都市を庇護する王権の象徴である▶6-1-3。さらに、大聖堂の西正面前には通常パルヴィと呼ばれる広場が広がり、民衆の都市生活の舞台となっていた。「調和正面」は民衆を堂内にじかに導き入れる。扉口を過ぎると、民衆は、高い天井にまで至るステンドグラスが発する光の霊性を感覚で了解した。

●光　ゴシック建築の誕生とその様式の展開は、12世紀に広く読まれた擬ディオニシウス・アレオパギタが伝える古代末期の神学が論ずる「光の神学」に密接に結びついている。物質にさまざまな属性を付与する神の本性を光として捉える考えは12世紀の聖職者たちに大きな影響を与え、聖書にも書かれる「まことの光」が大聖堂の内部空間を信者と一体化させ、信者の共同体、つまり「神の国」であるところの「教会」を形作ると考えられた。ステンドグラスは、そこを透過する光を新しい「まことの光」として発する「光る壁」であると考えられ、その霊性を民衆が感覚で捉えられるよう、より大きな「光る壁」が求められて、ス

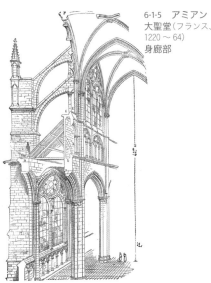

6-1-5　アミアン
大聖堂（フランス、
1220 〜 64）
身廊部

6-1-4　アミアン大聖堂（フランス、
1220 〜 64）身廊立面図

6-1-6　尖頭アーチ：ランス大聖堂
（フランス、1211 〜 33/1235 〜 55）身廊

6-1-7　交差リブ・
ヴォールト：ラン
ス大聖堂
（フランス、1211 〜
33/1235 〜 55）
身廊天井

6-1-8　飛梁：ランス大聖堂
（フランス、1211 〜 33/1235 〜 55）身廊部

テンドグラスを嵌める開口部は巨大化した ▶6-1-4。長堂
式教会堂であることが普通であるゴシック人聖堂の場合、
「光る壁」は、身廊立面の最上層の高窓（クリアストーリ）で
あり、したがってゴシック大聖堂では、より高い天井が求
められ、高窓層の高さも増し、高窓は層の柱間一杯に広が
り、高さもトリフォリウム層の上から天井まで一杯を占め
るようになり、ガラスの長大な「光る壁」の層が出現する。

●骨組みの構造　大きな開口部を実現するためにゴシック
大聖堂は、壁体を大きく取り除き、線条要素でできた鳥か
ごのような骨組みの構造に至る。巨大な建造物を成立させ
るゴシックの骨組みの構造は、ロマネスクの教会堂の壁の
構造とは対照的な意匠だが、ゴシックの骨組みの構造は、
ロマネスクの技術でできている。ゴシック建築の特質は、
ロマネスク建築がすでに達成していた多くの成果の中から、
尖頭アーチ、交差リブ・ヴォールト、飛梁（フライング・バ
ットレス）という要素を選択的に採用し、これらを一貫し
た表現上の論理に基づいて、より大きな「光る壁」の実現
という目的のために合理的に統合して、骨組み状の新しい
構造体系を作り上げたところにある ▶6-1-5。

　尖頭アーチ ▶6-1-6 は、半円アーチに比べて迫元にかか
る推力が減るので、細い支柱が可能になる。また迫高も自
由に変えられるのでベイの大きさの調整が利く。垂直性の
表現にふさわしいアーチの形である。リブの付かない交差

ヴォールトでも、横断アーチと壁付きアーチが画する矩形
のベイにかかるヴォールトの水平推力をベイの四隅に分散
させるが、交差ヴォールトの稜線にリブを沿わせた交差リ
ブ・ヴォールト ▶6-1-7 はこの力の流れを視覚化する。外
観上、アーチとリブが骨組みを構成し、これが骨組みの間
を埋める曲面三角形の天井パネルを支持しているように見
える。交差リブにはまた、施工の難しい交差ヴォールトの
型枠としての役割がある。側廊の屋根を飛び越えて身廊軒
壁を支え、身廊のヴォールトのリブに集まる推力を外部の
控壁へと伝達する飛梁（フライング・バットレス）▶6-1-8 は、
身廊のピアが過度に太くなるのを防ぐので、線条要素が形
成する鳥かごのような造形の実現には重要な役割を果た
す。飛梁からの力に抵抗する控壁の上にはピナクル（小尖塔）
が載り、重しの役割を担い、垂直線条要素が林立するゴシ
ックの外観を生む。こうした大掛かりな構造の建設が可能
になった背景には、都市の発展が産んだこの時代の経済的
発展と技術革新があり、建設機器、資材運搬法、建設材料
の合理的生産の飛躍的発展があった。　　　　　（西田）

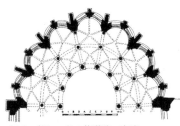

6-2-1　サン＝ドニ修道院
西正面・前身廊（フランス、1140 献堂）

6-2-2　サン＝ドニ修道院　内陣
（フランス、1144 献堂）平面図

6-2-3　サン＝ドニ修道院　内陣（フランス、1144 献堂）

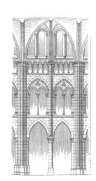

6-2-4　サンスのサン＝テティエン
ヌ大聖堂（フランス、1140 年起工）

6-2-5　ノワイヨンのノートル＝ダム大聖堂
身廊断面図・立面図（フランス、1150 年頃）

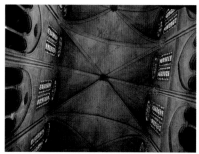

6-2-6　六分交差リブ・ヴォールト：パリの
ノートル＝ダム大聖堂（1163 着工）身廊

---

## ３つの要点

### 1　サン＝ドニ修道院教会堂の改築
● 最初のゴシック建築は修道院長シュジェールが改築して 1144 年に献堂したサン＝ドニ修道院教会堂の内陣だとされる。周歩廊を放射状に囲む祭室からは、尖頭アーチと交差リブの利点を活かして柱間一杯に広げたステンドグラスからの光が溢れ、「光る壁」が新しい光の空間を実現した。

### 2　初期ゴシックの大聖堂
● ロマネスク建築成熟の時代でもある 1140 年代から 1180 年代は、初期ゴシック建築の時代で、ゴシック建築が誕生し形成されていく時代である。ゴシック建築は北フランスで生まれ、発展する。側廊上のトリビューンを保持するものが多く、高窓はそれほど大きくはないが、六分交差リブ・ヴォールトや飛梁の工夫により教会堂の大型化が進行する。

### 3　パリとランのノートル＝ダム大聖堂
● 初期ゴシック建築の代表例が、ともに 1160 年頃着工のパリとランのノートル＝ダム大聖堂である。重厚な表現で保守的な構造のランに対して、パリは古典的で端正な表現で革新的な構造を持つ。巨大なパリのノートル＝ダム大聖堂はゴシック建築の巨大化競争の始まりを告げた。

● サン＝ドニ修道院教会堂の改築　フランス王家の菩提寺であるサン＝ドニ王立修道院教会堂のカロリング時代の建築の改築を、1130 年頃から修道院長シュジェールが計画する。彼は、実現した建物だけでなく、それを建設した技術も含めて、ロマネスクとは区別されるべき新しい様

式を生み出した。1140 年献堂の最初の改築では、西側正面の大規模な前身廊が建てられ、ロマネスク的重厚さの中にも垂直性の表現や線条要素、調和正面に基づくゴシック大聖堂の扉口や西正面の祖型を見せた ▶6-2-1。事前の計画なしには施工ができない一貫した理屈の建築造形にも新しい建築のあり方が伺える。ゴシックの誕生と一般に言われるのは、シュジェールが続けて行った内陣の改築においてである ▶6-2-2。1144 年に献堂されたこの内陣では、周歩廊外側に、奥行きの浅い放射状祭室が波打つように配され、尖頭アーチと交差リブの利点を活かし柱間一杯に広がる大きな開口部を実現し、そこにステンドグラスを嵌め、連続する光の冠を作り上げた ▶6-2-3。擬ディオニシウス・アレオパギタの文書に影響を受けたシュジェールが作り上げたこの光の内陣は、その後のゴシック大聖堂が求めていく「まことの光」による「神の国」の建築化の宣言である。

● 初期ゴシックの大聖堂　1140 年代には、サン＝ドニ修道院の他にも、構造や形式に来るべきゴシック大聖堂建築へと向かう動向を見せる最初のゴシックともいうべき建築が認められる。1140 年起工のサンスのサン＝テティエンヌ大聖堂 ▶6-2-4 は、トリビューンを持たないロマネスク風の重厚な建築でありながら六分交差リブ・ヴォールトと飛梁の技術で、比較的大きな高窓を開けた天井高 24 m の三層構成の身廊を実現している。ロマネスクの伝統との断

6-2-7　サンリスのノートル＝ダム
大聖堂（フランス、1150 年頃）身廊

6-2-8　ランのノートル＝ダ大聖堂
（フランス、1160 頃着工）西正面

6-2-9　ランのノートル＝ダム大聖堂
（フランス、1160 頃着工）身廊

6-2-10　パリのノートル＝ダム大聖堂（1163 着工）身廊

6-2-11　パリのノートル＝ダム大聖堂
（1163 着工）西正面

6-2-12　パリのノートル＝ダム大聖堂
1180 年頃の様子

絶ははっきりしており、サン＝ドニ修道院の内陣ととも
にその後のゴシック建築の起点を示す。

　ロマネスクの成熟期でもある 1140 年代から 1180 年代が
初期ゴシックの時代である。パリを中心とした北フランス
で、大聖堂の教会堂建築が大型化していく時代で、ゴシッ
クが完成された姿に至る 13 世紀以前の、構造や表現にお
ける実験の時代である。初期ゴシックの大聖堂は、大型化
に伴う構造補強の役割もあるトリビューンを側廊上に乗せ、
従って身廊立面は、身廊大アーケード・トリビューン・ト
リフォリウム・高窓の四層構成となり、天井には六分交差
リブ・ヴォールトを架けるものが多い ▶6-2-5。ベイの両
側のそれぞれ三本のピアで出来る矩形に架かる六分交差リ
ブ・ヴォールト ▶6-2-6 は、身廊に、添え柱が多く付くピ
アと添え柱の少ないピアとを生み、ピアの強弱交替が生じ
る。パリ周辺の北フランスに建つ 1150 年代の建築である
二つのノートル＝ダム大聖堂、サンリス ▶6-2-7 と、ノワ
イヨンの当初の身廊 ▶6-2-5 は、ともにこうした初期ゴシ
ック建築の大聖堂で、22 ｍの身廊天井高、10 ｍ程度の身
廊幅を持ったトリビューン付大型教会堂である。
　●パリとランのノートル＝ダム大聖堂　ともに 1160 年代
着工の建築であるパリのノートル＝ダム大聖堂と北フラン
スのランのノートル＝ダム大聖堂は、身廊に六分リブ・ヴ
ォールトを架けたトリビューン付大型教会堂で、初期ゴシ

ック建築を代表する建築であるが、対照的な建築のあり方
を見せる。
　ラン大聖堂は、ノルマンディー・ロマネスク由来の厚い
壁の構造の建築で、壁の厚さを活かした彫りの深い重厚な
造形が特徴的である ▶6-2-8。高さのあるトリビューン層
とその上のトリフォリウム層のために、高窓は大きくない
▶6-2-9。当初は飛梁を備えておらず、トリビューンの交
差リブ・ヴォールト天井の上の小屋組に支えの壁が付いて
いた。幅 12 ｍ高さ 24 ｍの身廊はトリビューンに頼って支
える保守的な構造だった。トリビューンの屋根を超えて高
窓上部を支持する飛梁は後から加えられた。
　対してパリ大聖堂の造形は、パリとその周辺地域で行わ
れたヴォールトの架構法に結びついた薄い壁の建築である。
堂内は凹凸の少ない平滑な造形 ▶6-2-10 で、西正面は古典
的な表情を持つ ▶6-2-11。パリ大聖堂の身廊は幅 12 ｍで高
さが 35 ｍある。30 ｍを超え、13 世紀には 40 ｍをも超え
る高さに至る大聖堂の巨大化競争の始まりである。1180
年頃には内陣のヴォールトが完成するが、二重の側廊を飛
び越えて身廊ヴォールトの起拱点に至る 15 ｍもの長大な
飛梁がかけられた ▶6-2-12。　　　　　　　　　（西田）

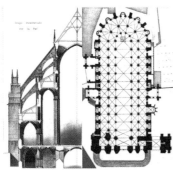

6-3-1(a) 平・断面図

6-3-1(b) 身廊

6-3-1 ブールジュのサン＝テティエンヌ大聖堂（フランス、1195～1250頃）

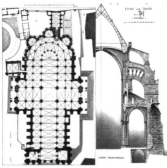

6-3-2(a) 平・断面図

6-3-2(b) 身廊

6-3-2 シャルトルのノートル＝ダム大聖堂（フランス、1195～1220頃）

6-3-3 カンのサン＝テティエンヌ修道院教会堂の会堂頭部（フランス、1200頃）内陣

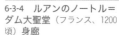

6-3-4 ルアンのノートル＝ダム大聖堂（フランス、1200頃）身廊

6-3-5 オーセールのサン＝テティエンヌ大聖堂（フランス、1215～30）身廊

## 3つの要点

**1 ブールジュ大聖堂とシャルトル大聖堂**
●ともに1195年に着工したブールジュ大聖堂とシャルトル大聖堂の、二つの異なる姿の大聖堂がゴシック建築を、初期ゴシックから次の段階へと進めた。構造、形式に独特な優れた建築を実現したブールジュ大聖堂であるが、シャルトル大聖堂の形式が、その後の古典期ゴシックでは主流となった。

**2 古典期ゴシックの大聖堂**
●1190年代から1230年代にかけてが、ゴシック建築の古典期と言われる時代で、シャルトル大聖堂の形式を基本にして、四分交差リブ・ヴォールト、飛梁の発達、全面的な尖頭アーチの使用、高窓の大型化、線条要素に基づく造形感覚などを総合して、ゴシック建築は完成した古典的な段階に達した。

**3 ランス、アミアン、ボーヴェ**
●北フランスにある三つの大聖堂－ランス、アミアン、ボーヴェの大聖堂は、古典期ゴシックの集大成とも言える建築である。ランスとアミアンはゴシック建築古典期の標識的な大聖堂であり、ボーヴェの大聖堂は、ゴシック大聖堂として最も高い身廊の天井を実現し、ゴシックの構造の限界点を印した。

●**ブールジュ大聖堂とシャルトル大聖堂** ブールジュのサン＝テティエンヌ大聖堂▶6-3-1とシャルトルのノートル＝ダム大聖堂▶6-3-2は、初期ゴシック建築を異なるやり方で、古典期と呼ばれるゴシック建築大成の段階へと導いた。両者とも1195年着工で、全長はブールジュで125m、シャルトルは130mで規模も似通っている。しかし、ブールジュは、六分交差リブ・ヴォールトを架ける身廊の両側に側廊を二本ずつ備える五廊式で、交差廊を持たず側廊は途切れる事なく内陣の二重周歩廊へと連続する。シャルトルは三廊式の身廊部で、身廊には四分交差リブ・ヴォールトが架かり、側廊を伴った発達した交差廊を持ち、二重の周歩廊の内陣には放射状祭室が配される。ブールジュの断面は独創的で、きつい傾斜の飛梁で支持された高さ37mの身廊から二つの側廊へと階段状に高さが低減し、身廊大アーケードの高さが21mもあり第一側廊の高窓からの光も堂内を明るく照らす。シャルトルでは当初から備える発達した飛梁を活かしてトリビューンを廃し、大きな高窓を持つ身高さ35mの身廊を持った巨大建築を実現する。その後のゴシック大聖堂ではシャルトル大聖堂のこの形式が主流となる。

●**古典期ゴシックの大聖堂** 二重の半円形周歩廊に放射状祭室がついた内陣、側廊を伴う交差廊、三廊式の身廊部、四分交差リブ・ヴォールトが架かりヴォールト下までで優に30mを超える天井高を有し、複合大柱（束ね柱）となった強弱交替のないピアが連続する身廊、三層構成（身廊大アーケード・トリフォリウム・高窓）の身廊立面、発達した飛梁、左右に二基の鐘塔が聳え、三つの扉口は彫刻で飾られて、上に切妻を乗せ、その上にバラ窓が穿たれた調和正面形式の西正面、線条要素による垂直性が強調された合理的造形

6-3-6(a) 平・断面図

6-3-6(b) 西正面立面図

6-3-6(c) 身廊

6-3-6 ランスのノートル＝ダム大聖堂（フランス、1211 〜 33/1235 〜 55）

6-3-7 アミアンのノートル＝ダム大聖堂（フランス、1220 〜 64）身廊

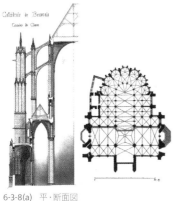

6-3-8(a) 平・断面図

6-3-8(b) 内陣・身廊

6-3-8 ボーヴェのサン＝ピエール大聖堂（フランス、1225 〜 84/1338 〜 1569）

6-3-9 13 世紀の工匠が構想した通りに実現した理想の大聖堂（ヴィオレ＝ル＝デュク）

6-3-10 ランスのノートル＝ダム大聖堂（1211 〜 33/1235 〜 55）身廊高窓

意匠、これらが古典期のゴシック大聖堂の特徴である▶6-1-1 〜 8。この建築はまた、都市の発展と共に、この時代に進行していた「中世の産業革命」に多くを追う巨大建造物で、建設機材の発展、量産化・規格化の進展、補強材料としての鉄の使用、建設現場の合理化により可能となった。

古典期には、パリを中心とする地方で生まれたゴシックが、この新様式の受容に抵抗を見せていたロマネスクの先進地域にも広がり、フランスに各地方のゴシック様式が生まれる。ノルマンディー地方のカンのサン＝テティエンヌ修道院教会堂の会堂頭部▶6-3-3 やルアンのノートル＝ダム大聖堂▶6-3-4 は、この地方のロマネスク由来の厚い壁の構造に基づくゴシック建築である。ブルゴーニュ地方では、オ セールのサン＝テティエンヌ大聖堂▶6-3-5 がこの地方のゴシック様式の代表である。

●ランス、アミアン、ボーヴェ 北フランスの三つの大聖堂、ランスのノートル＝ダム大聖堂▶6-1-6 〜 8、6-3-6、アミアンのノートル＝ダム大聖堂▶6-1-1、6-1-3 〜 5、6-3-7、ボーヴェのサン＝ピエール大聖堂▶6-3-8 は、シャルトル大聖堂の形式を踏襲してこれを洗練し、ゴシック大聖堂の理想の姿を生み出してゴシックの古典期を画した。

ランス大聖堂は全長 140 m、身廊幅 14.5 m、身廊高さは 38 m に達する。1255 年頃に完成した西正面とともに堂全体は一貫した調和の取れた姿を見せ、19 世紀の修復建築家ヴィオレ＝ル＝デュク（1814 〜 1879）はランス大聖堂をモデルに、13 世紀の工匠が構想した通りに実現した理想の大聖堂の姿を描いた▶6-3-9。ランスの窓では、細い棒状の石材で窓桟の骨組みを建物本体とは別に作ってから嵌め込むというバー・トレーサリーの技法が現れ、細い線条要素の表現を促した▶6-3-10。全長 134 m、身廊幅 14.5 m、身廊高さ 42.3 m の巨大建築アミアン大聖堂は、ヴィオレ＝ル＝デュクにとってのゴシック大聖堂の理想形であった▶6-1-5。高窓はやはりバー・トレーサリーで、レース細工のようになり、繊細な垂直線の線条表現が進行する。天井高 48 m を記録しゴシックの構造の限界点を記録したボーヴェ大聖堂の内陣は、最初、四分交差リブ・ヴォールトで建設されるが 1248 年に崩壊、ピアを追加して六分交差リブ・ヴォールトで再建された。工事は、内陣と、16 世紀に建設された交差部と交差部尖塔が出来たところで放棄される。その法外な高さの内陣内部は、垂直性の際立った繊細な線条の造形が強調され、ランス、アミアンのバー・トレーサリーと同様、古典期の次のゴシック建築の造形感覚を先取りする。

（西田）

# 6・4 後期ゴシック建築

6-4-1 パリのノートル＝ダム大聖堂 北袖廊バラ窓（1250）

6-4-2 サン＝ドニ修道院 身廊部（フランス、1250頃）身廊内部

6-4-3 パリのサント＝シャペル（1241〜48）上堂内部

6-4-4 クレルモン＝フェランのノートル＝ダム大聖堂（フランス、1280着工）

6-4-5 アヴィニョンのパレ＝デ＝パープ（教皇宮殿）（フランス、1316〜70）

6-4-6 アルビのサント＝セシル大聖堂（フランス、1277着工）

6-4-7 トゥールーズのジャコバン教会堂（ドミニコ会修道院教会堂、フランス、1285頃〜1385）

## 3つの要点

### 1 レイヨナン芸術
● 1230年代以降14世紀半ばまでをレイヨナン芸術の時代と呼ぶ。レイヨナン式と呼ばれる線の細い放射状の窓桟文様が出現した時、建築でも線条要素の造形が進行し、垂直性が強い繊細なレース細工のような開口部が支配的になり、ゴシックはパリを中心に、古典期の次の成熟した段階に至る。

### 2 ゴシックの伝播
● レイヨナン芸術の時代は、パリを中心とした北フランスで始まったゴシック建築が、フランス南部や、ヨーロッパ全土にくまなく広まった時でもある。「フランス様式」と呼ばれたゴシックは、ヨーロッパのキリスト教共同体の建築に共通の国際様式となった。

### 3 フランボワイヤン芸術
● ゴシックの最後の段階、1360年代から16世紀の初めまでを、炎の形を描く網目状の窓桟の文様を形容する名前で、フランボワイヤン芸術の時代という。線条要素は波打つような装飾的な線となって建築を飾り立てる。身廊と両側廊の高さが等しい広間式教会堂が広まる。

● レイヨナン芸術　ボーヴェ大聖堂で構造の限界を知ったゴシック建築は、1230年代以降、線条要素の合理的表現にエネルギーを注いで成熟した姿に至る。パリ大聖堂の、1250年頃に再建された交差廊のバラ窓の窓桟が作る放射状の構図が、レイヨナン芸術と呼ばれる新しい造形の源泉となった▶6-4-1。バー・トレーサリーの技術や石材の規

格化、補強材料としての鉄の使用が、線条要素を主体とするレイヨナン芸術の繊細な意匠や開口部の大型化に拍車をかけ、教会堂の建築は鳥かごの様相に至る。1250年頃に改築されたサン＝ドニ修道院の身廊部もレイヨナン芸術であり、トリフォリウム層もステンドグラスとなり、身廊立面は、大アーケードの暗い層と、その上の「透き通った膜」の光の層からなる二層構成のようになる▶6-4-2。ゴシックが求める理想の空間が、聖王ルイが建設したパリのサント＝シャペル▶6-4-3に現れる。聖遺物であるキリストの「茨の冠」を収めるこの王室宮廷礼拝堂は、ステンドグラスが嵌まった鳥かごである。「光る壁」だけとも言える内部は、「まことの光」で現出する「神の国」となった。その極端に細い線条要素や巨大な開口部でできた建築は、鉄材による補強なしには実現できなかった。

● ゴシックの伝播　13世紀末には、クレルモン＝フェランのノートル＝ダム大聖堂▶6-4-4、ナルボンヌ大聖堂（1272着工）、あるいは、大聖堂ではないがアヴィニョンのパレ＝デ＝パープ（教皇宮殿）▶6-4-5に見るように、北フランスの建築がフランス南部にも影響を及ぼす。また南部は、一方では独自のレイヨナン・ゴシックも展開する。アルビジョア十字軍の戦争状態を反映して城砦のような外観となったアルビのサント＝セシル大聖堂▶6-4-6は、この地方の建設材料である煉瓦で建てられ、単身廊・単塔式の独特

6-4-8　プラハの聖ヴィート教会堂
（チェコ、1344 着工）

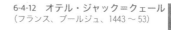
6-4-12　オテル・ジャック＝クェール
（フランス、ブールジュ、1443 ～ 53）

6-4-9　サンスのサン＝テティエンヌ大聖堂
交差廊バラ窓（フランス、1516）のフランボ
ワイヤン文様

6-4-13
オテル・デ・ザベ・
ド・クリュニー
（パリ、1500 頃）

6-4-10　ルアンのサン＝マクルー
教会堂（フランス、1436 ～ 1520）

6-4-11　モン＝サン＝ミシェル修道
院教会堂内陣（フランス、1446 ～）

6-4-14
サン＝カンタン
市庁舎（フラン
ス、1351 着工）

6-4-15
ボーヌの施療院
（フランス、1443
～ 51）

な建築である。また同地方のトゥールーズのジャコバン教
会堂（ドミニコ会修道院教会堂、1285 頃～ 1385）▶ 6-4-7 も煉
瓦造である。単身廊の中央軸上にピアが並ぶ二重身廊式の
広間式教会堂で、托鉢修道会の教会堂空間である。
　レイヨナンの時代、北フランス生まれの「フランス様式」
はヨーロッパに広がり、キリスト教共同体の国際様式とな
る。各国の大聖堂の施主たちは「フランス様式」の建築を望
み、フランス人工匠の足跡はチェコにまで辿る事ができる。
カレル 1 世が、フランスから呼び寄せた工匠マチュー・ダ
ラスを起用して建設を始めたプラハの聖ヴィート教会堂▶
6-4-8 は国際様式となったゴシックの代表的な建築である。
●フランボワイヤン芸術　ゴシックの最終段階が、15 世
紀を通じて行われたフランボワイヤン式の時代である。窓
桟の網目状の装飾が描く炎の形を指す語の通り、曲線と反
曲線を組み合わせた波打つ線の装飾が横溢する▶ 6-4-9。
繊細華麗な幻想的な装飾パターンがトレーサリーやヴォー
ルトのリブに用いられるようになる。ヴォールトには副次
的で装飾的なリブが溢れ、リブは視覚的装飾要素として扱
われる。アーチやリブと合理的な呼応関係を保って骨組みの
理論的構造を視覚化していたピアも、添え柱がピアに溶
け込んで波打つ断面を持つものや、柱頭を放棄してピアに
リブが埋没するものも現れ、線条要素による骨組み建築は
イリュージョンの空間となる。建物正面はフランボワイヤ

ン・モチーフの装飾が溢れる切妻などで過剰に飾り立てら
れる。ルアンのサン＝マクルー教会堂▶ 6-4-10 やモン＝サ
ン＝ミシェル修道院教会堂内陣▶ 6-4-11 はフランボワイヤ
ンの宗教建築の例である。この時代に行われた特徴的な教
会堂形式として、身廊と側廊の高さの等しいホール状の「広
間式教会堂」がある。
　フランボワイヤンの過剰な装飾性は、世俗建築の世界に
豪華絢爛な装飾を持つ一連の建築を生み出す。ブールジュ
の市街地に建つオテル・ジャック＝クェール▶ 6-4-12 は中庭
を囲んで諸室を配置する中世末期の都市邸館で、その壁面
装飾などにフランボワイヤンの刻印を見る。クリュニー修
道院長のパリ公館であるオテル・デ・ザベ・ド・クリュニ
ー▶ 6-4-13 では、随所に配された階段室に居住性への関心
も現れる。サン＝カンタン市庁舎▶ 6-4-14 やボーヌの施療
院▶ 6-4-15 のように、中世末期には公共建築にも見るべき
ものが多数現れる。　　　　　　　　　　　　　　　（西田）

# 6·5 ゴシックのヨーロッパ

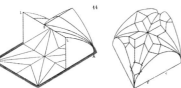

**6-5-1 副次的なリブのついたイギリスの リブ・ヴォールトの模式図**

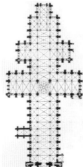

6-5-2(a) 平面図

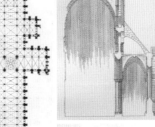

6-5-2(b) 断面図　　　6-5-2(d) 外観

**6-5-2 ソールズベリ大聖堂**
（イギリス、1220 〜 66）

**6-5-3 エクセター大聖堂身廊　内陣**
（イギリス、1270 〜 1311）、**外陣**（1328 〜 48）

**6-5-4 ケンブリッジのキングス・ カレッジ・チャペル**（イギリス、 1446 〜 1515）

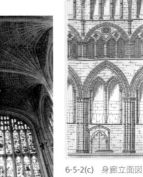

6-5-2(c) 身廊立面図

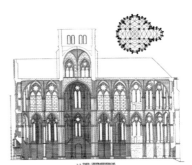

**6-5-5 トリーアのリープフラウエンキルヒェ**
（ドイツ、1235 頃〜 60）**平面図・断面図**

## ■ 3つの要点

### 1 イギリスのゴシック建築

●イギリスのゴシック建築は、12世紀後半にはフランスの初期ゴシックを受容し、その後、初期イギリス式、装飾式、垂直式といった独自の歩みをとる。リブの装飾的な使用に特徴があり、垂直式ではファン・ヴォールトと呼ばれる極めて装飾的なヴォールト天井を生む。

### 2 ドイツのゴシック建築

●レイヨナン芸術の時代に「フランス様式」としてゴシックを受容したドイツは、ケルン大聖堂のようなレイヨナン芸術の建築を残す一方、後期ゴシック時代には、広間式教会堂や単塔式といった特徴を持った教会堂に独自のゴシックを見せる。

### 3 イタリアのゴシック建築

●イタリアのゴシック建築は、アルプスより北のゴシックがさまざまに刺激を与えるも、初期キリスト教建築以来のバシリカ式教会堂の伝統が強く、建築の構造や形式や造形感覚において、フランスやドイツとは異なる独特のゴシック建築が展開する。

●**イギリスのゴシック建築**　イギリスにはシトー会修道院がいち早く伝わった。12世紀半ばにはフランスの影響を受けた建築が現れる。カンタベリー大聖堂の東端部は1174年の火災後再建される。再建工事はフランス人工匠サンスのギヨームが行い、この東端部の内陣（1174 〜 84）は、三層構成の身廊立面で六分交差リブ・ヴォールトを架け、イギリス初の本格的ゴシック建築となった。その後、イギ

リス・ゴシックは、初期イギリス式（1175 〜 1265）、装飾式（1250 〜 1370）、垂直式（1130 〜 1540）と展開する。イギリス・ゴシックの一般的特徴は、ヴォールト表面を装飾的に分割する峰リブ、枝リブ、補助リブなどの補助部材を多く用いた装飾的リブが発達した天井ヴォールト▶6-5-1である。他に、比較的低い天井、水平性が優位な三層構成の身廊立面、大小二本の交差廊、東端部がレディー・チャペルとして平後陣となる、水平方向に広がるスクリーン状の西正面、交差部上の採光大塔などがあげられる。

　初期イギリス式の代表例がソールズベリ大聖堂▶6-5-2で、統一的な全体の姿を見せる。リブの造形が見事なエクセター大聖堂の内陣と外陣▶6-5-3は装飾式の代表例である。垂直式は「イギリス様式」とも呼ばれ、同心円状の環状リブが加わった極めて装飾的な「ファン（扇）・ヴォールト」を生む。ケンブリッジのキングス・カレッジ・チャペル▶6-5-4が代表例である。

●**ドイツのゴシック建築**　ドイツでもシトー会修道院が早くから建設され、12世紀中頃には交差リブ・ヴォールトは移植されていた。集中堂に交差リブ・ヴォールトを架けたトリーアのリープフラウエンキルヒェ▶6-5-5のような特異な建築の後、フランス式のレイヨナン建築であるストラスブール大聖堂（1245頃〜 75）や、フランスの古典期ゴシックとレイヨナン・ゴシックを忠実に実行したケルン大

6-5-7　ウィーンのザンクト・シュテファン大聖堂（オーストリア、1304〜1450頃）身廊

6-5-8　ウルム大聖堂（ドイツ、1377〜）

6-5-6　ケルン大聖堂（ドイツ、1248〜1322 献堂）内陣

6-5-9　ニュルンベルクのザンクト・ローレンツ教会堂 内陣（ドイツ、1439〜77）

6-5-10　アッシジのサン・フランチェスコ修道院教会堂（イタリア、1228〜53）

6-5-13(a)　外観

6-5-12　シエナの大聖堂（イタリア、1284〜1360頃）正面

6-5-11　フィレンツェのサンタ・クローチェ教会堂（イタリア、1294 着工）身廊

6-5-13(b)　断面図

6-5-13　ミラノ大聖堂（イタリア、1386〜1485）

聖堂▶6-5-6 で、「フランス様式」がドイツに根付く。レーゲンスブルク大聖堂（1273〜14世紀）はレイヨナン式の本体、フランボワイアン式の西正面で、ドイツにおけるフランス流派を示す。広間式教会堂と塔というドイツの特色は、交差廊に特筆すべき塔を持つ広間式教会堂ウィーンのザンクト・シュテファン大聖堂▶6-5-7 に見られる。ウルム大聖堂▶6-5-8 は、1890年に完成する、高さ160mというヨーロッパ最大の塔が西正面に一基聳える単塔式教会堂である。ニュルンベルクのザンクト・ローレンツ教会堂の、網目状のリブの装飾性が際立つフランボワイアンの内陣▶6-5-9 は広間式教会堂の見事な例である。

●イタリアのゴシック建築　イタリアでは、初期キリスト教のバシリカの伝統が様々に影響する。イタリアで初めて全面的に交差リブ・ヴォールトを架けた建築は、カサマリ・シトー会修道院教会堂（1203〜17）で、平後陣の典型的な「ベルナール式平面」の初期キリスト教のバシリカ形式であった。イタリアでは、都市の修道院である托鉢修道会（フランチェスコ会とドミニコ会）の建築が、シトー会の単純明快な空間の影響を受けた大規模な教会堂を建設した。イタリアの初期ゴシックの例であるアッシジのサン・フランチェスコ修道院教会堂▶6-5-10 は、上堂と下堂ともに交差リブ・ヴォールトを架けるが、単身廊で、飛梁を持たず垂直表現が抑制された空間である。フィレンツェのフランチェスコ会のサンタ・クローチェ教会堂▶6-5-11、ドミニコ会のサンタ・マリア・ノヴェッラ教会堂（1246〜1300頃）はイタリアの盛期ゴシック建築である。長大な身廊を持つサンタ・マリア・ノヴェッラは、典型的な「ベルナール式平面」で、四分交差リブ・ヴォールトを架ける。サンタ・クローチェもシトー会風の二層構成の簡素な身廊立面で、身廊部の天井は木造化粧小屋組である。

大聖堂では、フィレンツェのサンタ・マリア・デル・フィオーレ（1296〜1366）、シエナ▶6-5-12、オルヴィエート（1290 着工）の各大聖堂が盛期ゴシックを代表する。切妻を乗せた衝立のような美しい正面はイタリアに独特のものである。フィレンツェとシエナには四分交差リブ・ヴォールトが架かるが、オルヴィエートの天井は木造化粧小屋組である。ドイツ、フランスから建築工匠を招き、アルプス以北のゴシックを導入しようとしたのがミラノ大聖堂▶6-5-13 であるが、若干のレイヨナン要素が加わるにとどまり、招いた建築工匠が提示する案が理解できなかった地元の工匠が、ロンバルディア由来の建築技術で完成させた。　　　　（西田）

# 『ヴィラール・ド・オヌクールの画帖』──「素描」と幾何学の原理

西洋の中世には、文章を主とした理論的な建築書は存在しない。15世紀末になって「ロッジ・ブック」と呼ばれる現場での使用を目的とする実践的なマニュアル本が現れたくらいである。しかし、古典期ゴシックの時代の人物ヴィラール・ド・オヌクールが、絵や図などの素描を散りばめた『画帖』を遺してくれた。『ヴィラール・ド・オヌクールの画帖』はB5判弱の全66頁、全33葉の注釈付き図画集である。様々な題材の素描が雑然と描かれ、理論的な叙述はなく、現場や工房ですぐに使える雛形のような図柄や石工事・木工事の図解、建築図、あるいは彫刻などのための人物・動物画、さらには機械装置や描画・製図法などの素描が、短い説明文と共に描かれる。半数以上の頁は人物像・動物画の素描が占め、これらに混じって、教会堂建築の平・立・断面図・姿図などの建築図が折々に差し挟まれる。建築図は、当時既に存在している建築のものばかりで、ほとんどが部分の図である。実際の建物との食い違いも多い。『画帖』は、ヴィラールが興味深く思い、有用だと考えた題材を、現場で、あるいは既存の図を写して折々に描き綴ったもので、体系的な建築書ではない。

ヴィラール・ド・オヌクールなる人物は不詳である。ゴシックの本場北フランスのピカルディー地方オヌクール村の出身で、『画帖』は1220〜30年頃に描き始められたと思われる。ランス ▶6-3-6 やアミアン ▶6-3-7 に、古典期ゴシックの傑作大聖堂の建設が始まった正にそのときに『画帖』が描き進められていた。『画帖』は19世紀半ばに「発見」された。「大聖堂の建築書」を切望していた19世紀の建築家達は、建築図面を含むこの『画帖』を、雑然とした素描の背後にゴシック大聖堂の建築理論が隠された「建築書」だと考え、ヴィラールを「13世紀の建築家」と呼んだ。しかし1970年代からの詳細な画帖研究はこの「建築家」説を疑問視し、ヴィラールは金工細工師、聖職者、芸術家だと言われるようになる。現在の研究は、ウィトルーウィウスの影響も認められる『画帖』の素描が、建築に関わる当時の技術が深く関係していることを明らかにし、再び建築家説に注目している。

当初は旅行メモとして始まった『画帖』だが、ある時期からマニュアル本として描かれるようになった。その時から『画帖』には説明文も附されるようになる。一頁目の説明文に、『画帖』には「石工事の技法」と「木構造」についての助言、そして「形取りおよび線描きの手法」、さらにその指針となる「幾何学の原理」を見出せる、とある。「石工技術」、「大工技術」、「素描」が、ヴィラールにとっての「建築」であった。「形取りおよび線描きの手法」をヴィラールは「ポルトレイチュール」と呼ぶ。この語は当時、「建設」とほぼ同義の語であった。『画帖』は、石工工事・木工事・素描における幾何学の実用的な応用技法に大きな興味を示す。中世の建築意匠や素描の理論は、幾何学の応用に根差していた。『画帖』の建築図の中にラン大聖堂の塔の平面図がある。塔の平面全体は、正方形の中に納まる。塔は八角に建つ。四隅の突出部を含めた平面全体が描き込まれる正方形の中に、45度回転させた内接するもう一つの正方形を描くと、塔の正八角形になる。外側の正方形の中に45度回転させたもう一つの内接正方形を描くこの方法は、『画帖』の石工技術に関する様々な技術を図示した頁にも現れる。プラトンや、ウィトルーウィウスも記す、1/2の面積の正方形を得るための方法である。人物像や動物画も、五芒星形、正方形、黄金比の矩形などの長方形、あるいは正三角形、直角三角形、二等辺三角形、円などの幾何図形に重ね合わせて描かれ、あたかも幾何図形が人物像や動物の形を構成しているように描かれる。

素描が建築の仕事の中で重要性を持ち始めるのは13世紀になってからである。13世紀の神学者は、頭の中のイメージを素描の力を借りて形にすることが建築家の重要な能力だと言う。ヴィラールは人物像や動物画を、当時の大聖堂建築の構図を幾何図形が決定するのと同じやり方で、幾何学を用いたポルトレイチュールと呼んで示した。こうした幾何学に根ざす論理的構成は、神学者たちにとっては、現実の姿の背後に隠された世界の仕組みであった。『画帖』の幾何学は、個々の図柄の像に、神の御心に適った、全ての被造物のモデルとなる姿の骨格を与えているのである。幾何学への接近が、「大工頭、石工頭」だった中世の建築家を「石工博士」に仕立て上げた。『画帖』が私たちに見せているのは、13世紀前半の、建築に興味を持って関係していた素描に長けた一人の人物の周りに広がる職能世界である。ゴシックの全盛期、建築が担っていた意味が、幾何学と素描を通して読み取れる。

『画帖』全頁を掲載した日本語版註解書は、藤本康雄／著『ヴィラール・ド・オヌクールの画帖』鹿島出版会、SD選書72、1972年。

『ヴィラール・ド・オヌクールの画帖』第9葉裏面図版18「ランの塔平面」

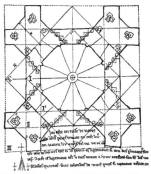

入れ子になった「内接双正方形」による幾何図形分析

# 第3部 建築の近世

■　西洋建築史の「近世」は、15世紀初めのルネサンスの芸術家達が、自らの時代を、彼らが理想とする「古代」を「再生」する進歩の時代として意識することで出現した。人間中心主義と古代ローマの再生、この二つが建築の近世にとっての二大要素である。人間を価値体系の中心に据え、古代のローマ建築をモデルとして、そこに建築の理想・原理・規範を求めて、ローマ建築の建築言語で建築を構成し、「円柱の形式」と「建築の比例」で建築美に至るギリシア由来の方法で建築を制作する古典主義様式が、ルネサンス以降の近世建築の正統となる。

　ルネサンスの後、17世紀には、反古典主義的な性格を含んだバロックの時代が来る。古典主義を基調としながら反古典主義的過剰装飾に溢れるバロックは、古典主義の正統に立ち返ろうとする新古典主義建築の誘因となった。フランス革命期の建築である新古典主義は一方で近代の予形ともなる。19世紀、忘れられていた中世建築への興味が起こり、近代建築を準備するもう一つの潮流となった。古典主義の正統と中世建築復興は、新しい思想や技術を盛り込む器としてあらゆる過去の建築様式の再現につながり、19世紀は歴史主義の様相を見せ、古典主義を正統とする近世が、19世紀を通して崩壊して行く。

●オテル・デ・ザンヴァリッド教会堂（J. アルドゥアン＝マンサール、パリ、1677〜1706）正面（撮影：西田雅嗣）

# 第7章

# 【近世】ルネサンス建築 ── 古代の再生と古典主義

## 7・1〈時代様式概説〉古代への回帰と新しい建築原理、新しい建築言語

ルネサンス建築は、後期ゴシックの時代の 15 世紀初めにフィレンツェで始まる。中世建築を退けて古代の建築に特別な地位を与え、人間を価値の中心に据える人文主義が古代建築を再生復興するルネサンス建築は、古典主義建築を確立した。16 世紀には中心地をローマに移し盛期を迎え、16 世紀後半にはマニエリスムに至る。16 世紀初頭より、他の西ヨーロッパ諸国もこうしたイタリアの建築を受容し、以後、各国の建築も各々の近世を迎える。

**7-1-1 オーダー、凱旋門モティーフ、神殿の正面**

7-1-1(a) セルリオが描く五つのオーダー一覧（セルリオ『第四書』1537）（左）

7-1-1(b) セルリオが描くトラヤヌスの凱旋門（セルリオ『第三書』1540）（中）

7-1-1(c) セルリオが描くローマの古代神殿（セルリオ『第三書』1540）（右）

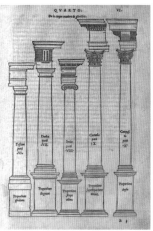

7-1-2(a) ブルネッレスキの透視図法の板絵

**7-1-2 透視図法と理想都市の景観**

7-1-2(b) 伝ピエロ・デッラ・フランチェスカ作「理想都市」（「ウルビーノ」、マルケ国立美術館蔵、475 頃）

### ３つの要点

**1 古代建築への回帰**
●ルネサンス建築は、オーダーで装飾され、円柱の意匠の適用規則や建物の抽象的な比例の原理体系に従う、古代の神殿や凱旋門の立面などの古代の建築意匠へと回帰する。構造が生むゴシック様式とは異なり、ルネサンス建築は意匠の様式である。古代の遺構の考古学と『ウィトルーウィウス建築書』を古代意匠の典拠とし、建築の古典主義が成立した。

**2 新しい建築原理**
●「規則・均整・比例」がルネサンスの建築意匠の原理である。整然としたルネサンスの建築意匠は、中世の神に代わって創造を司る人間の理性が操る「数」と「幾何学」に支配される。見える世界を数学的に写す線遠近法、幾何学的に捉えられた人体の比例、音楽の比例、単純な幾何図形などが造形原理の中心に位置し、集中堂形式の建築が特権的な位置を占めた。

**3 新しい建築言語**
●ルネサンス建築は、古代の建築のオーダーなどの形式の中に、新しい近世の建築の形を創造した。古代の形式は、ルネサンス様式にとっては新しい建築言語であり、オーダーは、比例の体系であると同時に装飾の建築言語であった。古代の円柱、神殿の正面、凱旋門などが繰り返し参照され、建築家たちは、古代建築の姿やオーダーの比例を説く「建築書」を著した。

●古代建築への回帰 「ルネサンス」と言う語は、『美術家列伝』（1550）でジョルジョ・ヴァザーリ（1511 ～ 74）が用いた「再生」を意味するイタリア語「リナーシタ」に対応するフランス語である。19 世紀に、14 ～ 16 世紀のイタリ

アに始まりヨーロッパ中に広がった文化運動の呼称となった。建築のルネサンスは 15 世紀初めにフィレンツェに始まり、16 世紀前半にローマで最盛期を迎える。ルネサンスは、自覚された人間性がギリシア・ローマの古典古代文化を理想と仰ぐ人文主義の文化である。あらゆる分野で古代の文物が参照されたが、建築では、本当の古代の建築の形が具体的に再生した。

　フィレンツェに最初に姿を見せた近世の新しい建築は「古代」の様式の建築であった。ルネサンス建築は、中世を意識的に飛び越えて古代の建築に直接立ち向かい、古代の建築の本当の意匠の再現とその適用に努めた。意匠の問題を中心に据えた様式の建築である。再生された古代建築の意匠は、比例の体系に従い、オーダーと呼ばれるようになる古代の形式に従った円柱を用い、凱旋門や神殿の立面に倣ったものである▶7-1-1。古代の建築遺構の考古学と『ウィトルーウィウス建築書』を根拠とするこうした古代建築意匠の再生が、建築の古典主義を確立し、中世までの職人的な工匠とは異なる新しい職能「建築家」を生んだ。

●新しい建築原理 ルネサンスの人文主義は古典古代の哲学の影響を受けるが、中でも、数学を思想の中心に据え、数と形の完全性を志向するプラトニズムの影響は大きかった。建築においても、当時、数学と同列に扱われていた比例の体系である音楽をモデルとした比例の体系が建築意匠

7-1-3(a) フランチェスコ・ディ・ジョルジョ・マルティーニの素描（1470代）

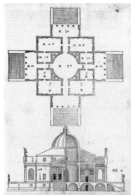

7-1-4(a) パラーディオの「ヴィラ・ロトンダ」の平・立・断面図（パラーディオ『建築四書』1570）

7-1-4 ロトンダ形式の建物

7-1-4(b) レオナルド・ダ・ヴィンチの集中堂のエスキース（『アッシュバーナム手稿』1489〜92）

7-1-4(c) パラーディオが描くブラマンテ設計のテンピエットの図面（パラーディオ『建築四書』1570）

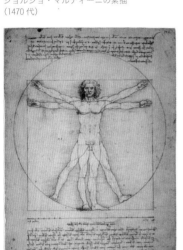

7-1-3(b) レオナルド・ダ・ヴィンチの素描（1485頃）

7-1-3 人体と円と正方形（ウィトルーウィウス的人体像）

7-1-5(a) 五つのオーダー一覧（ヴィニョーラ『建築の五つのオーダー』1602）

7-1-5 五種類のオーダー

7-1-5(b) ドリス式オーダーの列柱（ヴィニョーラ『建築の五つのオーダー』1602）

7-1-5(c) コリント式オーダーの柱台付きロッジア（ヴィニョーラ『建築の五つのオーダー』1602）

に適用され、建築は数と幾何図形が支配する芸術となった。

　視覚に映る外界世界を幾何学的に再現する透視図法（数学遠近法、線遠近法）が建築家達により理論化され、透視図法的に構想された整然とした意匠がルネサンスでは支配的になる▶7-1-2。人体の比例を代弁し、比例の調和を最もよく示す幾何図形である円、正方形、正多角形が好まれ▶7-1-3、こうした図形から生まれる集中堂形式の建築に建築家達は特別の地位を与えた。ドームが架かる円形の部屋を中央に置くロトンダ形式の建築は、多くのルネサンス建築家が理想とした形式である▶7-1-4。

　中世建築とは異なる「規則・均整・比例」を原理とするルネサンス建築は、従って、幾何学的に規則的な平面、均等に連続する柱間、整然と配置される開口部、左右対称の配置、中心軸上の正面玄関、計算された調和をもたらす比例、と言った特徴を持つ。

●新しい建築言語　数や幾何学に根差す新しい建築原理が、古代の建築の各部の正確な形を身に纏うことでルネサンス建築様式が出来上がった。古代の建築の特定の部位の形態

や意匠、あるいはルネサンスの建築家や人文主義者達が称賛する特定の建築の形は、ルネサンス建築においては、建築が話す言語のようにして参照された。

　古代建築のもっと特徴的な要素は円柱だとみなされ、古代ローマの五種類の円柱はオーダーと呼ばれるようになり、『ウィトルーウィウス建築書』や古代の遺構を参照して、オーダー各々の各部比例や五種類のオーダー間の大きさの比例関係、柱頭の装飾形式とエンタブラチュア他の形式との関係、アーチをオーダーで枠取るローマ式円柱間の意匠とその比例なども定式化され、一本の円柱が多層にわたるジャイアント・オーダーなどのルネサンス独自の発明も伴って、オーダーの選択とその比例が建築意匠の重要な課題にもなった▶7-1-5。建築へのオーダーの使用がルネサンス建築の一大特徴である。しかし、『ウィトルーウィウス建築書』が示すオーダーと実際の古代ローマの遺構の実測からわかるオーダーには違いも多く、そのことが、多くのルネサンスの建築家をして「建築書」を著させる原因ともなった。

（西田）

# イタリア初期ルネサンス建築

**7-2-1　ピウス2世広場**
（B. ロセリーノ、イタリア、ピエンツァ、1460代）

**7-2-2　サンタ・マリア・デッレ・グラーツィエ教会堂内陣**
（D. ブラマンテ、イタリア、ミラノ、1492〜97）

**7-2-3　サン・ミケーレ・イン・イゾラ教会堂**
（M. コドゥッシ、イタリア、ヴェネツィア、1478）

**7-2-4　サンタ・マリア・デル・フィオーレ大聖堂交差部ドーム**（F. ブルネレッスキ、イタリア、フィレンツェ、設計1418頃）

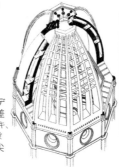

**7-2-5　サンタ・マリア・デル・フィオーレ大聖堂交差部ドーム**（F. ブルネレッスキ、イタリア、フィレンツェ、設計1418頃）二重殻構造の尖頭ドーム

**7-2-6　サント・スピリト教会堂**
（F. ブルネレッスキ、イタリア、フィレンツェ、1434着手）

## 3つの要点

### 1　初期ルネサンス建築
● 建設を通してルネサンス建築の基礎を築いたブルネッレスキと、人文主義者としての著作『建築論』によって建築の古典主義の方向を定めたアルベルティにより、ルネサンス建築はフィレンツェで始まる。その影響はミラノやヴェネツィアの北イタリアに伝播し、しばしば各地のローカルな中世の要素も古代建築と同様に取り込まれた15世紀の初期ルネサンス建築が生まれる。

### 2　ブルネッレスキ
● 古代の建築原理・意匠の再生はブルネッレスキのフィレンツェでの建設活動で始まる。彼は実作の建設を通じて、透視図法、古代の建設技術、単純な比例関係、古代の円柱の模倣など、その後のルネサンス建築が主題として行く多くの問題に先鞭をつけた。

### 3　アルベルティ
● ブルネッレスキとは対照的に、アルベルティは、知識人である人文主義者の立場から建築に関与し、古代の『ウィトルーウィウス建築書』の解釈に基づいた『建築論』を著し、その後の建築における古典主義のあり方を理論的に定めた。『建築論』は、その後の歴史を通じて、『ウィトルーウィウス建築書』と並ぶ地位を与えられることになる。

● 初期ルネサンス建築　ルネサンス建築はフィリッポ・ブルネッレスキ（1377〜1446）が1420年頃フィレンツェで始めた。ルネサンス建築の理論的基礎を築いたレオン・バッティスタ・アルベルティ（1404〜72）も1440年頃からフィレンツェを中心に建築を始める。フィレンツェが15世紀末まで続く初期ルネサンスの中心地であった。

初期ルネサンス建築は、フィレンツェの他、北イタリアで展開した。フィレンツェ近くのピエンツァでは、ベルナルド・ロセリーノ（1409〜1464）がピウス2世広場▶7-2-1を理想都市として整備し、ウルビーノではパラッツォ・ドゥカーレ宮殿をルチアーノ・ラウラーナ（1420〜79）やフランチェスコ・ディ・ジョルジョ（1438〜1502）が、古代建築の要素を導入してルネサンス建築に仕立て上げる。ミラノでは、ドナート・ブラマンテ（1444〜1514）が活躍し、透視図法効果で集中堂のように感ずる内陣を持つサンタ・マリア・プレッソ・サン・サティロ教会堂（1480着工）や、集中堂を思わせる三葉型平面の内陣をサンタ・マリア・デッレ・グラーツィエ教会堂▶7-2-2に墓廟として建てた。ヴェネツィアではマウロ・コドゥッシ（1440〜1504）がサン・ミケーレ・イン・イゾラ教会堂▶7-2-3などで、ヴェネツィアで最初のルネサンス建築を建てた。

● ブルネッレスキ　ブルネッレスキは金銀細工師、彫刻家として活動を始めたが、数学を学び、幾何学に基づく「透視図法」の創始者でもあり、職人的経験主義とは異なる知的な方法を建築にもたらす。最初のルネサンス建築はフィレンツェのサンタ・マリア・デル・フィオーレ大聖堂の交差部にブルネッレスキが架けたドーム▶7-2-4とされる。

7-2-8　孤児養育院（F. ブルネレッスキ、イタリア、フィレンツェ、1419 〜）

7-2-7　パッツィ家礼拝堂（F. ブルネレッスキ、サンタ・クローチェ教会堂回廊、イタリア、フィレンツェ、1429 〜 61）

7-2-9　パラッツォ・ルチェッライ（L.B. アルベルティ、イタリア、フィレンツェ、1446 〜 51）

7-2-10　サン・フランチェスコ教会堂、（テンピオ・マラテスティアーノ、L.B. アルベルティ、イタリア、リミニ、1450 〜 68）

7-2-11　サンタンドレア教会堂（L.B. アルベルティ、イタリア、マントヴァ、1472 着工）内部

7-2-12　サンタンドレア教会堂（L.B. アルベルティ、イタリア、マントヴァ、1472 着工）正面

ゴシックの大聖堂の交差部にドームを架けるコンペを、ビザンティン建築やパンテオンなどの古代建築を研究し、内径 42 mの二重殻構造の尖頭ドーム▶ 7-2-5 を型枠なしで建設する案で勝ち取り、1436 年に完成した。ここに職人とは異なる〈建築家〉が登場した。

　ブルネレッスキの建築は、数学や幾何学に根ざす比例を原理として知的に構想された。単純な基準寸法の比例で構成され、円と正方形に基づく「神聖比例」が重視された。サント・スピリト教会堂▶ 7-2-6 は、バシリカ式の交差部まわりが集中堂のように扱われ、身廊大アーケード幅を基準寸法とする立方体が単位となって内部空間全体が組織される。サンタ・クローチェ教会堂回廊に建つパッツィ家礼拝堂▶ 7-2-7 は、ドームを頂く円と正方形に従った、完璧な比例を追求した集中堂である。孤児養育院▶ 7-2-8 のロッジアの立面も、柱間が基準単位となって連続する比例の美を見せるが、円柱の上にアーチが乗る意匠自体は古代にはないもので、地元のトスカナ・ロマネスク建築の意匠である。

●アルベルティ　アルベルティは、古典、文芸、法律、数学に通じた人文主義者である。『絵画論』、『彫刻論』、『家族論』を著した後、1452 年に『建築論』を書き上げた。これは、古代の『ウィトルーウィウス建築書』をもとにした書で、ウィトルーウィウスの「強・用・美」に従った内容をもち、五つのオーダーを記述し、数に基づく比例の原理を説き、古典主義建築を初めて理論化した。

　アルベルティの実作は考古学的性格を見せる。パラッツォ・ルチェッライ▶ 7-2-9 のファサードに、コロッセウムを範とする三段積みオーダーを用い、都市住宅のファサードを初めてオーダーで飾った。サンタ・マリア・ノヴェッラ教会堂の正面（フィレンツェ、1448 〜 70）では、ゴシックの既存下層部との調和を、地元のロマネスク建築を参照して実現する。中央入口のオーダーは古代を参照したもので、正面は正方形の比例に従う。リミニのサン・フランチェスコ教会堂▶ 7-2-10 は、リミニにある古代ローマのアウグストゥス凱旋門を参照して古代の凱旋門の形を教会堂正面に用いた最初の例である。内陣には当初ドームが計画され、集中堂を志向していた。集中堂としては、ギリシア十字形平面のサン・セバスティアーノ教会堂（マントヴァ、1460 着工）を設計した。ウィトルーウィウスが記述するエトルリア神殿の再現を目論んだサンタンドレア教会堂▶ 7-2-11 では、ローマのコンスタンティヌスのバシリカ▶ 2-4-4 に着想を得て、身廊両側に祭室が開く新しい長堂形式が生まれた。身廊立面は凱旋門でデザインされ、凱旋門と神殿の形式が組み合わされた正面▶ 7-2-12 には、二層を貫くコリント式の巨大オーダーが用いられている。　　　　　（西田）

# 7·3 イタリア盛期ルネサンス建築

7-3-1 サンタ・マリア・デッラ・パーチェ教会堂回廊（D. ブラマンテ、ローマ、1500 着工）

7-3-2 テンピエット（D. ブラマンテ、サン・ピエトロ・イン・モントーリオ教会堂回廊、ローマ、1502 着工）

7-3-3 パラッツォ・カプリーニ（「ラファエロの家」、D. ブラマンテ、ローマ、1501 着工）

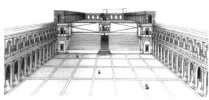
7-3-4 ヴァティカン宮殿ベルヴェデーレ中庭（1504 着工）ブラマンテ第二案の復元図

7-3-5 キージ家礼拝堂（ラファエロ、サンタ・マリア・デル・ポポロ教会堂、ローマ、1513 ～ 16）

7-3-6 ヴィラ・マダマ（ラファエロ、ローマ、1518 着工、未完）

7-3-7 ヴィラ・ファルネジーナ（B. ペルッツィ、ローマ、1506 ～ 11）

## 3 つの要点

### 1 盛期ルネサンス建築とブラマンテ
● ミラノからローマに拠点を移したブラマンテが、ローマで 16 世紀の最初の四半世紀に、ルネサンス建築の盛期をもたらした。教皇ユリウス 2 世の芸術擁護策の下で、ブラマンテはローマに残る古代建築の遺跡を直接に研究・参照し、考古学的により正しい古代の建築言語を手にし、盛期ルネサンスの「偉大な様式」の創始者となった。

### 2 盛期ルネサンスの巨匠達
● 16 世紀の初め、ブラマンテのまわりに、盛期ルネサンスの巨匠達が現れる。ラファエロ、アントニオ・ダ・サンガッロ、ペルッツィ等はローマを中心に活躍し、古代建築の考古学的研究を通して再生した古代建築の意匠を当代の建築に適応させ、盛期ルネサンスという時代を築いた。

### 3 サン・ピエトロ大聖堂再建
● 16 世紀の初め、教皇ユリウス 2 世が着手したヴァティカンのサン・ピエトロ大聖堂再建をブラマンテが手がける。ブラマンテの死後、16 世紀半ばのミケランジェロの実現案までの間、盛期ルネサンスの主だった巨匠達が次々と再建案を作成した。ブラマンテの集中堂の理想を如何に実現するか、再建案の変遷の経緯はルネサンス建築の本質を垣間見せる。

● 盛期ルネサンス建築とブラマンテ　1499 年にローマに着いたブラマンテの様式はミラノ時代とは大きく変わる。サンタ・マリア・デッラ・パーチェ教会堂回廊 ▶ 7-3-1 でミラノ時代の様式と訣別し、聖ペテロ殉教の地とされるサ

ン・ピエトロ・イン・モントーリオ教会堂の回廊に建てたテンピエットで「偉大な様式」を確立した ▶ 7-3-2。テンピエットは、古代ローマの円形神殿に範を求め、正確なドリス式オーダーの 16 本の円柱が堂体の周囲を巡り、細部から全体に至るまでを一貫した比例体系でまとめた集中堂である。ルネサンスの建築家セバスティアーノ・セルリオ（1475? ～ 1554?）やアンドレア・パラーディオ（1508 ～ 80）は、彼らの建築書でテンピエットを古代神殿と同列に扱った ▶ 7-1-4(c)。パラッツォ・カプリーニ（「ラファエロの家」）▶ 7-3-3 では、ルスティカ仕上げの第 1 層とその上のドリス式のペア・コラムが並ぶ第 2 層というファサードで、16 世紀に大きな影響力を持った都市住宅のファサードを作った。教皇ユリウス 2 世のためのヴァティカン宮殿ベルヴェデーレ中庭 ▶ 7-3-4 は、都市スケールでの壮麗な古代ローマ風モニュメントで、後に大きく姿を変えたが、凱旋門モティーフの連続する壁が囲う。

● 盛期ルネサンスの巨匠達　1505 年には、教皇ユリウス 2 世とブラマンテは、コンスタンティヌス帝が 4 世紀初めに建てたローマのサン・ピエトロ大聖堂の再建を決めていた。この一大事業で、ブラマンテのまわりに盛期ルネサンスの巨匠たちの建築家集団が生まれた。

　画家として有名なラファエロ・サンティ（1483 ～ 1520）は、実測調査と復元図面で古代建築の美や古代都市ローマの壮

7-3-8 パラッツォ・マッシモ・アッレ・コロンネ
(B. ペルッツィ、ローマ、1532〜36)

7-3-9 パラッツォ・ファルネーゼ
(A. ダ・サンガッロとミケランジェロ、ローマ、1517 着工)

7-3-12 サン・ピエトロ大聖堂、A. ダ・サンガッロ擬似長堂案木製模型 (1546)

7-3-10 サン・ピエトロ大聖堂ブラマンテ案

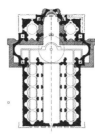

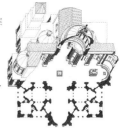

7-3-10(a) ブラマンテの再建第一案 (1505)

7-3-10(b) ブラマンテの集中堂案 (1506)

7-3-11 サン・ピエトロ大聖堂再建案

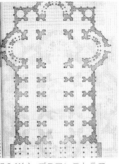

7-3-11(a) ブラマンテとラファエロ案 (1514 頃、セルリオ『第三書』より)

7-3-11(b) ペルッツィ集中堂案 (1534〜35 頃)

7-3-11(c) アントニオ・ダ・サンガッロ擬似長堂案 (1539)

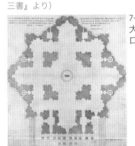

7-3-13 サン・ピエトロ大聖堂、ミケランジェロの再建案 (1546〜64)

7-3-14 サン・ピエトロ大聖堂交差部大ドーム (ローマ、1593)

麗さを取り戻そうとし、古代遺物総監にも任命されている。パンテオンや再建中のサン・ピエトロの交差部に範を取ったキージ家礼拝堂 ▶7-3-5 で盛期ルネサンスの代表作を作った後、ローマのヴィラ・マダマ ▶7-3-6 に考古学的研究の成果を注ぎ、古代のヴィラを再現する。ブラマンテの助手で、透視図法の大家バルダッサーレ・ペルッツィ（1481〜1536）は、だまし絵の描かれたロッジアを持つヴィラ・ファルネジーナ（ローマ、1506〜11）▶7-3-7 と、曲面のファサードを持ち、一階部分に独立円柱が並び二層以上は全面がルスティカ仕上げの壁面というマニエリスム建築であるパラッツォ・マッシモ・アッレ・コロンネ ▶7-3-8 を建てた。ローマ最大の邸館パラッツォ・ファルネーゼ ▶7-3-9 はアントニオ・ダ・サンガッロ（1484〜1546）の建築で、外観はオーダーの付かないフィレンツェ風だが、中庭の立面にはドリス、イオニア、コリント式のオーダーが積み重なる。三層目はミケランジェロの設計である。

●サン・ピエトロ大聖堂再建　ユリウス 2 世とブラマンテは、旧サン・ピエトロ・大聖堂を壊し、西ローマのハギア・ソフィア大聖堂を建設するという野心的な計画を実行する。ブラマンテは、ミラノ時代に手がけた集中堂形式の内陣と長堂形式の身廊部の融合を、パンテオンのドームを頂く「平和の神殿」（コンスタンティヌスのバシリカ）という形で構想する。新しい「聖ペテロの神殿の再建」（サン・ピエトロ大

聖堂）は聖ペテロの墳墓を内陣中央に置き、これを記念する集中堂を内陣として、旧大聖堂を包み込む身廊部を持つ壮大な計画案であった ▶7-3-10。1514 年にブラマンテが没した時、交差部上の大ドームを載せる巨大なアーチは完成していた。再建事業を引き継いだ盛期ルネサンスの巨匠たちは、ブラマンテの集中堂内陣の実現に腐心した ▶7-3-11。ラファエロは集中堂形式の内陣と広大な身廊部というブラマンテ案を完成させる。次いでペルッツィが、身廊部のない単体の集中堂案を作る一方、アントニ・ダ・サンガッロはドームを乗せた身廊が付く長堂式案を作成、1527 年のローマ劫掠による事業中断までこれが公式再建案だった。教皇パウルス 3 世が 1535 年に工事を再開するとペルッツィが集中堂案をまとめるが、リンガッロは、集中堂の内陣に巨大な塔門の付いた擬似長堂案を提出、1546 年には巨大な木製模型 ▶7-3-12 が作成されるも、工事は長く停滞する。1546 年にサンガッロが没すると教皇パウルス 3 世はミケランジェロ・ブオナローティ（1475〜1564）に工事を任せる。既設部分の破壊を含むミケランジェロ案は、大胆な簡素化を断行しブラマンテ案への回帰を目指す集中堂である ▶7-3-13。ミケランジェロの死後、デッラ・ポルタとドメニコ・フォンターナにより、ミケランジェロ構想の交差部大ドームは完成する ▶7-3-14。　（西田）

# 7·4 イタリアのマニエリスム建築

7-4-1 パラッツォ・ポンペイ（M. サンミケーリ、イタリア、ヴェローナ、着工 1550 頃）

7-4-2 ヴィニョーラ『建築の五つのオーダー』(1562) コリント式オーダーのエンタブラチュアと柱頭

7-4-3 パラッツォ・テ
（G. ロマーノ、イタリア、マントヴァ、1525 〜）

7-4-4 メディチ家礼拝堂（サン・ロレンツォ教会堂新聖具室、ミケランジェロ、イタリア、フィレンツェ、1519 〜）

7-4-5 ラウレンツィアーナ図書館前室（サン・ロレンツォ教会堂、ミケランジェロ、イタリア、フィレンツェ、1524 〜）

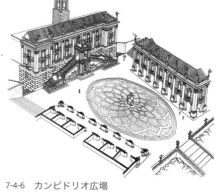

7-4-6 カンピドリオ広場
（ミケランジェロ、ローマ、1539 頃〜）

## 3 つの要点

### 1 マニエリスム建築
● 1530 年頃以降の 16 世紀末頃までのルネサンス建築をマニエリスムと呼ぶ。古代建築に代わってブラマンテやラファエロの様式が規範となり、ミケランジェロの建築に見られるような古代建築言語の独特な個性的用法が現れ、同時に古代建築言語の硬直した規範化がなされた、ルネサンスの最後の段階である。

### 2 ミケランジェロ
●ラファエロの高弟ジュリオ・ロマーノと並んで、マニエリスム建築における古代の建築言語の個性的で反古典主義的用法の先鞭をつけたのはミケランジェロである。ミケランジェロは「比例、オーダー、規則で作られるのとは著しく異なった」（ヴァザーリ）自由で独創的な建築意匠を生み出し、マニエリスムの先にあるバロック建築への道筋をも付けた。

### 3 パラーディオ
●マニエリスムの末期には、ヴェネツィアで活躍したパラーディオが、正統的な古代の建築言語を技巧的に使いこなし、明快で均整のとれた知的な建築を生み出し、「古代建築への回帰」と「規則・均整・比例」の原理を根本とするルネサンス建築本来の姿を新たな手法で取り戻す。

●マニエリスム建築　1527 年の「ローマの劫掠」以降顕著になった建築の性格は、盛期ルネサンスのそれとは異なる独自の性格を持つ。「マニエリスム」と呼ばれ、ルネサンス建築の最後の段階である。「マニエリスム」と言う語は、手法・作風の意味の「マニエラ」に由来する。イタリアにおける建築のマニエリスムは三つの傾向から成る。一つは、古代建築と同等と考えられたブラマンテやラファエロの「マニエラ」に範を取る傾向。二番目は、ミケランジェロ等が見せた独創的な個人の「マニエラ」を主張する傾向、そして三番目は、古代の建築言語を規則化してマニュアル化する傾向である。マニエリスム建築は、「ローマの劫掠」でローマを追われた建築家たちがイタリア各地で展開する。

　第 1 の傾向には、ヴェローナで活躍したミケーレ・サンミケーリ（1484 〜 1559）がおり、パラッツォ・ポンペイ▶7-4-1 などでブラマンテのパラッツォのファサードを踏襲する。第 3 の傾向は、ジャコモ・バロッツィ・ダ・ヴィニョーラ（1507 〜 73）の建築書『建築の五つのオーダー』（初版 1562、オーダーを図で示し比例数値を書き込んだ、オーダーのマニュアル本）▶7-4-2 の出版に伺う事ができる。

●ミケランジェロ　第 2 の傾向は「ローマの劫掠」以前からラファエロの建築に、古代建築言語の正統的使用からの逸脱として既に見られた（パラッツォ・ブランコーニオ、ローマ、1518 〜 20）。弟子のジュリオ・ロマーノ（1494? 〜 1546）のマントヴァでの建築はこれを一挙に推し進め、極めて個性的な古代言語の用法を特徴とするマニエリスム建築を生む（所々ずり落ちるアーキトレーヴ、宙に浮くペディメント、全面ルスティカ仕上げの壁面などを見せるパラッツォ・テ▶7-4-3）。

7-4-7 サン・マルコ（マルチャーナ）図書館（J. サンソヴィーノ、イタリア、ヴェネツィア、1537〜）

7-4-8 バシリカ（A. パラーディオ、イタリア、ヴィチェンツァ、1549〜）

7-4-9 パラッツォ・キエリカーティ（A. パラーディオ、イタリア、ヴィチェンツァ、1550〜）

7-4-10 ヴィラ・ロトンダ（A. パラーディオ、イタリア、ヴィチェンツァ、1566〜69）

7-4-11 サン・ジョルジョ・マッジョーレ教会堂（A. パラーディオ、イタリア、ヴェネツィア、1565〜80）

7-4-12 テアトロ・オリンピコ（A. パラーディオ、イタリア、ヴィチェンツァ、1580〜）

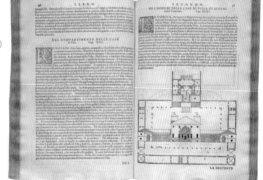

7-4-13 パラーディオ『建築四書』（1570）パラーディオ設計のヴィラ・ピザーニの計画案を示した頁（第二書）

　威厳と落ち着きに代って新奇さや不安定な造形を求め、調和よりも不調和、古典の正確さよりも個人の手法を優先するあり方は、ミケランジェロ・ブオナローティ（1475〜1564）の建築に顕著に見られる。途切れないフリーズで分断されたエンタブラチュア、何も置いていないニッチ、切断されたペディメントを持つメディチ家礼拝堂（新聖具室）▶7-4-4、支えない持送り、壁に埋没する円柱、彫像の置けないニッチ、開かない窓、部屋の過半を占めて流れ落ちるような階段という独創的なラウレンツィアーナ図書館前室▶7-4-5 は彼の「マニエラ」をよく示す。ローマのカンピドリオ広場▶7-4-6 では、台形の広場の有名な楕円形パターンの舗装で、よりダイナミックなバロックの美学さえも先取りする。

●パラーディオ　1257 年、「ローマの劫掠」を逃れてヴェネツィアに来たヤーコポ・サンソヴィーノ（1486〜1570）がヴェネツィアにローマの盛期ルネサンスをもたらした（サン・マルコ（マルチャーナ）図書館と広場▶7-4-7）。

　ヴェネツィア近くのヴィチェンツァで活躍したアンドレア・パラーディオ（1508〜80）は、古代の建築言語の正しい使用と、比例と調和と均衡に根差す正統的な古典主義の理想を技巧的な意匠で追及し、穏健で静謐な佇まいの中にルネサンスの理想を実現した。ヴィチェンツァにある中世の市庁舎ホールに古代風の外装を纏わせたパラーディオの

バシリカ▶7-4-8 では、不均等で大きすぎる柱間をパラディアン・モティーフと呼ばれるアーケードで、オーダーの柱間が整然と並ぶように見える外観を作った。パラッツォ・キエリカーティ▶7-4-9 では、開放された二層の柱廊が、ファサードを古代の神殿のプロナオスに仕立て上げる。ヴィラ・ロトンダ▶7-4-10 は、円形を中央に配した正方形平面の上に建ち、四辺の中央に古代神殿の正面が付く。平面の全てが円と正方形だけから構成された、ルネサンスの理想の集中堂である。サン・ジョルジョ・マッジョーレ教会堂▶7-4-11 では、長堂式教会堂の身廊と側廊の高さの差が現れる正面の問題を、古代神殿の正面を二枚重ねることで解決した。テアトロ・オリンピコ▶7-4-12 では、ウィトルーウィウスが示すローマ劇場の再現が意図された。パラーディオは 1570 年に『建築四書』を出版する。オーダーの解説をはじめ、自作の住宅や古代建築の実測復元を含み、古代の建築を簡明直截な文章と平面図・立面図・断面図に多くを頼る一貫した図解表現で示したもので、後世に多大な影響を与えた▶7-4-13。　　　　　　　　（西田）

# 7·5 スペインとフランスにおけるイタリアニスム

7-5-1　サラマンカ大学図書館正面（スペイン、1514〜29）

7-5-2　グラナダ大聖堂（D. デ・シロエ、スペイン、1528〜63）

7-5-3　カルロス5世宮殿（P. マチューカ、スペイン、グラナダ、1527〜68）

7-5-4　エル・エスコリアル修道院（J.B. デ・トレードと J. デ・エレーラ、スペイン、マドリード近郊、1562〜82）

7-5-5　ブロワ城フランソワ1世翼屋（フランス、1515〜25）

7-5-6　シャンボール城（フランス、1519〜47）

## 3つの要点

### 1　イタリア建築を受容するヨーロッパ諸国
●イタリアのルネサンス建築は、16世紀になると他のヨーロッパ諸国にも広がっていく。イタリアとの直接的接触や建築書の情報が、各国の中世末期の建築の各部をイタリア建築の意匠に変えていく。その後、イタリアに赴いて本格的にルネサンス建築を学ぶ建築家が各国に現れ、彼らが本国にルネサンス建築を移植し、各国の建築はルネサンス化する。

### 2　スペインのルネサンス建築
●イタリアと深く関係していたスペインでは、ゴシック末期の独自の様式プラテレスコ（金銀細工様式）の中に、イタリア建築の古代風細部の影響が現れる。16世紀初め、スペインはいち早くイタリア建築の新しい古代意匠を取り入れ、イタリア滞在を経験したペドロ・マチューカとフアン・デ・エレーラが、宮廷の建築にイタリア・ルネサンス建築を移植する。

### 3　フランスのルネサンス建築
●フランスでは、イタリアに侵攻したフランソワ1世が16世紀初めに造営したロワール川流域の城館建築にイタリア建築の影響が現れ始める。フォンテーヌブロー城の造営にはイタリア人の芸術家たちが集められた。16世紀中頃のピエール・レスコーと、イタリアに学んだフィリベール・ドロルムが、フランスにルネサンス建築をもたらした。

●**イタリア建築を受容するヨーロッパ諸国**　イタリア以外のヨーロッパ主要国はイタリアのルネサンス建築を輸入する形でルネサンス化する。イタリア以外のルネサンス建築は、古代の建築を直接復興したのではなく、イタリア建築を受容する「イタリアニスム」である。各国の「イタリアニスム」は二段階の過程を踏む。第一段階は、軍事侵攻などを通したイタリアとの直接的接触や、建築書などの流通がイタリア建築への憧れを鼓舞し、自国の後期ゴシック建築の中にイタリアの要素が入り込む段階で、建物全体はローカルな中世的伝統を色濃く残す段階である。第二段階は、盛期ルネサンス建築の様式を取り入れ、建物全体が古典主義の建築になる段階で、実際にイタリアに赴いて建築を学んだ建築家たちが、建築の古典主義と芸術家的な建築家のあり方を自国に持ち込む。

●**スペインのルネサンス建築**　イタリアと政治的に密接な関係にあったスペインでは16世紀初めからイタリアの影響を受け始める。イベリア半島では、ゴシック末期の15世紀末より細密な装飾の「プラテレスコ（金銀細工様式）」が流行しており（サラマンカ大学図書館正面▶7-5-1）、スペインのルネサンス黎明期はプラテレスコの中に展開する（グラナダ大聖堂、ディエゴ・デ・シロエ（1495頃〜1563）▶7-5-2）。一方、ローマ劫掠を仕掛けた神聖ローマ皇帝カルロス5世がグラナダに建てたカルロス5世宮殿▶7-5-3 は、イタリアに学んだ建築家ペドロ・マチューカ（1490頃〜1550）によるオーダーを備えた円形中庭を持つマニエリスム建築で、やはりスペイン・ルネサンス黎明期の建築である。16世紀後半のスペイン・ルネサンス建築は、イタリアに学んだ

7-5-7　フォンテーヌブロー城、フランソワ
1世のギャラリー（フランス、1535〜40）
イル・ロッソの室内装飾

7-5-8　ルーヴル宮方形中庭のアンリ4世翼
（P. レスコー、パリ、1546〜）

7-5-9　アネの城館の礼拝堂
（Ph. ドロルム、フランス、1549〜53）

7-5-11　エクアン城北
翼中央部（J. ビュラン、
フランス、1557）

7-5-10　アネの城館（Ph. ドロル
ム、フランス、1547〜）主屋中
央部（パリ、エコール・デ・ボ
ザール中庭に移築）

7-5-12　シャンティイの
小城館（J. ビュラン、フ
ランス、1560頃）

7-5-13　サン=テティエンヌ=デュ=モン教会
堂（パリ、1491〜1626）

二人の建築家フアン・バウティスタ・デ・トレード（1515〜67）とフアン・デ・エレーラ（1530〜97）がフェリペ2世のために建てた、修道院と宮殿が正方形の平面の中に整然と配された複合施設エル・エスコリアル修道院で代表される▶7-5-4。簡素で厳格なイタリアの古典主義様式は、スペインでは「デソルナメンタード（無装飾様式）」とも「エレーラ様式」とも呼ばれる。

●フランスのルネサンス建築　フランスはイタリアとの戦争を通じてイタリア建築に魅了される。16世紀初めのロワール川流域の城館は、急勾配屋根のフランボワイヤン・ゴシックの細部に、オーダーを思わせる意匠を取込み、イタリア化を始める（アゼ=ル=リドー（1518〜23）、シュノンソー（1514〜22））。国王フランソワ1世（在位1515〜47）はイタリアの芸術家を招いてイタリアの建築や美術を移植した。ブロワ城フランソワ1世翼▶7-5-5は未だオーダーが付いただけの中世建築であったが、シャンボール城▶7-5-6では四隅に塔を配した左右対称の長方形平面の外郭の中に、4本の塔を四隅に持ちギリシア十字を内包する正方形の集中堂形式の天守が建ち、盛期ルネサンス的構図を見せる。フォンテーヌブロー城（1528着工）では、イタリアから招かれた芸術家たちが、特に室内装飾で新しい様式を生み出した▶7-5-7。

　ブラマンテ様式の本格的ルネサンス建築は1530〜40年代に現れる。ピエール・レスコー（1515〜78）が建てたルーヴル宮方形中庭のアンリ4世翼▶7-5-8はフランス様式の雛形となった建築で、正しい扱いの凱旋門モティーフやオーダーはイタリアの盛期ルネサンス様式だが、急勾配の屋根や浅浮彫り彫刻はフランスの伝統である。イタリアに学んだフィリベール・ドロルム（1514〜70）のアネの城館の礼拝堂▶7-5-9はドームが乗る集中堂で、城館の入口門には凱旋門モティーフが現れる。主屋中央部はパリのエコール・デ・ボザールに移築されているが、ドリス、イオニア、コリントのオーダーによる凱旋門が積重なった構成で、比例、細部ともに正しい古典主義である▶7-5-10。ドロルムは晩年に『建築論』（1567）を著す。オーダーと並んで中世的な截石法にも多くの頁を割く実用的建築書である。やはりイタリアに学んだジャン・ビュラン（1515頃〜78）も『円柱の五つの方法の規則』（1564）を著す。彼はエクアン城の北翼中央部でフランス最初の巨大オーダーを用い▶7-5-11、シャンティイの小城館▶7-5-12でも古代に倣った正確なオーダーを独創的に用い、マニエリスム建築をもたらした。宗教建築では、パリのサン=テティエンヌ=デュ=モン教会堂▶7-5-13やサン=トゥスタッシュ教会堂（1532〜1637）に顕著なように、ファサードだけは古典主義様式になるが、建物本体はゴシック様式という建築が建てられた。（西田）

7-6-2　アントワープ市庁舎
（C. フロリス、ベルギー、1561 〜 66）

7-6-3　ライデン市庁舎
（L. デ・ケイ、オランダ、1597）

7-6-1　ハンス・フレーデマン・デ・フリース『建築』(1577)

7-6-4　マウリッツ・ハイス
（J. ファン・カンペン、オランダ、ハーグ、1633 〜 35）

7-6-5　アムステルダム市庁舎
（J. ファン・カンペン、オランダ、1648 〜 65）

## 3つの要点

### 1　ネーデルラント地方のルネサンス建築
● 16 世紀にもなると、ゴシックの建築の伝統が根強かったアルプスより北の国々にもイタリア建築の要素は入り込んで行く。ネーデルラント地方では、伝統的な形の市庁舎建築などの正面の装飾としてオーダーなどが取り入れられる。その後 17 世紀になって、ファン・カンペンのような建築家がパラーディオの影響の色濃いルネサンス建築を生む。

### 2　イギリスのルネサンス建築
● 16 世紀初めの、細部にルネサンス的装飾意匠が混入する中世末期の過渡的段階を経て、オーダーなど利用しながら古典主義的風貌を見せ始める 16 世紀後半のエリザベス様式・ジャコビアン様式の後、17 世紀前半に、イニゴー・ジョーンズによってパラーディオを通じて理解されたパラーディオ風の古典主義建築がイギリスのルネサンス建築として姿を現す。

### 3　ドイツのルネサンス建築
● ネーデルラント地方から新様式を移入した今のドイツの地方でも、16 世紀中頃に城館などの立面にオーダーやネーデルラント風の彫刻装飾が現れる。その後、イタリアでパラーディオ建築を学んだエリアス・ホルのような建築家が、独特の形態のドイツのルネサンス建築を生みだした。

● ネーデルラント地方のルネサンス建築　現在のベルギー、オランダに当たるネーデルラント地方には、1530 年頃にイタリア人建築家がオーダーの付いたイタリア様式をもたらした。1539 年に翻訳が出版されたセルリオの『建築書』

第四書がオーダーや古典主義の意匠を伝え、またコルネリス・フロリス（1514 〜 1575）の装飾図案集（1556/57）やハンス・フレーデマン・デ・フリース（1527 〜 1602）の建築図案集（1562/65/77）▶7-6-1 は、オーダーの記述やフォンテーヌブロー城に由来する装飾意匠の他に、革紐模様（ストラップワーク）や唐草模様などの北方ルネサンスに特徴的なグロテスクな装飾意匠をも多数見せる。イタリア遊学経験を持つコルネリス・フロリスのアントワープ市庁舎▶7-6-2 はネーデルラントの伝統にセルリオの古典主義が持ち込まれた時代のネーデルラント・ルネサンスの代表作で、イタリア化された意匠は、三層積みのオーダーや凱旋門モチーフなどで構成される建物正面中央部に集中的に現れる。リーフェン・デ・ケイ（1560 頃〜 1627）のライデン市庁舎▶7-6-3 のファサードも同様である。中世の伝統的意匠を一掃して本格的なイタリアニスムをもたらしたのが、イタリアで建築を学んだヤーコプ・ファン・カンペン（1595 〜 1657）で、代表作マウリッツ・ハイス▶7-6-4 が示すように彼はネーデルラントにパラーディオの影響を受けた建築を導入した。大規模建築に適用されたパラディアニスは彼のアムステルダム市庁舎▶7-6-5 に見られる。

● イギリスのルネサンス建築　15 世紀末から 16 世紀前半のチューダー様式の時代は中世からの過渡期で、この時代に、細部にイタリア的意匠が混入し始めた。エリザベス様

7-6-6　バーリー・ハウス
（イギリス、ノーサンプトン
シャー、1552〜87）時計
塔（1585）

7-6-7　ロングリート・ハウス
（R.スミッソン、イギリス、ウィルトシャー、起工1568）

7-6-8　ウォラトン・ホール（R.スミッソン、
イギリス、ノッティンガム、1580〜85）

7-6-9　クイーンズ・ハウス（I.ジョーンズ、
イギリス、グリニッジ、1616〜35）

7-6-10　バンケッティング・ハウス（I.ジョー
ンズ、イギリス、ロンドン、1619〜22）

7-6-11　ハイデルベルク城、
オットハインリヒバウ
（ドイツ、1556〜59）

7-6-12　アウグスブルク市庁舎
（E.ホル、ドイツ、1615〜20）

式の時代（1560年以降16世紀後半）には壁面がオーダーで分節されるなど古典主義的な意匠の扱いが見られるようになる。バーリー・ハウスの時計塔▶7-6-6では、凱旋門モティーフに古典主義意匠を見せる。ロバート・スミッソン（1536〜1614）が手がけたロングリート・ハウス▶7-6-7では、完全に左右対称の正面全体にエンタブラチュアが巡り、ピラスターが分節する。中世の城郭の外観で、垂直式ゴシックの窓を持つウォラトン・ホール▶7-6-8もロバート・スミッソンの建築で、外壁がピラスターで規則的に分節され、平面は四隅に塔を持つ正方形である。続くジャコビアン様式の時代（1603年以降17世紀初め）は、ネーデルラントの影響の強いレンガの壁、オランダ風の破風、石造の十字格子桟の入った窓などを特徴とする建築が流行する。本格的なイタリアニスムの導入は、イタリア旅行でパラーディオに傾倒した建築家イニゴー・ジョーンズ（1573〜1652）が行った。グリニッジのクイーンズ・ハウス▶7-6-9は、正方形平面、南面中央2階にイオニア式オーダーのロッジアを持ち、バンケッティング・ハウス▶7-6-10は、古代のバシリカに着想を得た平面で、イオニア式とコンポジット式のオーダーで内外を飾る。両者ともパラーディオ風の本格的古典主義建築である。

●ドイツのルネサンス建築　宗教改革の影響の大きかったドイツの建築がイタリア化し始めるのは遅く、1520年頃になってドイツの建築家たちはイタリア意匠をゴシック末期の建築に取り込み始める。ネーデルラントからの影響が顕著で、集中的に装飾された大きな破風が立ち上がる正面中央部やコルネリス・フロリスの装飾図案集に見られる装飾細部が城館や公共建築に現れる。そうした建築の代表例がハイデルベルク城のオットハインリヒバウ▶7-6-11で、オーダーを重ねた三層構成、凱旋門モティーフと言ったイタリア意匠のほか、人像柱や多数の彫刻装飾、革紐模様がネーデルラントの影響を物語る。イタリアを訪れて建築を学んだエリアス・ホル（1573〜1646）がドイツに、よりイタリア的な建築をもたらす。彼の代表作アウグスブルク市庁舎▶7-6-12はペディメントを載せた六層にも及ぶ中央部を持つ高層建築である。外観では、それまでの建築の特徴であった過剰な装飾をそぎ落として単純化し、古典主義意匠の細部を配し、ドイツ的な二基の塔を乗せる。マニエリスム建築であり、彼がイタリア滞在中に傾倒したパラーディオの影響の見られる端正なファサードである。　（西田）

# 第8章

# 【近世】バロック建築 —— 劇的表現の総合芸術

## 8・1〈時代様式概説〉 幻想性と空間性

バロック建築は16世紀末にイタリアで生まれ、17～18世紀前半に、宗教改革に対抗するカトリック改革やフランスなどの絶対王政を要因に、ヨーロッパ各国で展開した。マニエリスムに見られた反古典主義的造形が顕著になり、これに動的で劇的な効果を求める技巧が施され、絵画、彫刻、工芸も一堂に会して、バロック建築は、感覚に訴える総合芸術的な建築様式となる。一方で、バロック建築は、理知的な古典主義建築でもある。

8-1-1(a) 「線的と絵画的」：バロック建築の絵画的造形 サンタンドレア・デッラ・ヴァッレ教会堂正面（C. ライナルディ、ローマ、1655～65）

8-1-1(b) 「平面と深奥」：バロック建築の深奥的表現 パラッツォ・バルベニーニ（C. マデルノ、G.L. ベルニーニ、F. ボッロミーニ、ローマ、1628～33.）

8-1-1(c) 「閉じられた形式と開かれた形式（構築的と非構築的）」：バロック建築の開かれた形式 パラッツォ・ディ・モンテチトーリオ（G. L. ベルニーニ、ローマ、起工 1650）

8-1-1(d) 「多数性と統一性」：バロック建築の単一的統一性 パラッツォ・キージ・オデスカルキ（G.L. ベルニーニ、ローマ、起工 1664）

8-1-1(e) 「明瞭性と不明瞭性」：バロック建築の不明瞭性（相対的明瞭性）ザンクト・ヨハネス・ネポームク教会堂（アザム兄弟、ミュンヘン、1733～46）

8-1-1 ヴェルフリン『美術史の基礎概念』(1915) の五つの概念とバロック建築

### 3つの要点

#### 1 バロック様式
●「バロック」という語は、この時代の建築の不規則で気ままで奇妙な反古典的造形を揶揄して、18世紀半ば頃から使われ始めた。バロック建築は19世紀後半に、古典主義の理想の姿とされていたルネサンスとは異なる独立した建築様式として認識される。

#### 2 カトリック改革と劇場的表現
●プロテスタントを生んだ宗教改革に対するカトリックの対抗策である対抗宗教改革を契機とするカトリック改革がバロック様式の展開の大きな推進力である。バロック建築は、感覚に訴えかける芸術を布教の手段とするカトリック改革のプロパガンダの性格を持つ。

#### 3 絶対王政とバロック建築
●フランスやスペインに特に顕著な絶対王政もまた、王の権威を確実なものにするプロパガンダを必要とした。絶対主義国家もバロック建築の一大スポンサーであり、とりわけフランスでは、王の権威の表現としての、国家が定める古典主義建築が論理的に追求された。

●バロック様式　1630～75年頃に最盛期を迎えたローマの建築の特質がバロック様式の性格を要約する。ミケランジェロに由来する「比例、オーダー、規則で作られるのとは著しく異なった」（ヴァザーリ）自由で独創的な意匠の建築と対抗宗教改革の建築が見せた方向性を、バロック建築は推進する。古代の比例やオーダーに基づく古典主義の建

築言語や意匠を基本としつつ、光と影と色彩とが生み出す幻想的で動的な劇場的効果を求めて、バロック建築は、古典主義の建築言語に自由で個性的な創造的変形を加え、感覚に訴える空間を生んだ。

　19世紀末に、バロックをルネサンスとは異なる様式であるとしたヴェルフリンは、「線的と絵画的」、「平面と深奥」、「閉じられた形式と開かれた形式（構築的と非構築的）」、「多数性と統一性」、「明瞭性と不明瞭性」という有名な五つの対比的概念を用いて、バロック様式を古典主義の規範としてのルネサンス様式から分離した（『美術史の基礎概念』1915年）▶8-1-1。

　ルネサンス建築を象徴する図形が正円であるとするなら、バロックのそれは楕円である。秩序を前面に据えた簡潔で静溢な理想美を求めるルネサン建築に対して、バロック建築は、大仰な比例、威圧的量塊表現、空間のイリュージョン、不規則な造形、だまし絵効果、曲線・反曲線・曲面の多用、破調・分裂を特徴とし、建築、絵画、彫刻などの諸芸術が一体化して劇的な感覚的効果を生む総合芸術的な性格を持つ▶8-1-2。バロック建築は、激しい造形と幻想的な空間性という二つの要素を特質とするが、その背後には、古典主義的精神に根差す規則性や体系性も潜在することを忘れるわけにはいかない。

●カトリック改革と劇場的表現　ローマに生まれたバロッ

8-1-2　サンタンドレア・アル・クィリナーレ教会堂
（G.L. ベルニーニ、ローマ、1658 〜 70）
内部の楕円形ドーム天井

8-1-3　サンタ・マリア・イン・カンピ
テッリ教会堂（C. ライナルディ、ローマ、
1663 〜 67）

8-1-6　ヴュルツブルク領主司教館
礼拝堂（B. ノイマン、ドイツ、1730）

8-1-4　『ローマ七大聖堂巡礼図』（1599 年）
ジャコモ・ラウロとアントニオ・テンペスタ

8-1-5　コレージュ・デ・キャトル＝ナシオン
（L. ル・ヴォー、パリ、1662 〜 88）

クは、ミケランジェロやマニエリスムの一部の建築が示した方向性の延長上にあるが、大きく展開した理由の一つは、宗教改革に対抗する 16 世紀半ばのカトリック改革のプロパガンダの役割を担ったからである。カトリック教義の無謬性や神の栄光と地上における神の代理人たる教皇の偉大と尊厳の表現、そしてカトリックの布教のために、バロック芸術は、人々の感覚に直接訴えて感覚を麻痺させるような、技巧的で祝祭的な恍惚の空間が持つ力に頼った。内部が一体化した劇場的な説教空間を持つイエズス会の教会堂が示した対抗宗教改革の建築の性格を、バロック建築はより劇的で幻想的な装飾や空間へと変えていく ▶ 8-1-3。

　イエズス会のアジアや中南米への海外布教にともない、バロック様式はヨーロッパの外にも伝播する。これらの国々における最初のキリスト教建築はバロック様式であった。また都市ローマも、カトリック総本山の宗教都市として、劇場空間のように整備される。初期キリスト教時代のモニュメントや広場を整備し、オベリスクや噴水、階段、植栽を設置し、放射状の道路でこれらを結び、聖都ローマが 16 世紀末に新たに荘厳された ▶ 8-1-4。

●絶対王政とバロック建築　16 世紀を通じてヨーロッパに成立した絶対君主たちも、ローマ・カトリックと同様に権威の表現としての劇的表現を建築に求めた。絶対主義国家のバロック建築は、劇的な表現という共通の特徴を持ち

ながらも、ローマ・バロックが持つ二つの性格のどちらを強く見せるかによって、大きく二つのグループに分けることができる。

　一つは、ローマ・バロックの古典主義を前面に打ち出す古典主義建築である。ルイ 14 世のフランスは、アカデミーを通して論理・均衡・明晰を旨とする古典主義に権威の建築表現を託した ▶ 8-1-5。17 世紀中頃から 18 世紀前半のイギリスのバロック建築も、フランス・バロックの影響を受けつつ、独自の古典主義的性格の建築を生んだ。

　もう一つは、ローマ・バロックの幻想的で過剰な装飾的性格を色濃く見せる建築で、スペイン王国に花開いた幻想性の強い過剰装飾様式チュリゲレスコや、フランスの宮殿建築とロココの影響を受けて 17 世紀末から 18 世紀中頃にかけて華麗な装飾を奔放に繰り広げたドイツやオーストリアの一連の宮殿やカトリック建築がこれにあたる ▶ 8-1-6。

（西田）

8-2-1(a) 正面

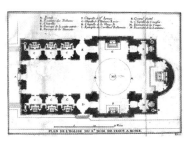

8-2-1(b) 平面図

8-2-1 イル・ジェズ教会堂
（G.B. ダ・ヴィニョーラ、G. デッラ・ポルタ、ローマ、1568 〜 84）

8-2-2 サンタ・スザンナ教会堂正面
（C. マデルノ、ローマ、1597 〜 1603）

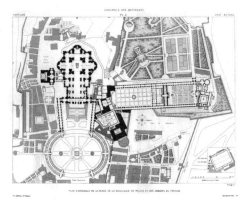

8-2-3(a) 全体平面図

8-2-3 サン・ピエトロ大聖堂
（ミケランジェロ、C. マデルノ、G.L. ベルニーニ他、ローマ、1546 〜 1667）

8-2-3(b) 正面

## 3 つの要点

### 1 対抗宗教改革の教会堂
●対抗宗教改革の急先鋒イエズス会の本山イル・ジェズ教会堂（1568 着工）は、ヴィニョーラが構想した側廊のない広大な内部空間の長堂式教会堂で、カトリック改革の要請に適った建築としてイエズス会様式と呼ばれる。説教の劇場空間として、バロック建築空間の先駆けである。

### 2 シクストゥス改革とローマの初期バロック
● 16 世紀末、シクストゥス改革の都市計画事業は、ローマを「教会の勝利」を宣言するバロック的な劇場都市としての聖都ローマに変容させた。教皇たちの積極的芸術擁護策の造営事業の中で、カルロ・マデルノがローマの初期バロックを代表する建築家となった。

### 3 サン・ピエトロ大聖堂の工事
● 17 世紀初めから中過ぎにかけての一連のサン・ピエトロ大聖堂における造営事業は、マデルノ（身廊と正面の増築）とベルニーニ（天蓋、司教座、サン・ピエトロ広場、スカラ・レジア）の手になるもので、キリスト教世界の中心を威厳と権威でアピールする巨大なバロック的劇場空間を生み出した。

●対抗宗教改革の教会堂　16 世紀後半、ローマでは対抗宗教改革の要請に応える多くの教会堂が造られた。その始まりは改革の旗手として布教に力を注いだイエズス会が本部教会堂としてローマに建立したイル・ジェズ教会堂▶8-2-1 であり、ジャコモ・バロッツィ・ダ・ヴィニョーラ（1507 〜 73）が信者の大規模な集会を可能とする会堂形式を提示

した。多数の信者の収容が可能な長堂式とルネサンスの理想である集中式を組み合わせたプランを持ち、身廊と袖廊の交差部に大きなクーポラがかかる。側廊はなく、円筒ヴォールトがかかる幅のある身廊の両脇には祭室が並び、袖廊は短い。こうした構成により堂内全体が一体的な巨大空間として造られ、訪れた者をクーポラからの光によって内陣へと劇的に誘う。正面は、ヴィニョーラの後を継いだジャコモ・デッラ・ポルタ（1532 〜 1602）が手掛けた。大きな三角破風の下の 3 つのベイには壁龕が作られ、さらに初層の中央ベイは二重の破風と四分の三円柱が配置され、初層の中央が段階的に強調されることで視線を捉える。ヴェルフリンが「絵画的」と特質づけたダイナミックな造形の萌芽がここに見られる。また、堂幅に差のある初層と上層をつないで両層を一体的にまとめる渦巻き装飾も次代で多用され、この正面は以降の教会堂建築の典型となった。

●シクストゥス改革とローマの初期バロック　1585 年、教皇位に就いたシクストゥス 5 世は精力的に聖都ローマの改革を行った。初期キリスト教時代からの主要なバシリカ式会堂などを長い直線道路で結び、広場や道路の視覚的な焦点に巨大なオベリスクや古代ローマの記念柱を移設して、巡礼者に教会の威光を体感させる劇的な都市空間を作り出した。彼に続く教皇とその一族も信者の感情をつかむため、芸術振興と宗教行事に結びつく都市改造を進めた。ローマ

8-2-4　サン・ピエトロ大聖堂バルダッキーノ
(G.L. ベルニーニ、ローマ、1624 ～ 33)

8-2-5　サン・ピエトロ広場（G.L. ベルニーニ、ローマ、1656 ～ 67)

8-2-6(a)　見通し

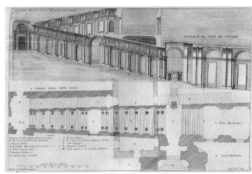

8-2-6(b)　平面図、立面図

8-2-6　ヴァティカン宮殿スカラ・レジア
(G.L. ベルニーニ、ローマ、1663 ～ 66)

にある初期キリスト教時代からの教会堂サンタ・マリア・マッジョーレ▶3-2-8 やサン・ジョヴァンニ・イン・ラテラーノなどを改修し、内部を宗教画や彫刻で飾り、教会堂正面とその前面広場を整備した。また、この時代には教皇により水道の修復が進められ、アクア・フェリーチェやアクア・パオーラをはじめとする噴水が広場やターミナルなどに造られ、祝祭都市を飾った。

　こうした事業に国内外から芸術家が集まった。その一人、カルロ・マデルノ（1556 ～ 1629）が設計したサンタ・スザンナ教会堂▶8-2-2 の正面は、両側から中央へとベイが徐々に広くなり、付柱、半円柱、四分の三円柱へと変化がつけられ、イル・ジェズ教会堂よりも中央を強調する「深奥」な表現が見られる。付柱と円柱の配置に合わせてエンタブラチュアとアティックに凹凸を作り、垂直方向を強調するのはマデルノの新しさであった。

● サン・ピエトロ大聖堂の工事　16 世初頭から始まったサン・ピエトロ大聖堂の造営は 17 世紀に入っても続いていた▶8-2-3。1603 年にはマデルノが建築家に指名され、ミケランジェロの集中堂プランに、教会の要請に従って儀式に都合のよい身廊を加えた。イル・ジェズ教会堂同様に集中堂と長堂を組み合わせたのである。身廊増築に合わせて設計した正面は巨大円柱の並ぶ堂々とした構成で、教皇が信者に祝福を与えるバルコニーがつけられた。

　マデルノの後を継ぎ大聖堂を完成に導いたのはジャン・ロレンツォ・ベルニーニ（1598 ～ 1680）であった。彼によるドーム下の主祭壇を覆うバルダッキーノ（天蓋）▶8-2-4 は、高さ 28.5 m のブロンズ製の捩れ柱の上に曲線のリブと天使像を載せたダイナミックな造型で、巨大空間を荘厳に演出し、教会の権威を象徴している。大聖堂前広場に造った大列柱廊▶8-2-5 は、楕円上に並ぶ四列の円柱が広場に集まる信者を抱くように囲み、眼前に聳える大聖堂のバルコニーに立つ教皇と信者が一体となる劇場空間が都市的スケールで創出されている。ベルニーニは他に、この列柱廊からヴァティカン宮殿へと通じる階段を大聖堂の側面に造った。スカラ・レジア▶8-2-6 と呼ばれるこの大階段は、遠近法の効果を利用して奥行を深く見せかけ、いっそうの荘厳さを演出している。　　　　　　　　　　　（南）

8-3-1 コルナーロ家礼拝堂（サンタ・マリア・デッラ・ヴィットーリア教会堂内）(G.L. ベルニーニ、ローマ, 1647～52)

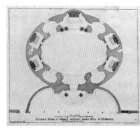

8-3-2(a) 平面図

8-3-2 サンタンドレア・アル・クィリナーレ教会堂（G.L. ベルニーニ、ローマ、1658～70)

8-3-2(b) 内部

8-3-2(c) 正面

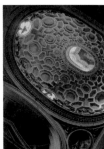

8-3-3(a) 内部

8-3-3(b) 正面

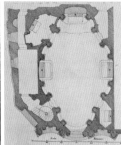

8-3-3(c) 平面図

8-3-3 サン・カルロ・アッレ・クァットロ・フォンターネ教会堂（F. ボッロミーニ、ローマ、内部1638～41、正面1664～67)

8-3-4 サンタニェーゼ教会堂（ジロラモ・ライナルディ、C. ライナルディ、F. ボッロミーニ、ローマ、1652～66)

## 3つの要点

### 1 ベルニーニとボッロミーニの建築
●ローマのバロック建築に盛期をもたらしたのはジャン・ロレンツォ・ベルニーニとフランチェスコ・ボッロミーニである。彫刻でも活躍したバロック様式の標識的芸術家であるベルニーニの代表建築は、横長楕円平面のサンタンドレア・アル・クィリナーレ教会堂である。専ら建築家として活躍したボッロミーニは、縦長楕円平面のサン・カルロ・アッレ・クァットロ・フォンターネ教会堂などの奇想の傑作建築を建てた。

### 2 ローマ・バロック
●ローマの盛期バロックではその他、ピエトロ・ダ・コルトーナやカルロ・ライナルディらが、またベルニーニ的な古典主義傾向が強まった後期バロックにはカルロ・フォンターナらが活躍した。またスペイン階段やトレヴィの泉などのバロック的都市広場がローマを彩ったのは18世紀初めの後期バロックのことである。

### 3 ヴェネツィアとトリノ
●17世紀後半になるとローマ以外にもバロック建築は広がる。特に北イタリアでは、ヴェネツィアのサンタ・マリア・デッラ・サルーテ教会堂の建設や、建築家グァリーノ・グァリーニやフィリッポ・ユヴァッラのトリノでの活躍が注目される。

●ベルニーニとボッロミーニの建築　絵画、彫刻にも秀でた万能の天才ベルニーニは、これらの芸術を総合して幻想的な空間を作った。コルナーロ家礼拝堂 ▶8-3-1 では、祭壇の中心の壁龕には純白の「聖女テレサの法悦」像が置か

れ、ペディメントで隠された開口部からブロンズで作られた金色の光線を伝って光が降り注ぎ、像は空中に漂っているように見える。両側面の壁にはだまし絵効果を用いて奥行きを表現し、コルナーロ一族がこの彫像を眺める桟敷席にいるように見せている。祭壇の上には天上世界が描かれ、観る者には礼拝堂全体が宗教劇の舞台のように感じられる。ベルニーニの教会堂の代表作はサンタンドレア・アル・クィリナーレ教会堂 ▶8-3-2、8-1-2 である。エディクラ（小祠）型の主祭壇のペディメントに配された聖アンデレやドームのプットーなどの彫像が聖人の物語を伝えるとともに、観る者の視線を捉えて横長楕円平面の主軸を強調し、主祭壇からドーム、頂塔へと誘う。外部正面は主祭壇同様のエディクラ型の構成を用い、円弧を描いて凸状に張り出す柱廊玄関（ポルティコ）が設けられている。入り口両脇には凹状の壁が配され、凹-凸-凹の動的な構成を見せる。

　フランチェスコ・ボッロミーニ（1599～1667）は、幾何学形を基本にした複雑な平面の教会堂を建てた。サン・カルロ・アッレ・クァットロ・フォンターネ教会堂 ▶8-3-3 は円と正三角形から作図された楕円のような平面から波打つ壁が立ち上がり、その上にペンデンティブを介して蜂の巣のような幻想的なドームが乗る。縦長平面は入口から主祭壇への方向を強調するが、周囲の16本の円柱と厚いエンタブラチュアによって集中堂としての統一感が創出され

8-3-5 サンタ・マリア・デッラ・パーチェ教会堂正面
（P. ダ・コルトーナ、ローマ、1656〜57）

8-3-6 ポポロ広場のサンタ・マリア・イン・モンテサント教会堂とサンタ・マリア・デイ・ミラコリ教会堂（C. ライナルディ、G.L. ベルニーニ、ローマ、1662〜79）

8-3-7 スペイン階段
（フランチェスコ・デ・サンクティス〈1693〜1740〉、ローマ、1723〜25）

8-3-8 トレヴィの泉
（ニコラ・サルヴィ〈1697〜1751〉、ローマ、1732〜62）

8-3-9 サン・マルチェッロ・アル・コルソ教会堂正面
（C. フォンターナ、ローマ、1682〜83）

8-3-10 サンタ・マリア・デッラ・サルーテ教会堂
（B. ロンゲーナ、イタリア、ヴェネツィア、1631〜82）

8-3-11(a) ドーム内観

8-3-11 サン・ロレンツォ教会堂
（G. グァリーニ、イタリア、トリノ、1668〜87）

8-3-12(b) 平面図

8-3-12 スペルガ教会堂
（F. ユヴァッラ、イタリア、トリノ近郊、1717〜31）

ている。正面も波打つ壁を特徴としている。初層、上層ともに円柱で三列に分けられるが、初層は凹-凸-凹，上層は凹-凹-凹の異なる曲面を描いて表情に変化が与えられている。ボッロミーニはナヴォナ広場のサンタニェーゼ教会堂▶8-3-4 の正面では、壁面を凹状に彎曲させ、背後のクーポラのドラムの凸状カーブと接近させることで視覚的につなげ、ドームとのバランスをとった双塔を配置して正面全体を一体的にまとめている。正面のオーダーはドームのリブへと視覚的につながり、垂直性を強調した動的な構成はバロック教会堂の典型となった。

●ローマ・バロック　絵画でも名高いピエトロ・ダ・コルトーノ（1596〜1669）は、サンタ・マリア・デッラ・パーチェ教会堂▶8-3-5 で、教会堂正面を舞台、広場を客席とする劇場のような外部空間を造った。都市空間において広場と建物正面を一体的にまとめる構成は、カルロ・ライナルディ（1611〜91）によるポポロ広場のサンタ・マリア・イン・モンテサント教会堂、サンタ・マリア・デイ・ミラコリ教会堂▶8-3-6 にも見られる。後期バロック時代には、教会堂の前に複雑な曲面を描く大階段を配したスペイン階段▶8-3-7 や、宮殿の正面と泉を組み合わせたトレヴィの泉▶8-3-8 のようなより華やかで劇的な広場が生まれた。一方で、同じ後期バロック期のカルロ・フォンターナ（1634〜1714）によるサン・マルチェッロ・アル・コルソ教会堂

▶8-3-9 は、正面が凹状に彎曲しているが、凸面との対比的構成や垂直方向の強調が弱く、古典主義的傾向の静的な特徴を見せる。

●ヴェネツィアとトリノ　盛期バロック期のヴェネツィアではバルダッサーレ・ロンゲーナ（1598〜1682）が生涯をかけてサンタ・マリア・デッラ・サルーテ教会堂▶8-3-10 を建てた。ここではドームがかかる正八角形平面の堂の軸線上奥に内陣が設けられ、祭壇へ向かうヴィスタにアーチが連続し、流れるように空間が組み合わされている。トリノでは 17 世紀後半にグァリーノ・グァリーニ（1624〜83）が活躍し、サン・ロレンツォ教会堂▶8-3-11 などにおいて、幾何学形を組み合わせた複雑な平面と曲線・曲面を駆使して幻想的な空間を生み出した。18 世紀に宮廷建築家となったフィリッポ・ユヴァッラ（1676〜1736）は、スペルガ教会堂▶8-3-12 でギリシャ十字形を内包する円形平面の集中堂に独立した祭壇室を組み合わせ、入口から祭壇への方向を強調する動的な空間を創造した。　　　　（南）

# 8·4 古典主義とフランスのバロック建築

8-4-1(a) ポン・ヌフの上から見る

8-4-1 ドフィーヌ広場
（パリ、1607 起工、ポン・ヌフは 1578〜）

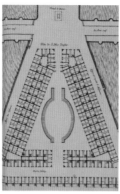

8-4-1(b) 平面図

8-4-3 サン＝ジェルヴェ教会堂西正面（S.ド・ブロッス、パリ、1620）

8-4-2(a) 1612 年の竣工式の様子

8-4-2(b) 広場を囲む建物を広場から見る

8-4-2 プラース・ロワイヤル
（現ヴォージュ広場、パリ、1605〜12）

8-4-4 リュクサンブール宮
（S.ド・ブロッス、パリ、1615 起工）

## 3 つの要点

### 1 古典主義とフランス・バロック
● 17 世紀を通じてフランスは、イタリアのバロック建築の影響を受けつつも、古代を規範とするルネサンスの古典主義を深化させ、フランス古典主義を確立する。イタリア・バロックとは違って、秩序と調和の規則を求め、理想とする古代の美の法則の解明に理論的に取り組み、節度・簡素・抑制・均衡といった言葉で形容されるフランスの建築を生み出した。

### 2 フランス建築の始まり
● 宗教戦争が終結した 16 世紀末、アンリ 4 世による国家再建で絶対王政が成立する。荒廃したパリでの都市整備や公共建築の建設がフランス建築の誕生の端緒となる。アンリ 4 世、続くルイ 13 世の時代の建築は、部分的に石材を使用するだけの赤煉瓦の壁に急勾配の傾斜屋根を特徴とする質素な様式だが、パリの街に近代の相貌を与えた。

### 3 古典主義精神の建築
● 17 世紀前半のルイ 13 世の時代、ジャック・ル・メルシエ、フランソワ・マンサール、ルイ・ル・ヴォーの建築に見るように、正確なオーダーの使用や正しい古典建築意匠を伴う古典主義建築がフランス建築を主導する。また新しい構成の都市邸宅建築も姿を見せる。

● **古典主義とフランス・バロック** 17 世紀、ブルボン王朝が絶対王政を築いたフランスでは、国王や重臣が建築や都市造営を主導し、古代ローマの栄光の歴史を象徴する古典主義芸術に王の威厳の表現を託した。その形式と手法は前世紀のレスコーやドロルムの古典主義を踏襲し、さらに古代建築の秩序と調和の理論を絶対的な規範として捉え、王立アカデミーでこれを教化することでフランス古典主義として確固たるものにした。イタリア・バロックの特徴である中央の強調や曲面、巨大オーダーなどによる壮大で劇的な表現も見られるが、過剰な動的表現は抑えられ、フランス国家にふさわしい優雅さが求められた。

作品の論理的支柱となった美の法則は、ウィトルーウィウス、パラーディオ、ヴィンチェンツォ・スカモッツィ（1552〜1616）、ヴィニョーラ、セルリオらの建築書から学ばれ、フランス人による自国の建築の確立を目指した理論書や教則本も 16 世紀後半から数々登場した。初代建築アカデミー会長（ニコラ＝）フランソワ・ブロンデル（1618〜86）の『建築講義』（1675、83）では、古代建築の比例の規則が重視される一方で、フランス式オーダーの創造も提唱されている。また一方でクロード・ペロー（1613〜88）の『五種類の円柱のオルドナンス』（1683）のように、比例の絶対性を否定し、経験に基づく調整を認める主張も現れた。こうした規範に対する主張の相違は「新旧論争」を起こし、古代の建築の原理的な理解を促した。

● **フランス建築の始まり** ブルボン朝初代国王アンリ 4 世（在位 1589〜1610）は、宗教戦争で破壊された首都パリで広場や王宮などの都市建造物を整備する大規模な再建事業を

8-4-5　ルーブル宮のパヴィヨン・ドルロージュ
（J. ル・メルシエ、パリ、1624〜25）

8-4-7　ブロワ城、オルレアン公の翼屋
（F. マンサール、ブロワ、1635〜38）

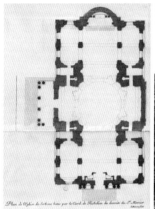

8-4-6(a)　平面図

8-4-6(b)　正面

8-4-6　ソルボンヌ大学附属礼拝堂
（J. ル・メルシエ、パリ、1635〜42）

8-4-8　オテル・ド・ラ・ヴリリエール
（F. マンサール、パリ、1635〜38）

8-4-9　オテル・ランベール（L. ル・ヴォー、パリ、1640〜44）中庭側立面図

行った。セーヌ河に浮かぶシテ島南端に、ポン・ヌフ（新橋）と一体で建造されたドフィーヌ広場 ▶8-4-1 は、二等辺三角形の広場が、1階が店舗、上階が住居の建築群で囲まれた。市民の散策場として造られたプラース・ロワイヤル（現ヴォージュ広場）▶8-4-2 は、140 m四方の広場が貴族や上層ブルジョワジーの住居などからなる建物で囲まれていた。どちらも軸線配置と幾何学形プランに基づき、建物はドーマー窓のある急勾配屋根を戴き、赤煉瓦造に隅石や窓周りに灰色の石を使う特徴があった。こうしたアンリ4世様式と呼ばれる建物は続くルイ13世時代にも造られ、パリの景観を賑やかに変えた。

　オーダーを用いた17世紀初期の古典主義建築は王室建築家サロモン・ド・ブロッス（1571〜1626）の手掛けた作品に見られる。三種のオーダーを積み重ねたパリのサン＝ジェルヴェ教会堂西正面 ▶8-4-3 やリュクサンブール宮 ▶8-4-4 がその代表作である。リュクサンブール宮はH型の主屋と前庭、前庭を囲む翼で構成され、フランスの邸館（オテル）の基本パターンを次代に示した。

●古典主義精神の建築　ルイ13世の時代（在位1610〜43）は宰相リシュリューが古典主義芸術を通じて王の権勢を顕示した。ルーヴル宮の拡張に、ローマ留学を経験したジャック・ル・メルシエ（1585〜1654）が任命され、神殿風の三重破風が乗るパヴィヨン・ドルロージュ ▶8-4-5 などが造られた。同じくル・メルシエのソルボンヌ大学附属礼拝堂 ▶8-4-6 はイタリア的なドームを持つ集中堂で、正面（街路側）はコリント式円柱の上にコンポジット式付柱が立つ。この二層構成にはローマのイル・ジェズ教会堂の影響が見られる。王弟のためにブロワ城に建てられたオルレアン公の翼屋 ▶8-4-7 はフランソワ・マンサール（1598〜1666）が設計した。三層の正面を持ち、下からドリス式、イオニア式、コリント式のオーダーを配する正統の構成を見せるとともに、その一層目両側に湾曲する柱廊があることで、動きが添えられている。

　ルイ13世時代には都市において富裕階級の邸館（オテル）の建設も進んだ。これらの多くは訪問者を迎える前庭奥の中央に主屋（コール・ド・ロジ）を、その両側に翼屋を配置するプランを持ち、立面はオーダーで飾られた。パリのF. マンサールのオテル・ド・ラ・ヴリリエール ▶8-4-8、ルイ・ル・ヴォー（1612〜1670）のオテル・ランベール ▶8-4-9 にその例を見ることができる。　　　　　（南）

8-5-1　メゾン＝ラフィットの城館
（F. マンサール、パリ近郊、1642 ～ 46）

8-5-2　ヴォー＝ル＝ヴィコントの城館
（L. ル・ヴォー、Ch. ル・ブラン、A. ル・ノートル、パリ近郊、1657 ～ 61）

8-5-3　オテル・デ・ザンヴァリッド教会堂
（J. アルドゥアン＝マンサール、パリ、1677 ～ 1706）

8-5-4(a)　立面図

8-5-4(b)　東正面
8-5-4　ルーヴル宮東正面
（C. ペロー、L. ル・ヴォー、パリ、1667 ～ 78）

## 3つの要点

### 1　ルイ 14 世とフランス古典主義建築
●ルイ 14 世（在位 1643 ～ 1715）の時代がフランス古典主義の全盛期である。フランソワ・マンサール、ルイ・ル・ヴォー、クロード・ペロー、フランソワ・ブロンデル、アルドゥアン＝マンサール等が、宮殿、城館、宗教建築、建築理論のそれぞれにフランス古典主義建築の粋を見せた。こうした古典主義隆盛を支えたのが 1671 年設立の王立建築アカデミーである。

### 2　ヴェルサイユ宮殿
●ルイ 14 世のヴェルサイユ宮殿は、ル・ヴォー、アルドゥアン＝マンサール（建築）、ル・ブラン（室内装飾）、ル・ノートル（庭園）等が手掛けた、建築・絵画・彫刻・造園の全てがバロック的に競合して生まれた、揺るぎない王の権威を象徴するヨーロッパ絶対王政君主たちの手本であり、明晰さと秩序と威厳のフランス古典主義の到達点である。

### 3　ロココ
●18 世紀に入ると貝殻状の不規則に湾曲したロカイユ装飾を用いる華やいだ室内装飾が宮殿や邸館の室内装飾で流行する。堅苦しい儀礼的で宮廷趣味の古典主義に代わって生まれた、より私的で個人的な快適さを求める室内装飾様式で、ロココ様式と呼ぶ。

●ルイ 14 世とフランス古典主義建築　ルイ 14 世の治世下、国家の発展に伴い、パリとその近郊に王宮や富裕階級の邸宅、宗教建築が建設された。F. マンサールによるメゾン＝ラフィットの城館▶8-5-1 は、主屋中央の三層の突出部を下からドリス式、イオニア式、コリント式のオーダーが飾り、古典建築の言語を正しく用いた端正な表情にフランス古典主義建築の精神が息づく。ヴォー＝ル＝ヴィコントの城館▶8-5-2 は、建築をル・ヴォー、庭園をアンドレ・ル・ノートル（1613 ～ 1700）、室内装飾を後に王の首席画家となるシャルル・ル・ブラン（1619 ～ 1690）が手掛けた。ル・ノートルの建築的手法による幾何学的な庭園は、その後のフランス式庭園のあり方を決めた。ル・ヴォーによる城館は、両翼の巨大オーダーと主屋のドーム屋根にバロック的な壮大さを感じさせ、オーダーによる分節が、節度を保った古典主義を見せる。ル・ヴォーの後のフランス建築界に君臨するジュール・アルドゥアン＝マンサール（1646 ～ 1708）が手掛けたオテル・デ・ザンヴァリッド（廃兵院）の教会堂▶8-5-3 は、垂直性を強調するバロックの三重殻ドームと、規範に適ったオーダーを備えた静的な正面とが均衡を保つ、宗教建築におけるフランス古典主義の傑作である。

　ルイ 14 世の親政の下（1661 年以降）、建築総監督となった重臣コルベールがルーヴル宮東正面▶8-5-4 の設計競技を指揮した。ベルニーニを退けてコルベールがクロード・ペローやル・ヴォーらに作らせた案は、強調された破風のある中央と均質な長い列柱とが調和した古典主義的な風格があるもので、ルーヴルの「列柱」としてフランス古典主義の模範となった。コルベールは 1671 年に王立建築アカ

8-5-5(a) 城館庭園側正面

8-5-5 ヴェルサイユ宮殿（L.ル・ヴォー、J.アルドゥアン＝マンサール、Ch.ル・ブラン、A.ル・ノートル、ヴェルサイユ、城館主要部分 1668 ～ 89）

8-5-5(b) 庭園、グラン・カナルのヴィスタ

8-5-5(c) 鏡の間

8-5-5(d) 宮殿・庭園全体平面図

8-5-6 オテル・ド・スービーズ、楕円形サロン「冬の間」
（G. =G. ボフラン、パリ、1735 ～ 40）

8-5-7 オテル・ド・マティニョン
（J. ド・クルトンヌ、パリ、1720 ～）

デミーを設立してフランス古典主義の規範の確立を目指し、芸術活動を統括していた。初代会長の F. ブロンデルの『建築講義』にはその理念と規範が示されている。

●ヴェルサイユ宮殿　1661 年、ルイ 14 世はヴォー＝ル＝ヴィコントの城館建設に刺激され、先王が狩猟のために営んだヴェルサイユの城館を、同じ建築家、画家、造園家の手で改築することを思い立つ。建築は、ル・ヴォーが事業途上で没するとアルドゥアン＝マンサールが引き継いだ。ル・ヴォーは先王の凹型の城館の外側を包む一回り大きな包囲建築で城館を大規模に増築した。庭側の外観は一新され、ルスティカ（粗面仕上げ）の 1 階、イオニア式オーダーで分節された 2 階、その上に屋階（アティック）が乗る古典の規範に則ったものになった。この外観は、後にアルドゥアン＝マンサールが庭側に設けた「鏡の間」の建設と南北翼の増築により変化するが、三層構成による優雅な古典主義の表情は踏襲された ▶ 8-5-5(a)。「鏡の間」は長さ 75 m の大ギャラリーで、王を称える天井の歴史画、フランス式オーダーの付柱、17 の窓と反対側の同形同数の鏡で、ル・ブランが全体の装飾プログラムを練った ▶ 8-5-5(c)。鏡は王の産業振興の成果だった。ル・ノートルによるフランス式庭園は当時の王宮の手本となった ▶ 8-5-5(b)。城館の中心軸に合わせて造られたグラン・カナル（大運河）がヴィスタを通し、無限の彼方へ視線を運ぶ。幾何学パターンによ

りトピアリー（刈込）が配され、何本も通された小径は並行や放射状に延びてさまざまなヴィスタが設定される ▶ 8-5-5(d)。

●ロココ　ロココとは人工の岩を表わす「ロカイユ」を語源とする言葉で、優美で自由な曲線や曲面を特徴とし、唐草や貝殻などの自然のモチーフや、シノワズリ（中国図様）、サンジュリ（野猿図様）といった異国趣味で飾る様式を指す。18 世紀のフランス建築では古典主義が引き続き隆盛だったが、ルイ 15 世の時代（在位 1715 ～ 74）になると、その荘重さを避けて瀟洒な雰囲気を生活に求めた宮廷人が主に私邸の室内に用いた。ガブリエル＝ジェルマン・ボフラン（1667 ～ 1754）によるオテル・ド・スービーズ ▶ 8-5-6 の楕円形サロン（「冬の間」）はその典型と言われ、円柱や付柱はなく、白い壁のパネルと天井に金色の唐草や渦巻模様が連続して施されている。パネルと天井との間の曲面には連作絵画が嵌め込まれ、全ての要素が一体となって優雅な空間が生まれている。

ロココの建築にはジャン・ド・クルトンヌ（1671 ～ 1739）によるオテル・ド・マティニョン ▶ 8-5-7 がある。主屋の外観にオーダーを用いず、平面は対象軸に左右されずに、大きさの異なる部屋が自由に配置されている。　　　（南）

# 8·6 イギリス、ドイツ、スペインのバロック建築

8-6-1(a) 西正面

8-6-1(b) 南側面

8-6-1 セント・ポール大聖堂 （C. レン、ロンドン、1675 ～ 1710）

8-6-2 ブレナム宮
（J. ヴァンブラ、イギリス、オックスフォードシャー、1705 ～ 24）

8-6-3 クライスト・チャーチ
（N. ホークスムア、ロンドン、1723 ～ 39）

8-6-4 チズウィック・ハウス
（第 3 代バーリントン卿、ロンドン、1725 ～ 29）

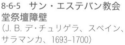
8-6-5 サン・エステバン教会堂祭壇障壁
（J. B. デ・チュリゲラ、スペイン、サラマンカ、1693-1700）

8-6-6 サン・フェルナンド施療院正面
（P. デ・リベーラ、スペイン、マドリード、1722）

## 3 つの要点

### 1 イギリスの古典主義
● 17 世紀末以来イギリスは国民的様式を探究する。イギリスのバロックを代表する建築家クリストファー・レンのセント・ポール大聖堂は、ルネサンス以来のパラーディオの影響の延長上にフランス・バロックの要素が流入して達成された古典主義のイギリス・バロックの代表建築である。18 世紀になるとイギリス独自のバロック建築と並行してパラーディオ主義が起こる。

### 2 スペイン・バロックとチュリゲレスコ
● ゴシック末期以来の過剰な彫刻装飾のプラテレスコ様式にすでに認められるバロック的素地が、スペイン・ハプスブルク家のカトリック勢力を背景とした絶対王政の下でスペイン・バロック建築を開花させ、18 世紀には過剰装飾が生み出す幻惑的な意匠を特徴とするチュリゲレスコを生む。

### 3 オーストリアとドイツのバロック
● オーストリアでは 17 世紀末～ 18 世紀前半に、対抗宗教改革とハプスブルク家の絶対王政が、ボッロミーニやグァリーニの影響の強いバロック建築を開花させる。南ドイツを中心に 18 世紀になると、ロココの影響を受けた装飾性の強い陶酔的なロココ・バロックの建築が、回復したカトリックとドイツ諸侯の力の下で多く建てられる。

● イギリスの古典主義　17 世紀後半、イギリスの建築を牽引したのは、1665 年にパリを訪問しフランス建築に感化されたクリストファー・レン（1632 ～ 1723）であった。

彼の代表作、セント・ポール大聖堂 ▶ 8-6-1 正面の双子柱はルーヴル宮東正面の引用であり、双塔はボッロミーニ風、大ドームはブラマンテで、これらを一体に見せる構成はローマ・バロック風である。当初の構想では集中堂であったが、実現したものは中世由来の長堂式である。交差部にドームを据えるのはレンの創作である。18 世紀にはイギリス・バロックの頂点と言われる宏大なブレナム宮 ▶ 8-6-2 をジョン・ヴァンブラ（1664 ～ 1726）が設計した。巨大オーダーの柱廊玄関や彎曲する壁は、古代の建築言語をローマ・バロック風に用いたもので、その他、中世の城郭に由来する隅櫓のある塔も設けられている。古代の建築言語、ローマ・バロック由来の造形、同時代のフランスの建築意匠、ゴシックなどの中世の伝統的形態、こういった要素が複雑に重層するのがイギリス・バロックの特徴である。レンの弟子ニコラス・ホークスムア（1661 ～ 1736）によるパラーディオ風の柱廊玄関とゴシック風の尖塔が組み合わされたクライスト・チャーチ ▶ 8-6-3 はそうした例である。

18 世紀にはイギリス・バロックの潮流に反抗するグループも現れた。中心人物は、パラーディオのヴィラ・ロトンダの模倣建築であるチズウィック・ハウス ▶ 8-6-4 を設計した第 3 代バーリントン卿（1694 ～ 1753）であり、16 世紀のイニゴー・ジョーンズを継承し、パラーディオに倣うことを主張し「パラーディオ主義」を生んだ。『建築四書』

8-6-7 トレド大聖堂の祭壇
トラスパレンテ
(N. トメー、スペイン、トレド、1721
〜 32)

8-6-8 カルトゥジオ会修道院聖具室
(スペイン、グラナダ、1730 〜 47)

8-6-9 カールス・キルヒェ
(カール・ボロメウス教会堂、J. B. フィッシャー・フォン・
エルラッハ、ウィーン、1716 〜 37)

8-6-11(a) 内部

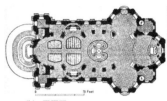

8-6-11(b) 平面図

8-6-11 フィアツェーンハイリゲン
巡礼教会堂
(J. B. ノイマン、ドイツ、フランケン、
1743 〜 72)

8-6-10 聖三位一体教会堂
(J. B. フィッシャー・フォン・エルラッハ、
オーストリア、ザルツブルク、1694 〜 1702)

8-6-12 メルク修道院
(J. プランタウアー、オーストリア、
1702 〜 36)

の英語新訳 (1716 〜 20) やコレン・キャンベル (1676 〜 1729) による『ヴィトルヴィウス・ブリタニクス』(1715 〜 25) の出版が、パラーディオ主義を理論的に支え、新古典主義へとつなげた。

●スペイン・バロックとチュリゲレスコ　カトリックの保護者として対抗宗教改革を進め、宗教芸術に力を注いだスペインでは、神と教会の威光を表現するイタリア・バロックの幻想性が、伝統的に装飾を好むスペイン建築に合わさり、建築と装飾と彫刻が融合した作品が多数現れた。17 世紀後半から室内装飾で活躍したチュリゲラ一族の作品に由来するチュリゲレスコはその典型であり、「ソロモン柱」と呼ばれる捩じれ柱や細根の角柱、柱身の装飾を特徴としている。代表作はホセ・ベニート・デ・チュリゲラ (1665 〜 1725) のサン・エステバン教会堂祭壇障壁▶8-6-5、ペドロ・デ・リベーラ (1683 頃〜 1742) のサン・フェルナンド施療院正面▶8-6-6 があるほか、トレド大聖堂のナルシソ・トメー (1690 頃〜 1742) による祭壇トラスパレンテ▶8-6-7 では、二本の円柱間の曲面壁に無数に施された彫刻に背後のヴォールトの開口部から光が注ぎ、幻想性が極限に達する。より激しい装飾性を見せるのはグラダナのカルトゥジオ会修道院聖具室▶8-6-8 である。細根の柱は三つの柱頭で飾られ、柱身表面を繰り型のような複雑な紋様が覆う。その独特の形態には王国の植民地政策による中南米の影響

も見て取れる。

●オーストリアとドイツのバロック　神聖ローマ帝国（ドイツ）では、主に南部のカトリックの領邦において、三十年戦争（1648 年終結）からの再建途上にバロックの影響を受けた宮殿▶8-1-6 や教会堂が建設された。帝国の中心、ハプスブルク家所領のオーストリアでは、ローマ留学を経験した宮廷建築家ヨハン・ベルンハルト・フィッシャー・フォン・エルラッハ (1656 〜 1723) が活躍した。カールス・キルヒェ▶8-6-9 の双塔とドーム、破風のある柱廊玄関による正面構成はローマのサン・ピエトロを原型とする。聖三位一体教会堂▶8-6-10 正面の凹面と双塔の構成は躍動感あるボッロミーニ風である。

18 世紀にはグァリーニに倣う複雑な空間をロココ様式の装飾で華麗に仕上げる作品が登場する。ヨハン・バルタザル・ノイマン (1687 〜 1753) によるフィアツェーンハイリゲン巡礼教会堂▶8-6-11 である。長堂式教会堂に、ヴォールトが暗示する三つの楕円形空間が縦に並んで挿入され、相互に貫入する。流れるような空間はスタッコ装飾と天井画で軽やかに飾られる。

18 世紀前半はベネディクト派の修道院の再建も多く行われた。ヤコブ・プランタウアー (1660 〜 1726) によるメルク修道院▶8-6-12 はクーポラと双塔が聳える教会堂を翼棟が囲み、バロック宮殿のようである。　　　　　　（南）

# 【近世】新古典主義建築 —— 理性、古代、革命

## 9・1〈時代様式概説〉簡素・単純・純化、ギリシアとローマ、純粋形態

18世紀後半から19世紀初頭にかけてのヨーロッパ美術の動向・様式を新古典主義という。建築では、ロココの愉悦性と装飾性への反動が、ギリシアとローマの古代の根本への新しい回帰を生む。既に現れていた啓蒙主義思想の理性を重んじる態度がそこに重なり、極端に純粋化、単純化された建築形態も出現する。19世紀になると権威主義的な装飾様式であるアンピール様式やグリーク・リヴァイヴァルが、新古典主義の最後を飾ることになる。

9-1-1 サン＝シュルピス教会堂
正面（G. N. セルヴァンドーニ、パリ、1732 ～ 36）

9-1-2 プティ・トリアノン
（A. J. ガブリエル、ヴェルサイユ、1761 ～ 64）

9-1-3 サント＝ジュヌヴィエーヴ教会堂
（現パンテオン、J.-G. スフロ、パリ、1757 ～ 90）
正面立面図

9-1-4 エトワール凱旋門（J.-F.-T シャルグラン〈1739 ～ 1811〉、パリ、1806 ～ 36）

9-1-5 リヴォリ通り
（C. ペルシエ〈1764 ～ 1838〉と P. フォンテーヌ〈1762 ～ 1853〉、パリ、1802 ～ 55）

9-1-5(a) 通り沿い建物のファサードと断面

9-1-5(b) 通り沿い建物のファサード

### 3 つの要点

**1 簡素、単純、純化**
● 18世紀半ばのロココへの反動、18世紀後半の合理的な建築原理、そして19世紀初頭の権威主義的な装飾様式やグリーク・リヴァイヴァルが新古典主義建築の要素である。新古典主義の建築は、簡素で単純な意匠を共通の特徴とした、考古学的に、あるいは合理主義的に純化された古典主義建築である。

**2 古代ギリシアと古代ローマ**
●ルネサンス以来、古典主義建築の規範は古代ローマ建築だったが、18世紀半ばに古代ギリシア建築も回帰すべき原理的建築の姿とされた。こうして、新古典主義の時代を通じて、古代ギリシア建築と古代ローマ建築の二つの様式が建築のモデルとなった。新古典主義建築はギリシアとローマの二つの様式を純化した様式だと言える。

**3 幾何学的な純粋形態**
● 18世紀半ばからの理性を重んじる合理主義的な建築観は、新古典主義全体に影響を及ぼすものだったが、特にフランスで、革命前から、古典主義の形態を極端に純粋化・単純化して幾何学的な純粋形態を用いる建築も現れる。こうした建築を特に「革命（時代の）建築」と呼ぶ。

●簡素、単純、純化　18世紀の中頃に始まった新古典主義建築は、18世紀前半のロココの過剰な装飾性への反動から始まったので、当初より簡素・単純・純粋を様式的特徴として持つ。イタリア人建築家ジョヴァンニ・ニッコロ・セルヴァンドーニ（1695 ～ 1766）の手になるパリのサン＝シュルピス教会堂の正面▶ 9-1-1 は、簡素で厳格な古代の意匠がバロック的意匠を圧倒しているので、新古典主義様式の早い例とされて来た。ルイ15世の主席建築家アンジュ＝ジャック・ガブリエル（1698 ～ 1782）のヴェルサイユのプティ・トリアノン▶ 9-1-2 は、パラーディオ風の簡素な直方体による形態の純粋性や、考古学的に厳格なコリント式オーダーが醸し出すギリシア精神に、新古典主義建築の様式的特質が現れている。ジャック＝ジェルマン・スフロ（1713 ～ 80）設計のパリのパンテオン（旧サント＝ジュヌヴィエーヴ教会堂、1757 ～ 90）▶ 9-1-3 は、考古学的に正確な均一のコリント式オーダーが林立する円柱の用い方や、中央にドームを載せたギリシア十字の平面、大規模な建築を実現する合理的構造技術など、新古典主義の標識的な建築と言える。古代ローマの凱旋門を幾何学的な形態で単純化した抽象的な凱旋門形態を持つパリのエトワールの凱旋門▶ 9-1-4 や、1階部分をアーケードとする簡素で単純明快な古典的意匠が無機質的に反復連続するパリのリヴォリ通り▶ 9-1-5 沿いの建物のファサードには、新古典主義様式が見せる簡素・単純・純粋と言った特質が現れている。

●古代ギリシアと古代ローマ　新古典主義建築では、ルネサンス以来の規範であるローマ建築に、18世紀の中頃から新たにギリシア建築の様式が建築のモデルとして加わる。イギリスでは、ジェームス・スチュアート（1713 ～ 88）が

9-1-6　サイアン・ハウス（R. アダム、ロンドン、1762 〜 69）ホール断面図

9-1-8　ロンドン大学（現ユーヴァーシティ・カレッジ、W. ウィルキンス〈1778 ~ 1893〉ロンドン、1827 〜 28）

9-1-7　ラ・マドレーヌ正面
（P.-A. ヴィニョン、パリ、1806 〜 49）

9-1-9　「記念碑」計画案（E.-L. ブレ、1781 〜 93）

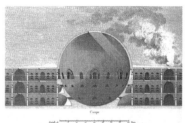

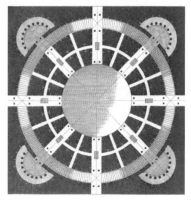

9-1-10　ショーの
「墓地」
（C.-N. ルドゥー、
『建築論』1804）

ギリシア様式を崇拝した建築家で、アテネに赴き古代ギリシア建築を初めて考古学的に正確に明らかにし、ギリシア様式に基づく室内装飾も手がけるが、建築の実作へのギリシア様式の影響は当時は大きくはなかった。一方、古代ローマ建築崇拝者イギリス人建築家ロバート・アダム（1728 〜 92）は、壮麗なローマ様式で評判を呼び、イギリスにおける初期の新古典主義を主導する ▶ 9-1-6。

　19 世紀になると、ナポレオン帝政期のアンピール様式が、古代ローマへの回帰を指向する。コリント式の巨大な円柱が立ち並ぶ神殿のファサードを持つ教会堂 ▶ 9-1-7 や凱旋門など、ナポレオンがパリに建てたモニュメンタルな建築は、ローマ建築の影響が色濃い新古典主義である。一方、イギリスやドイツでは、19 世紀に入ると古代ギリシア建築の様式を復興する「グリーク・リヴァイヴァル」が顕著になる。古代ギリシア神殿のイオニア式オーダーの円柱が立ち並ぶ公共建築が新古典主義をリードする ▶ 9-1-8。
● 幾何学的な純粋形態　啓蒙主義思想の理性は、幾何学を通して建築の理想を追求する動向を生んだ。純粋幾何学の中に建築の諸原理を探究するこの動向は、とりわけフランス革命前後にフランスで活躍したエティエンヌ＝ルイ・ブレ（1728 〜 99）やクロード＝ニコラ・ルドゥー（1736 〜 1806）等のいわゆる「幻視の建築家」たちの「革命（時代の）建築」に姿を現す。ブレの、建築されなかった数々の紙上の計画

案、例えば巨大な純粋円錐形の「記念碑」（1781 〜 93）▶ 9-1-9 や、ルドゥーの作品集「建築論」（1804、1847）に図示された完全球体の住宅や墓地 ▶ 9-1-10、9-3-3 あるいは立方体や直方体、円筒、四角錐、半球などを組み合わせたさまざまな用途の一連の計画案に、新古典主義建築のもう一つの側面である幾何学的な純粋形態の建築が見られる。これらは、建築が、その用途と形によって自律的に成立する「自律的建築」であり、同時に建築の機能を形態が物語る「語る建築」でもある。　　　　　　　　　　　　　（西田）

# 9·2

## 第9章【近世】新古典主義建築
# 古代への眼差しと理性

9-2-1 ルイ15世広場の建物
（現コンコルド広場、A.-J. ガブリエル、パリ、1755〜75）

9-2-2 J. J. ヴィンケルマン『ギリシア芸術模倣論』（1755）表紙

9-2-3 G. B. ピラネージ『古代ローマ』（1756）より「ミネルウァ・メディカの神殿」

9-2-4 J. スチュアートとN. レヴェット『アテネの古代遺跡』第2巻（1787）よりパルテノン

**3つの要点**

### 1 ヴィンケルマンとピラネージ
● ルネサンス以来の古典主義の系譜に連なる新古典主義建築において、古典古代としてその復活が目指された様式は、ギリシア建築とローマ建築の二つの様式である。ギリシア建築の登場は新古典主義の重要な側面で、その理論的基盤は18世紀半ばにヴィンケルマンが作った。またローマ建築支持の拠り所は、同時代のピラネージの数々の建築画であった。

### 2 「アテネびと」と「ローマびと」
● ジェームス・スチュアートの実測・出版により18世紀後半に、パルテノンの全貌が詳となり、ギリシア様式が建築に影響を及ぼし始める。スチュアートは「アテネびと」と呼ばれた。ローマ様式の新古典主義建築は、ポンペイなどの発掘にも関与したロバート・アダムが18世紀半ばに開始する。ギリシア vs ローマが、建築の実作にも姿を現し始める。

### 3 「原始的な小屋」と「パンテオン」
● 18世紀の半ばには、合理的に建築を解釈する建築論が出現する。特にイエズス会士マルク＝アントワーヌ・ロジエが『建築試論』を著し、その扉絵「原始的な小屋」が、理性が思弁的に捉えた建築の原理的姿をアレゴリカルに示す。彼の合理的建築論は、スフロのパリのパンテオンなどの建築に影響を与え、バロックまでの古典主義からの脱却が始まる。

● **ヴィンケルマンとピラネージ** アンジュ＝ジャック・ガブリエル設計のルイ15世広場の建物▶9-2-1に見るように、初期の新古典主義建築では、規範となる古代は依然として漠然とローマ建築であった。これに続く世代の新古典主義

建築の重要な側面の一つは、古代ローマと並んで古代ギリシアもまた理想のモデルとして意識的に取り上げられたことである。ドイツの美術史・考古学者のヨハン・ヨアヒム・ヴィンケルマン（1717〜68）は、『ギリシア芸術模倣論』（1755）▶9-2-2を著し、古代ギリシア芸術を芸術の純粋な源泉とみなし、「高貴なる単純さと静かなる偉大さ」を持つ、理性に支えられた理想美として称揚して、新古典主義におけるギリシア評価の理論的基盤を作った。

一方、ローマでは、画家・建築家ジョヴァンニ・バッティスタ・ピラネージ（1720〜78）が図集『古代ローマ』（1756）▶9-2-3や論考『ローマ人の偉大さと建築について』（1761）などを通じて古代ローマ建築を賛美し、ギリシアに対するローマの優位を考古学的に唱えた。ピラーネジが描いた建築画、廃墟画、景観画が発する幻想性やピクチャレスクな性格、あるいは描かれた考古学的情報、そして誇大妄想的な夢想は、新古典主義におけるローマ支持者たちの強力な拠り所となった。

● **「アテネびと」と「ローマびと」** 18世紀半ば、ナポリ南のパエストゥムの古代ギリシア遺跡が注目を集め、考古学的な図集が出版されるなど、ギリシアへの興味は高まった。イギリス人建築家ジェームス・スチュアートはニコラ・レヴェット（1720〜1804）ともに、トルコ支配下にあったアテネに赴き考古学的調査を挙行、『アテネの古代遺跡』

第9章【近世】新古典主義建築――理性、古代、革命

9-2-6　ケドルストン・ホール
（R. アダム、イギリス、1759 〜
70）南正面

9-2-5　R. アダム『スパラトのディオ
クレティアヌスの宮殿実測図集』
（1764）より宮殿の列柱廊の図

9-2-9(a)　外観

9-2-7　サイアン・ハウス
（R. アダム、ロンドン、1762 〜 69）前室

9-2-9(b)　内部

9-2-8　マルク＝アントワーヌ・ロジエ『建築
試論』第 2 版（1755）扉絵、「原始的な小屋」

9-2-9　サント＝ジュヌヴィエーヴ教会堂
（現パンテオン、J.-G. スフロ、パリ、1757 〜 90）

（1762 〜 94）▶ 9-2-4、1-1-6 〜 10 を出版し、当時の建築界は、この図面集で古代ギリシア建築の考古学的な真の姿を知ることになった。またイギリス人建築家ロバート・アダムは、考古学的な図集『スパラトのディオクレティアヌスの宮殿実測図集』（1764）▶ 9-2-5、3-2-2 を出版するなど、18 世紀前半のヘルクラネウムやポンペイ再発見とともに古代ローマ建築崇拝の機運もあった。

　「アテネびと」と呼ばれたスチュアートも「ローマびと」と呼ばれたアダムも、18 世紀中頃、それぞれギリシア風意匠の建築、ローマ風意匠の建築を作り、考古学的興味のギリシア vs ローマが、建築の実作にも姿を現し始める。ギリシア様式によるジェームス・スチュアートのスペンサー・ハウスの室内装飾はギリシア派の早い例であるが、ギリシアの影響がはっきり形を取るのはもう少し後のことである。一方、ロバート・アダムは、ケドルストン・ホール（1759 〜 70）▶ 9-2-6 やサイアン・ハウス▶ 9-2-7、9-1-6 に見られる「アダム様式」とも呼ばれるローマ派の代表である。古代ローマの壮麗な様式を再現する一連の建築で、イギリスの 18 世紀後半はローマ派がリードした。

●「原始的な小屋」と「パンテオン」　フランシスコ会修道士カルロ・ロードリ（1690 〜 1761）は、1720 年頃よりヴェネツィアで急進的な合理主義建築論を唱え、18 世紀の評論家、理論家たちに多大な影響を与えていた。フランスで

もイエズス会司祭マルク＝アントワーヌ・ロジエ（1713 〜69）が、それまでの、古代ローマ建築のオーダーやその比例を解説する建築書とは趣の異なる内容を持つ『建築試論』を 1753 年に出版する。1755 年出版の『建築試論』第 2 版の扉絵▶ 9-2-8 はその主張を寓意的に宣言したもので、柱・梁・切妻の小屋組で示された「原始的な小屋」は、理性で思弁的に捉えられた建築の原初の姿を示す。オーダーなどの旧来のテーマを語りながらも、そうした建築意匠や建築言語、建築類型、建築構造を、原理的な原点に立ち返って合理的に解釈するという、理性の時代に書かれたこの書の内容を端的に表す扉絵である。

　この書の影響は大きく、建築家ジャック＝ジェルマン・スフロは、パリのサント＝ジュヌヴィエーヴ教会堂（現パンテオン）▶ 9-2-9、9-1-3 の当初設計案で、ロージエの『建築試論』の理論を、単一のコリント式オーダーによる純粋な柱梁構造によって実施に移そうと考えた。建設中に構造に問題があることが判明し、スフロが当初原案で構想したような純粋な建築とはならなかったが、簡素で巨大なコリント式オーダーの正面ポルティコ、三重殻の大ドーム、ギリシア十字形の簡潔な平面、平滑な壁が優った純粋な形態の外観など、新古典主義の代表的建築がロージエの『建築試論』の影響の下で出現した。　　　　　　　　　　（西田）

9-3-1　王立図書館案（E.-L. ブレ、1785〜88）

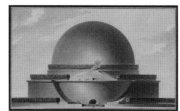

9-3-2(a)　立面図
9-3-2　ニュートン記念堂案
（E.-L. ブレ、1784）

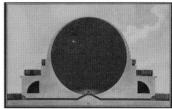

9-3-2(b)　断面図（昼間）

9-3-2(c)　断面図（夜間）

9-3-3　耕作番人の家計画案
（C.-N. ルドゥー、建築家の没後 1847 年出版の『建築論』第 2 巻が初出）

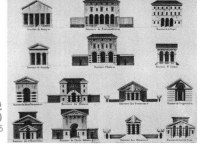

9-3-4　パリの入市税徴収所（バリエール）
（C.-N. ルドゥー、1785〜90）

## 3 つの要点

**1　革命建築、ブレとルドゥー**
● フランス革命前から革命期を通じて、純粋な幾何学形態や極端に単純化された、あるいは変形された直接的な古代意匠を用い、風変わりで時として誇大妄想的でもある過激な表現の一連の建築が姿を現す。この動向を代表する建築家ブレやルドゥーの建築は「革命（時代の）建築」と呼ばれる。建築を考古学的衒学から解放し、合理的設計思想への道筋をつけた。

**2　デュランと合理的設計思想**
● マルク＝アントワーヌ・ロジエに見る合理的建築原理は、フランス革命後に活躍する建築家ジャン＝ニコラ＝ルイ・デュランにより、理工科学校の『建築講義要録』などを通して、19 世紀に展開する建築の設計思想として示された。そこにはグリッドに還元された実用的な建築の構成法が示される。

**3　革命建築の広がり**
● 18 世紀末以降の建築には、フランスに限らず、幾何学的な形態や、ピクチャレスクでロマン主義的効果を狙った、単純化された古代意匠を持つ「革命建築」の特質を伴った建築が現れる。これらはまた、デュランの合理的設計思想とも共鳴する。ドイツのフリードリッヒ・ジリーの建築なども「革命建築」の影響を受けている。

● 革命建築、ブレとルドゥー　フランス革命期に登場するブレとルドゥーは共に幻視の建築家と形容される。彼らの描く図面は単なる設計図ではない。それは当時の技術では建設不可能な空間を二次元世界で可視化し実現させたもの

であった。画家志望だったブレは絵画的に建築を創作しようとし、絶対的な巨大さもさることながら、いかに壮大に見えるかに重きを置いた。そのために装飾を徹底的に排除した滑らかな表面、人体の有機的構成に合致したシンメトリーに美を見出すと共に規則正しい純粋幾何学形態に芸術的効果を発見する。特筆すべき実作がなく奇抜で壮観な構想の幻想的計画を多数手がけたブレは王立図書館 ▶ 9-3-1 を計画するが、彼にとって図書館の機能はさして重要ではなかったようである。書架の並ぶ上部にイオニア式列柱を配し、採光のための開口部を設けた広壮なヴォールト天井が架かる表象の建築であった。ブレにとって、とりわけ球体はあらゆる点で完全な理想形態で、ニュートン記念堂 ▶ 9-3-2 は巨大な中空球殻に穿った無数の穴を透過する光が日中に星の如く煌めく夜空を、夜間は照明により燦々と輝く世界を創出した宇宙を現前させる計画であった。一方、ルドゥーは実施案も含めパリに幾つかの邸館を計画する。ユゼス邸館（1767）をはじめ、バロック的特徴をもつものからモーペルテュイ城館付属屋とされる球体の耕作番人の家 ▶ 9-3-3 計画案などの純粋幾何学形態によるものまで様々である。42 棟からなるパリの入市税徴収所 ▶ 9-3-4 の設計においてルドゥーは古典的要素を単純な幾何学形態に変換するという創意で大胆な建築を生み出す。こうした手法によるのがアルケ＝スナン王立製塩所 ▶ 9-3-5 で、これ

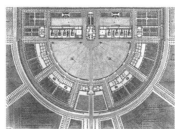

9-3-5 アルケ=スナンの王立製塩所
（C.-N. ルドゥー、フランス、ブザンソン近郊、1774～79）

9-3-5(a) 実施案配置図（1774）

9-3-5(b) 監督官の家と製塩工場（1779）

9-3-6(a) 鳥瞰図

9-3-6(b) ルー河の監督官の家

9-3-6 ショーの理想都市
（C.-N. ルドゥー、『芸術、習俗、法制との関係から考察された建築（建築論）』1804）

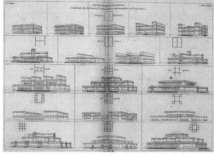

9-3-7 「水平方向と垂直方向の様々な組み合わせから生まれる建物の全体」
（J.-N.-L. デュラン『エコール・ロワイヤル・ポリテクニク建築講義要録』第 1 巻、1802）

9-3-8 コスモポリタンの家（A.-L.-T. ヴォドワイエ、1785）

9-3-9 「見晴らし台のある落ち合い場」
（J.-J. ルクー、1790 頃）

9-3-10 フリードリッヒ大王記念堂のコンペ案
（F. ジリー、1797）

をもとに後年の著作に示されるショーの理想都市が生まれた。その鳥瞰図 ▶ 9-3-6(a) に描かれる自然豊かな計画から受けるピクチャレスクな印象はルドゥーの望むものではなく、それはルドゥーの新たな理想を田園都市として結実させたものなのであった。ジャック＝フランソワ・ブロンデル（1705～74）の弟子であったブレとルドゥーは「建築はその用途を直截に示す性格を持つこと」という師の言葉に倣う。こうした語る建築と評される作品、建物内部を河が流れるルー河の監督官の家 ▶ 9-3-6(b) もショーの理想都市の中に描かれる。ルドゥーは幾何学形態という自律的な図形を様々に組み合わせることで各建物を、さらにそれを集合させることで理想都市を創出しようとしたのであった。

● デュランと合理的設計思想　ブレの弟子、建築理論家ジャン＝ニコラ＝ルイ・デュラン（1760～1834）は教鞭をとっていた理工科学校での講義録を『建築講義要録』として出版する。建物を機能性に基づき対称性と規則性および単純幾何学形態によって構成すれば経済的で自ずと美が生まれるという。正方形平面を規則正しいグリッドに分割し、グリッド上の建物部位である壁やコラム、開口部など水平方向の配列に断面や立面で表現される垂直方向の配列を組み合わせて建物を構築する合理的設計方法 ▶ 9-3-7 を示す。デュランは、ヴィニョーラ以降の装飾重視でオーダーによる定式化されたファサードから計画する設計方法を批判し、先ず機能性と連関のある平面、次に断面、立面はその結果として得られものだと説く。デュランは自らが指導する技術者に、より効率的で応用の利く技術を身に付けさせるために、こうしたシステム化された設計手法を考案するに至ったのかもしれない。

● 革命建築の広がり　ブレやルドゥーらの幾何学形態の単純化から生まれた手法は、ジャン＝フランソワ＝テレーズ・シャルグラン（1739～1811）によるオーダーを排除した単純な量塊表現のエトワール凱旋門 ▶ 9-1-4 やアントワーヌ＝ロラン＝トマ・ヴォドワイエ（1756～1846）のコスモポリタンの家 ▶ 9-3-8 と題された星が散る球体周囲にドリス式オーダーが並ぶ幻想的建築にも確認できる。片やブレやルドゥーとは異なり、不合理かつ古典を独特に翻案したのがスフロの弟子のジャン＝ジャック・ルクー（1757～1826）である。当初は時流に乗っていたが、次第に見晴らし台のある落ち合い場 ▶ 9-3-9 のようなエジプト、ペルシャ、シノワズリなどの異国趣味や古典的要素、幾何学図形を変幻自在に操り、奇妙な造形を創る。フリードリッヒ・ジリー（1772～1800）のフリードリッヒ大王記念堂コンペ案 ▶ 9-3-10 は、忠実な考古学的再現によるギリシア神殿と幾何学形態の巨大な基壇との対比による作品だが、その基壇およびコンペ案左端に描かれた簡素な量塊の門に見られる単純化の手法においても革命建築に通ずるものがある。（小林）

# アンピール様式とグリーク・リヴァイヴァル、ピクチャレスク

9-4-1 カルーゼル凱旋門（C. ペルシエと
P. フォンテーヌ、パリ、1806 ～ 8）

9-4-2 ラ・マドレーヌ（現ラ・マドレーヌ
教会堂、P. -A. ヴィニョンと J.-J.-M. ユヴェ、
パリ、1806 ～ 49）内部

9-4-3 マルメゾン城の改装（C. ペルシエと P.-F.-L.
フォンテーヌ、パリ近郊、1799 ～ 1803）音楽室

9-4-4 ブランデンブルク門（C. G. ラングハン
ス、ベルリン、1789 ～ 91）

9-4-5 ヴァルハラ（L. フォン・クレンツェ、
ドイツ、レーゲンスブルク近郊、1830 ～ 42）

9-4-6 王立劇場（K. F. シンケル、ベルリン、
1818 ～ 21）

## ▌３つの要点

### 1 アンピール様式

●フランス革命直後のナポレオン第一帝政期（1804 ～ 14）に
生まれた様式を「アンピール様式」（第一帝政様式）と呼ぶ。
ナポレオンの様式であり、建築においては、パリのラ・マド
レーヌのようなローマ建築をモデルとした権威的な建築が建
てられた。一方で、エトワール凱旋門が見せるような新古典
主義が持つ合理性や簡素・単純・純化という傾向も見られる。

### 2 グリーク・リヴァイヴァル

●18 世紀半ばに「アテネびと」スチュアートから始まったギ
リシア様式建築は、19 世紀になると「グリーク・リヴァイヴァ
ル」と呼ばれる新古典主義の建築様式としてヨーロッパ各国
に広がる。特にドイツとイギリスの 19 世紀初めは、ギリシ
ア神殿の正面や古代ギリシア建築の円柱による列柱を用いる
「グリーク・リヴァイヴァル」が力を持った。

### 3 新古典主義のピクチャレスク

●科学的考古学性と合理的建築観に裏打ちされた古典主義が
「新古典主義」建築であるが、18 世紀後半から現れる「ピク
チャレスク」（「絵のような」）の美学の影響もある。18
世紀後半から 19 世紀初頭にかけての新古典主義建築には、
全て「ピクチャレスク」な性格を指摘することができる。19
世紀前半はロマン主義の時代でもあるが、新古典主義建築の
ロマン主義は、ピクチャレスクに見て取れる。

●**アンピール様式**　皇帝ナポレオン 1 世は古代エジプトの
ファラオや帝政ローマの時代および皇帝の偉大さや華やか
さに関心を寄せる。ロココ批判の装飾性を新古典主義的に

復活させ、オーダーも質素なドリス式よりも優美なコリン
ト式を好んだ。シャルル・ペルシエ（1764 ～ 1838）とピエー
ル・フォンテーヌ（1762 ～ 1853）によるカルーゼル凱旋
門▶9-4-1 は古代ローマの凱旋門に倣ったものだが、コン
ポジット式に替えてコリント式柱が採択され、同じくナポ
レオンの戦勝記念碑である簡潔で堂々としたエトワール凱
旋門とは対比的である。ルドゥーの弟子、ピエール＝アレ
クサンドル・ヴィニョン（1762 ～ 1828）設計のラ・マドレー
ヌ▶9-1-7 はナポレオンの命によりフランス軍を讃える
栄光の神殿として建設された。古代ローマ神殿を模した高
い基壇上の荘重なコリント式周柱式神殿で、ジャン＝ジャ
ック＝マリ・ユヴェ（1783 ～ 1852）が引き継いだ内部▶
9-4-2 にも連続ペンデンティブ・ドーム天井を支えるコリ
ント式円柱が並ぶ。先のペルシエとフォンテーヌは室内意
匠でもその才を認められ、ナポレオンのマルメゾン城改装
▶9-4-3 を手がける。古代エジプトやローマの装飾要素を
用い、アンピール様式としての特徴である単純ながらも厳
格で端麗な室内を創り上げた。

●**グリーク・リヴァイヴァル**　スチュアートとレヴェット
によるギリシア現地調査に基づく『アテネの古代遺跡』第
1 巻（1762）の出版が契機となり、正確なギリシア建築の考
古学的実証が進められ崇高で厳格なギリシア建築復興の機
運が高まる。『アテネの古代遺跡』第 2 巻（1787）に含まれ

9-4-7　アルテス・ムゼウム（K. F. シンケル、ベルリン、1823〜30）

9-4-7(a)　外観

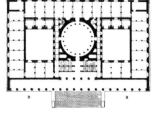

9-4-7(b)　平面図

9-4-8　ブリティッシュ・ミュージアム（R. スマーク、ロンドン、1823〜46）

9-4-9　ケンウッド・ハウスの改修（R. アダム、ロンドン、1764〜79）

9-4-10(a)　平面図

9-4-10(b)　リージェンツ・パークのコーンウォール・テラス

9-4-10(c)　リージェント・ストリートのクオドラント（鋳鉄柱の柱廊は 1848 撤去）

9-4-10　リージェンツ・パークとリージェント・ストリートの開発（J. ナッシュ、ロンドン、1811〜30）

たパルテノンの図版▶9-2-4、1-1-6、1-1-9 や初期古代ギリシャ神殿の柱様式の観点から、礎盤のない簡素なドリス式オーダーを造形の中心に置く。主にドイツ、イギリスで展開するが、初期はイングランド風景庭園の装飾としてギリシア神殿風建物を配置するようなものであった。ドイツではカール・ゴットハルト・ラングハンス（1732〜1808）のアテネ、アクロポリスのプロピュライアを想起させるドリス式オーダーによるブランデンブルク門▶9-4-4 が初期例とされる。正統なギリシア建築を忠実に再現した作品がレオ・フォン・クレンツェ（1784〜1864）によるパルテノンの複製ヴァルハラ▶9-4-5 である。プロイセン王室の建築家カール・フリードリヒ・シンケル（1781〜1841）はジリーやデュランの影響下、ギリシア建築形態および構法の発展と応用に努め、単なる復興に留まらず合理的論理に従い設計した人物である。機能主義的な矩形の立体構成に柱廊玄関を付属した王立衛兵所（1816〜18）や王立劇場▶9-4-6 があり、正面に古代ギリシアのストアを参照したアルテス・ムゼウム▶9-4-7 には、デュラン著『建築講義要録』所載の図版、博物館との関連が認知される。アルテス・ムゼウムとの類似指摘がある正面中央の柱廊玄関から左右に張り出したイギリスでは考古学的に古代ギリシア建築の構成を試みたサー・ロバート・スマーク（1780〜1867）の傑作としてブリティッシュ・ミュージアム▶9-4-8 が挙げられる。アルテス・ムゼウムとの類似指摘がある正面中央の柱廊玄関から左右に張り出し

た翼部を含めアテネのエレクテイオンに倣ったイオニア式列柱が採用される。建物中央にアテネの古代神殿が屹立するトマス・ハミルトン（1784〜1858）設計のエディンバラ・ロイヤル・ハイ・スクール（1826〜29）も好例といえる。

●新古典主義のピクチャレスク　ピクチャレスクはイギリス庭園美学の概念で、ウィリアム・ギルピン（1724〜1804）はピクチャレスクに関する著作でエドムンド・バーク（1729〜97）の美と崇高との相関関係を通して論じる。自然風景の再認識や荒涼とした幻想的な構成、光と色彩など、理性ではなく感覚で捉えるロマン主義の美学であった。現地を訪れることがなかったブレとルドゥーに遠い過去を夢想させたピラネージの描くローマの姿は考古学的調査に基づくとはいえ想像力による補完によって生み出されたものであるため、まさにピクチャレスクの建築であったともいえる。ロバート・アダムの繊細で優雅な古典主義を基調とした室内意匠のアダム様式もロマン主義的なピクチャレスクで、華麗なサイアン・ハウス▶9-1-6、9-2-7 やケンウッド・ハウスの改修▶9-4-9 にその例を見る。都市景観におけるピクチャレスクの事例が、建築家ジョン・ナッシュ（1752〜1835）による周囲に古典主義の壮麗な連続住宅を配したリージェンツ・パークと、そこから南に伸びる通りの南端部に四分の一円の湾曲部クオドラントが付くリージェント・ストリートの開発▶9-4-10 である。　　　（小林）

101

# 第10章 【近世】歴史主義建築 —— 様式の時代、中世の発見

## 10・1〈時代様式概説〉ピクチャレスク、ゴシック、様式

西洋建築史における19世紀は、単一の様式として区分できる時代ではない。しかし、建築の歴史を様式によって時代区分して、時代様式の連続としての建築史を作り上げたのは19世紀の学者や建築家たちである。19世紀の建築家の作品は、色々な過去の時代様式をモデルとする歴史主義となる。19世紀が注目した過去の時代様式の中でも、特に中世の様式は、倫理的、社会的、構造的、工学的に新たに解釈され、近代建築を準備することになった。

10-1-1　メアリー・シェリー『フランケンシュタイン』1831年改訂版のTh. フォン・ホルストによる口絵

10-1-2　W. トーマス・ベックフォードが建てた「フォントヒル修道院」
（J. ワイアット、イギリス、ウィルトシャ、1796〜1812）

10-1-3　リージェンツ・パークのカンバーランド・テラス（J. ナッシュ、ロンドン、1827）

10-1-4　ジョン・ブリットン（1771〜1857）『英国の建築古物』（1807〜26）の中の図版（ノーサンプトンのセント・ピーター教会堂）

10-1-5　A. W. N. ピュージン『イングランドにおける復興したキリスト教建築のための弁明』（1843）の扉絵

### ■ 3つの要点

#### 1　ピクチャレスクとロマン主義

● 18世紀半ばより「ピクチャレスク」趣味が顕著になり、古典主義の影に隠れていた中世趣味や異国趣味、廃墟趣味などのロマン主義的な建築が顕在化する。18世紀末の「ゴシック小説」家たちが建てたゴシック趣味の建築は、ピクチャレスク的興味を喚起してゴシック建築への興味を高めた。

#### 2　ゴシックの再発見とゴシック・リヴァイヴァル

● ゴシック建築への興味は、中世建築を考古学的に様式として定義した。19世紀の半ば以降、ゴシック建築は、その時代の建築のモデルとして、倫理的、社会的、構造的に解釈され、近代建築の先駆となる建築理論や建築がゴシックの姿を借りて現れた。またゴシック・リヴァイヴァルがヨーロッパに広まった。

#### 3　「様式」と建築

● 19世紀を通じて過去の建築は「様式」で理解されるようになり、「時代様式」で区分された建築史が現れた。建築の制作も、過去の「様式」の中から様式を選んでデザインするようになり、ネオ・ゴシック建築、ネオ・バロック建築などのように、歴史的な意匠を用いた様式建築が行われた。「様式」を統合する折衷主義も現れ、19世紀の建築は歴史主義であった。

● ピクチャレスクとロマン主義　19世紀の建築動向は「ピクチャレスク」に深く関係し、19世紀の建築は「ピクチャレスク」的性格を持った。「絵のよう（に美しい）」という意味のこの理念は、特にイギリスで18世紀後半から顕著になり、古典主義建築をピクチャレスクに扱うだけでなく、遠い過去や異国の文化に憧れる当時のロマン主義的感情とも結びつき、古典主義の影に隠れていた非古典系の建築への興味を明るみに出した。古物愛好家の中世趣味や中国趣味、東洋趣味、あるいは廃墟趣味などの建築が、18世紀中頃になると古典主義と並行して、ロココ様式の一つとして姿を現す。特に、『フランケンシュタイン』▶10-1-1に代表されるゴシック小説家ら趣味人の中世趣味は、中世建築の形態や装飾を趣味的に模したピクチャレスクな中世の城砦風の邸宅や修道院風の建築▶10-1-2を生み出した。19世紀の建築は、古典主義意匠で建てられた建物や、あるいは都市計画においても総じてピクチャレスク的な性格を持つ▶10-1-3。

● ゴシックの再発見とゴシック・リヴァイヴァル　ギリシャ・ローマの古代建築と並んで、中世の建築が建築のモデルとされるようになったことが19世紀の建築動向の重要な点である。ピクチャレスクを求めるロマン主義は、忘れられた中世建築の廃墟などへの興味を喚起し、19世紀前半にはイギリスやフランスで大部なガイドブックが評判を呼ぶ▶10-1-4。こうした中から考古学的な中世建築研究が形をとり始め、ゴシック建築が様式として確立されると、中世建築も建築家が真面目に取り組むべき建築として、美学的、倫理的、社会的、技術的、意匠的に、その利点を説

10-1-7　ヴィオレ＝ル＝デュク『11 〜 16 世紀
フランス建築考証辞典』(1854 〜 68) の扉絵

10-1-8　ネオ・ゴシック様式の例：パリ
のサン＝ローラン教会堂西正面 (S.-C.
コンスタン＝デュフォー、1865)

10-1-9　ネオ・ルネサンス様式の
例：パリのフランス国立図書館
リシュリュー館 (P.-F.-H. ラブル
ースト、1854 〜 75)

10-1-6　ジョン・ラスキン『建築の七灯』(1846)
第二章「真実の灯」の中の図版
（ノルマンディーのサン＝ロー大聖堂の切妻破風）

10-1-10　ネオ・バロック様式の例：ルーヴル宮
新館のパヴィヨン・リシュリュー (L. ヴィスコ
ンティと H.-H. ルフュエル、パリ、1850 〜 57)

く建築家や評論家が出現し、実作の世界にも考古学的に正
しいゴシック様式の建築やゴシック意匠をまとった建築が
姿を現すようになる。18 世紀中頃からのロココ風のゴシ
ックに端を発するこうした動向をゴシック・リヴァイヴァ
ルと言い、19 世紀にはヨーロッパ各地に広まり 19 世紀末
まで続く。19 世紀の半ばにもなると、イギリスでは、建
築家 A.W.N. ピュージン (1812 〜 1852) ▶ 10-1-5 がゴシック
建築の倫理性に、評論家ジョン・ラスキン (1819~1900) ▶
10-1-6 やデザイナーのウィリアム・モリス (1834 〜 1896) が
中世社会の芸術生産のあり方に、フランスでは建築家ヴィ
オレ＝ル＝デュク ▶ 10-1-7、6-1-5、6-3-9 がゴシック建築の
構造上の合理性にそれぞれ中世建築の利点を見出し、近代
的な合理的思考に基づいた中世建築の評価を行い、20 世
紀に入ってからの近代建築への道筋を用意した。
●「様式」と建築　19 世紀を通じて中世建築は建築の「様
式」の一つとなった。19 世紀の中世建築考古学が、ロマ
ネスクをゴシックから分離して、ビザンティンとともに中
世建築の三つの様式を確立すると、建築家もこれに呼応し
てこれら三つのそれぞれの様式で実作を作るようになる。
「様式」としてゴシックを採用したネオ・ゴシック建築では、
特にイギリスのヴィクトリア朝時代のヴィクトリアン・ゴ
シックが 19 世紀イギリスの建築様式として支配的であっ
た。フランスやドイツ、あるいはスペイン、イタリアでも

ネオ・ゴシックの建築 ▶ 10-1-8 は建てられ、過去の歴史上
の様式を使い分ける 19 世紀の歴史主義建築の中の主要な
動向となった。ルネサンス以来の古典主義としての正統は、
もちろん 19 世紀にあってもその地位を失うことはなく、
19 世紀の歴史主義建築の中で、中世系の様式と並行して、
ネオ・ルネサンス ▶ 10-1-9、ネオ・バロック ▶ 10-1-10 など
の「様式」建築が建てられた。ナポレオン 3 世はバロック
様式を特に好み、オペラ座などの建築をネオ・バロック様
式で建設する。ナポレオン 3 世時代のフランスのネオ・バ
ロックを特に「スゴンタンピール様式（第二帝政様式）」と
呼ぶ。19 世紀の建築は、選択した歴史的な過去様式で建
てられたが、多くの場合、いくつかの様式の組み合わせで
あり、また自由な解釈もそこに加わり、基本的には折衷的
性格を持つものであった。また様式を統合することで新様
式が作り出されることもあった。19 世紀を歴史主義建築
の時代ともいう。
　　　　　　　　　　　　　　　　　　　　　（西田）

# 10·2 ピクチャレスクとロマン主義

10-2-1 クロード・ロランの画『デロス島のアイネイアスのいる風景』(1672)

10-2-2 ルーシャム・パークの改修（W. ケント、イギリス、オックスフォードシァ，1730以降）平面図

10-2-3 ブレナム宮庭園（L. ブラウン、イギリス、オックスフォード近郊，18世紀中頃）

10-2-4 キュー・ガーデン内のパゴダ（W. チェンバーズ、ロンドン、1757〜63）

10-2-5(a) 外観

10-2-5 ストロベリー・ヒル（H. ウォルポール、ロンドン、1748〜77）

10-2-5(b) ロング・ギャラリー

## 3つの要点

### 1 ロマン主義のピクチャレスク

● 17世紀の風景画に由来する「絵のような」という意味のピクチャレスクの概念は、18世紀にはイギリス式庭園の出現につながる。庭園内には古典主義の建物の他、異国趣味やゴシック趣味の建築やそれらの人工的な廃墟が、18世紀のロココ趣味の添景として作られ、古典主義とは異なるロマン主義的趣味の造形が流行する。

### 2 ピクチャレスクのゴシック建築

● ピクチャレスクの流行は、ロココ様式の一要素だったゴシック趣味を建築にもたらした。ストロベリー・ヒルに始まる18世紀後半の一連のゴシック風建築は、中世建築の装飾や形態をロマン主義的な憧れとピクチャレスクな興味で模したもので、19世紀のゴシック・リヴァイヴァルの先駆けとなった。

### 3 ピクチャレスクと19世紀の建築

● 新古典主義建築は一方でピクチャレスクな性格も持つものだったが、過去の様式をモデルとしたネオ・ゴシック、ネオ・バロックなどの19世紀の「様式建築」は、古典主義建築、中世様式、折衷主義、異国趣味を問わず、ピクチャレスク的な側面を持つ。都市計画においてもピクチャレスクな景観を考えた構成が重視された。

● ロマン主義のピクチャレスク　画趣に富み、絵のように美しいというピクチャレスクとは、イギリスに始まるギルピンやパークの美学理論に基づく絵になる風景を高く評価する思潮である。絵になる風景とは、イギリスの富裕貴族の子弟が学問の総仕上げに出かける大陸への大旅行グランド・ツアーで買い求めた美術品に含まれていた古典主義画家クロード・ロラン（1600〜82）▶10-2-1 らの描く古代神話や宗教の世界であった。17世紀までのイギリス庭園はフランス式の左右対称で幾何学的構成の整形庭園であったが、ロランらの絵に描かれた風景を理想とし次第に不規則性を追求、加えて18世紀以降のロマン主義的美意識から変化に富んだ景観の風景庭園へと推移する。バティ・ラングレイ（1696〜1751）の著書『造園の原理』(1728) の出版やウィリアム・ケント（1685〜1748）の緩やかな流れの小川を作り直線路地を蛇行する苑路に変え、より自然な風景を創り上げたルーシャム・パークの改修▶10-2-2 が風景庭園伝播の契機となる。イギリス風景庭園の最高傑作と称されるストウで、ケントのもと次席庭師として多くを学んだのがランスロット・ブラウン（1715〜83）である。口癖の可能性という語からケイパビリティ・ブラウンと渾名され、元のヘンリー・ワイズ（1653〜1738）作のブレナム宮整形庭園を自然な風景へと生まれ変わらせた▶10-2-3。

　理想とする風景画に描かれた古代神殿や廃墟、異文化の象徴物を自然風景の中に再現させるのも風景庭園の特徴で、フォリーと呼ばれる特定の用途を持たない装飾用建物が建てられた。キュー・ガーデン内に建てられたサー・ウィリアム・チェンバーズ（1723〜96）の支那風（シノワズリ）の

10-2-6　ダウントン・カースル（R. P. ナイト、
イギリス、ヘレフォードシア、1774〜78）

10-2-7　アモー（R. ミーク、ヴェルサイユ、
1782〜86）

10-2-9　キーブル・カレッジ礼拝堂
（W. バターフィールド、オックスフォード、
1873〜76）

10-2-8(a)　外観

10-2-10　ガレリア・ヴィットリオ・エマヌエレ 2 世
（G. メンゴーニ、ミラノ、1865〜77）配置図、断面図

10-2-8(b)
ロング・ギャラリー

10-2-8　ロイヤル・パヴィリオン
（J. ナッシュ、イギリス、ブライトン ,
1815〜21）

十重の塔パゴダ▶10-2-4 もその一例である。
●ピクチャレスクのゴシック建築　風景庭園の誕生に伴い、
古典的均整美のパラーディオ主義建築に代えて、庭園と建
築も含めて絵画的に構成するピクチャレスク手法に好適な
不整形で変化に富んだスカイラインのゴシック建築や城郭
風、田舎家が求められるようになる。

　ゴシック建築の流布に影響を与えたのが、考古学的正当
性を欠くものの、すぐさま応用が可能なラングレイによる
意匠集『復興され改良されたるゴシック建築』（1742）であ
った。また政治家、著述家のホレス・ウォルポール（1717〜
97）のストロベリー・ヒル▶10-2-5 も中世ゴシック建築に
基づく装飾要素を自在に組み合わせ、ロココ風にアレンジ
した非対称構成のゴシック風邸館で考古学的理解によるも
のではなかったが、中世古城が舞台の小説、ウォルポール
著『オトラント城奇譚』（1764）と共に当時の人々に大いな
る中世への憧れを抱かせた。

　ピクチャレスクの理論家リチャード・ペイン・ナイト
（1750〜1824）は自邸として、胸壁のある中世城郭の外観で
室内は古典的要素で装飾されたダウントン・カースル▶10-
2-6 を建設する。フランスにおけるピクチャレスク建築の
早期の例として、マリー＝アントワネット（1755〜93）が
リシャール・ミーク（1728〜94）に設計させた農村風景ア
モー▶10-2-7 がある。ヴェルサイユ宮殿の一角プティ・ト

リアノン庭園内の人工池周囲にはノルマンディー農家を彷
彿とさせる 12 棟の田舎家が建ち並ぶ。
●ピクチャレスクと 19 世紀の建築　ナッシュは建築にお
いてもピクチャレスクな偉業を残す。摂生時代のジョージ
4 世のためのロイヤル・パヴィリオン大改修▶10-2-8 で、
ミナレットが林立するインドのイスラム様式や玉葱型ドー
ムなど異国情緒あふれる佳麗な離宮に仕上げた。ジャック
＝イニャス・イットルフ（1792〜1867）は古代ギリシア建
築が原色で彩色されていたことを実証し、極彩色のギリシ
ア神殿実測図を出版する。こうしたギリシア建築に倣った
彩色によるピクチャレスク建築がフェリックス＝ジャッ
ク・テュバン（1797〜1870）のエコール・デ・ボザール校
舎パレ・デ・ゼチュード（1834〜70）で、青を基調とした
豊潤な彩色や古典的要素で装飾されている。煉瓦での色彩
活用をウィリアム・バターフィールド（1814〜1900）のオ
ックスフォード、キーブル・カレッジ▶10-2-9 に見る。躯
体に様々な色の煉瓦と白石で縞や幾何学模様を描き出した
ポリクロミーによる多色彩効果のネオ・ゴシック様式建築
である。鉄とガラスで都市的ピクチャレスクの作用を狙っ
たのがミラノのジュゼッペ・メンゴーニ（1829〜77）設計
のガレリア・ヴィットリオ・エマヌエレ 2 世▶10-2-10 である。
2 つのアーケードと交差部に架かるドームをガラスが覆う
従来にはなかった壮観な都市空間の出現であった。（小林）

# ゴシックの再発見とゴシック・リヴァイヴァル

10-3-1 「垂直式イングランド様式」の例（T. リックマン『イングランド建築様式判別試論』、1817）

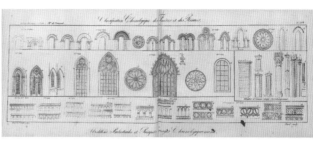

10-3-3 窓の変化の編年分類
（A. ド・コーモン『古記念物講義』第4巻 1831、図版 1841）

10-3-2 オクスフォード、セント・ジョーンズ・カレッジ天井のファン・ヴォールト（A. Ch. ピュージン、A. W. N. ピュージン『ゴシック建築の実例集』第1巻、1828）

10-3-4 1440年のカトリックの町と1840年の同じ町の比較（A. W. N. ピュージン『対比：すなわち14世紀および15世紀の高貴なる建築と現代の同様の建物との比較』1841）

10-3-5 セント・ジャイルズ教会堂
（A. W. N. ピュージン、イギリス、スタッフォードシア、1841～46）

## 3つの要点

### 1 ゴシックの再発見

● 19世紀に入るとイギリスやフランスでの中世建築への興味は、ロマン主義的な廃墟趣味やピクチャレスクによって広まる。一方で19世紀初めにはゴシック建築は、考古学的に研究されるようにもなり、建築の様式としての姿を整える。ロマネスクやビザンティンといった中世の建築様式もゴシックから別れる形で19世紀に成立する。

### 2 イギリスのゴシック・リヴァイヴァル

● イギリスではゴシックの狂信的信奉者 A.W.N. ピュージンがゴシック建築を合理性・倫理性において評価してゴシック・リヴァイヴァルの理論的指導者となった。彼の考えは19世紀後半のラスキンやモリスの社会的な中世主義に受け継がれ、ヴィクトリアン・ゴシックやアーツ・アンド・クラフツ運動、あるいは古建築保存運動へと繋がっていく。

### 3 フランスにおけるゴシック建築の修復

● フランスでは、フランス革命で破壊された中世建築の修復が19世紀中頃より活発化する。ヴィオレ＝ル＝デュクは手がけた多くの修復工事で得た知識で『11～16世紀フランス建築考辞典』を著し、ゴシック建築を合理的な構造体系として説明した。この構造合理主義の考えは、近代建築の工学技術の使用や機能主義の考え方に結びついて行く。

● ゴシックの再発見 中世ゴシック建築の科学的考古学的研究の成果が中世建築に関する文献の出版に繋がり、漸次論理的かつ正確な中世建築の形象が明らかとなっていく。愛好家のジョン・ブリットン（1771～1857）の『英国の建築古物』（1807～26）には正確で詳細な図版が含まれ▶10-1-4、旧来の奇異な模倣による偽ゴシックからの解放に一翼を担う。ゴシックのディテールや様式を建築史的に分析したのがトーマス・リックマン（1776～1841）である。時代と様式の相違点が図版で識別可能な『イングランド建築様式判別試論』（1817）▶10-3-1 を著しゴシック建築をノルマン式、初期イギリス式、装飾式、垂直式に区分すると共にゴシックの各建築要素の様式的特徴を明瞭にした。ピュージンの父オーギュスト・シャルル・ピュージン（1762～1832）はゴシック・ディテールの権威者として名声を得ており『ゴシック建築作例集』（第1、2巻、1821～23）、息子ピュージンも加わった『イングランドおよびフランスにおける中世建築のゴシックの装飾』（1831）や『ゴシック建築の実例集』（1828～36）▶10-3-2 の刊行を果たす。フランスでは古物研究家アルシス・ド・コーモン（1801～73）が1824年ノルマンディー好古家協会を創設、中世の枠組みでゴシックと未区分だったロマネスクの概念確立に尽力し『古記念物講義』第4巻（1831）▶10-3-3 にその論考を纏めた。

● イギリスのゴシック・リヴァイヴァル 1814年、ピュージンの19世紀社会に対する批判が顕れた『対比：すなわち14世紀および15世紀の高貴なる建築と現代の同様の建物との比較』改訂版▶10-3-4 が出版され、中世と16世紀以降を比較し中世の優越性を論証する。ピュージンは、

10-3-6(a) テムズ川側外観

10-3-7 レッド・ハウス (Ph. ウェブ、イギリス、ベクスリーヒース、1859)

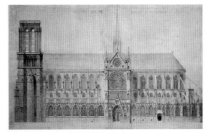
10-3-8 パリ大聖堂修復案 (J.-B. ラシュスとE. ヴィオレ＝ル＝デュク、1843)

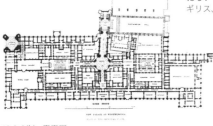
10-3-6(b) 平面図
10-3-6 イギリス国会議事堂 (C. バリーとA. W. N. ピュージン、1836 〜 68)

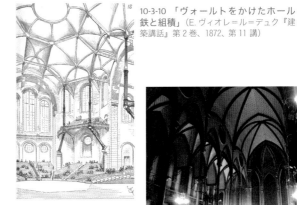
10-3-10 「ヴォールトをかけたホール 鉄と組積」(E. ヴィオレ＝ル＝デュク『建築講話』第 2 巻、1872、第 11 講)

10-3-9 長方形ベイにかかる交差リブ・ヴォールトのリブ (E. ヴィオレ＝ル＝デュク『11 〜 16 世紀フランス建築考証辞典』第 4 巻、1859、「構造」)

10-3-11 サン＝トゥジェーヌ教会堂
(L.-A. ボワロー、パリ、1854 〜 55) 内部

イギリスでの国教会誕生前のカトリック信仰を是とし、発祥において異教的である古典主義建築を退け、中世キリスト教信仰の建築表現であるゴシック建築にこそ正当性を認める。様式と構造との関係や機能主義的理解からゴシックの正しい原理を例証し中世を近代の規範とする考えを提唱する。代表作セント・ジャイルズ教会堂 ▶ 10-3-5 を考古学的に 14 世紀中葉の教区教会堂の姿で見事に再現させた。ピュージンはイギリス国会議事堂 ▶ 10-3-6 を非対称な様相のゴシック様式に整斉し、その細部意匠にも名を残す。条件がゴシックもしくはエリザベス朝様式のコンペで、外観から室内、家具に至るまでゴシック様式に調えたピュージンの協力を得ずして古典主義者サー・チャールズ・バリー (1795 〜 1860) の勝利はなかった。

ピュージンの思想に共鳴した美術評論家ラスキンは『建築の七灯』(1849)、『ヴェニスの石』(1853) などの著作を通じて資本主義社会への批判から、芸術および建築の理想を中世のゴシック様式と人々の労働の姿に求めた。ピュージンやラスキンが示した中世主義思想は、機械文明を批難するモリスの中世を理想としたものづくりや社会改革運動にまで及び、古建築物保護協会の設立や、アーツ・アンド・クラフツ運動の契機となる。フィリップ・ウェブ (1831 〜 1915) がモリスのために設計したレッド・ハウス ▶ 10-3-7 は近代建築・デザイン史上有名かつ有意義な作品だが、外観は中世的で、この住宅で繰り広げられたモリスと仲間たちによるものづくりはまさに中世を理想とする協働に基づくものであった。

●フランスにおけるゴシック建築の修復 ヴィオレ＝ル＝デュクはヴェズレのラ・マドレーヌ教会堂 (1840、1859) やパリ大聖堂 ▶ 10-3-8、カルカソンヌ市壁・城郭 (1852 〜)、ピエルフォン城 (1858 〜 1885) などの修復を通じて中世ゴシック建築における原理の解明を試みた。ヴィオレ＝ル＝デュクにとって修復とは単なる保存ではなく、修理し造り直し完全な状態の旧に復することであったため否定的評価も無くもないが、ロジエの構造合理主義の流れを受け、修復による中世建築の力学的分析からゴシックの構造合理性を見出した功績は大きい。修復活動から得た経験や建築理論の 10 巻にわたる『11 〜 16 世紀フランス建築考証辞典』(1854 〜 68) ▶ 10-3-9、6-1-5、6-3-9、鉄を用いた大空間のための計画図 ▶ 10-3-10 を含む『建築講話』(第 1 巻 1863、第 2 巻 1872、図版 1864) を上梓する。当初ヴィオレ＝ル＝デュクは、ルイ＝オーギュスト・ボワロー (1812 〜 96) の鋳鉄による円柱など鉄を多用したサン＝トゥジェーヌ教会堂 ▶ 10-3-11 を酷評して誌上で論争を繰り返すが、中世ゴシック建築の構造的合理性の観点から 19 世紀様式に相応しい材料として鋳鉄による空間を容認していくことになる。 (小林)

10-4-1　セント・パンクラス駅とミッドランド・ホテル（J.G. スコット、ロンドン、1865 〜 74）

10-4-2　王立裁判所（G. E. ストリート、ロンドン、1874 〜 82）

10-4-3　サント＝クロチルド教会堂（F. C. ガウと T. バリュ、パリ、1846 〜 57）

10-4-4　ヴォーティーフキルヒェ（奉献聖堂）（H. フォン・フェルステル、ウィーン、1856 〜 79）

10-4-5　サン＝トギュスタン教会堂（V. バルタール、パリ、1866）

10-4-6　サクレ＝クェール教会堂（P. アバディ、パリ、1875 〜 1919）

10-4-7　トラベラーズ・クラブ（C. バリー、ロンドン、1829 〜 32）

## 3 つの要点

### 1　中世様式の建築
- ●ゴッシク様式で建てられた 19 世紀の建築をネオ・ゴシック建築と言う。イギリスのネオ・ゴシックはヴィクトリアン・ゴシックの建築の数々である。19 世紀後半には他の国々でもネオ・ゴシック建築は公共建築などで建てられた。また、ネオ・ロマネスク、ロマノ＝ビザンティンといった中世の様式の建築も姿を見せる。

### 2　古典主義様式の建築
- ●新古典主義は 18 世紀末以来のグリーク・リヴァイヴァルでネオ・ギリシア建築を生み出したが、19 世紀になると、直接ギリシアやローマを手本とするのではなく、ルネサンス建築やバロック建築をモデルとするネオ・ルネサンス建築、ネオ・バロック建築も現れる。特にネオ・バロックは政治的な権力を表現する様式として好まれた。

### 3　折衷主義の建築
- ●過去の様式でデザインされる 19 世紀の様式建築は過去の建築の正確な姿の再現ではない。様式は自由に扱われ、異なる時代の様式や、時に異国の意匠も取り入れて、新しい様式を様式の折衷で生み出す動きもあった。ドイツのルントボーゲンシュティールやイギリスのクィーン・アン様式は、古典と中世の様式統合により新様式を目指した折衷様式である。

●中世様式の建築　中世では教会堂建築が主課題であったが、産業革命以降は社会変革に伴う新しい建築類型の出現によって、教会堂は言うまでもなく、多種多様な建築にゴシック様式が活用された。イギリスでの 19 世紀ゴシック・リヴァイヴァルをヴィクトリア女王治世下からヴィクトリアン・ゴシックと呼ぶ。その中心人物がゴシック様式による教会堂の修復、設計に携わったサー・ジョージ・ギルバート・スコット（1811 〜 78）である。近代的建築類型の一つであるセント・パンクラス駅▶10-4-1 とホテルも尖塔が林立するゴシック様式で構成された彼の代表作である。ゴシック建築研究書の出版やコンペで成功を収めたジョージ・エドムンド・ストリート（1824 〜 81）もフランス大聖堂の如くと評される王立裁判所▶10-4-2 を残す。フランスの例としては、フランツ・クリスチャン・ガウ（1790 〜 1853）の死後テオドール・バリュ（1817 〜 85）に引き継がれた見紛うことのない中世教会堂のサント＝クロチルド教会堂▶10-4-3 が挙げられる。オーストリアのハインリッヒ・フォン・フェルステル（1828 〜 83）設計の中世フランス大聖堂に則った数多の尖塔を備え考古学的正確さをもった秀逸なヴォーティーフキルヒェ▶10-4-4 もその好例と言える。

ネオ・ロマネスクとしてはヴィクトール・バルタール（1805 〜 74）のビザンチン風ドームを載せたサン＝トギュスタン教会堂（1866）▶10-4-5 やロマネスクとビザンティンが混在した様式であるロマノ＝ビザンティン様式によるポール・アバディ（1812 〜 84）の作品サクレ＝クェール教会堂▶10-4-6 などを数えるが、ネオ・ロマネスクの純粋例は少なく、半円アーチを主たる特徴とすることが多い。

10-4-8(a) 正面

10-4-8(b) 閲覧室

10-4-8 サント＝ジュヌヴィエーヴ図書館（P.-F.-H. ラブルースト、パリ、1843 〜 50）

10-4-9 オペラ座（C. ガルニエ、パリ、1861 〜 74）

10-4-10
ウィーン王立劇場（G. ゼンパーと K. フォン・ハーゼナウアー、ウィーン、1874 〜 88）

10-4-11
ハンガリー国会議事堂
（I. シュタインドル、ブダペスト、1885 〜 1904）

10-4-12 バイエルン国立図書館（F. フォン・ゲルトナー、ミュンヘン、1838 〜 41）

10-4-13
レイズウッド（R. N. ショウ、イギリス、サセックス、1870）オールドイングリッシュ様式の作例

10-4-14 スタジオ・ハウス（R. N. ショウ、ロンドン、1885）クィーン・アン様式の作例

**●古典主義様式の建築** ラファエロのパラッツォ・パンドルフィーニを原型にしたイギリスのネオ・ルネサンスの始まりと目されるジェントルマンの会合の場であるクラブ建築、トラベラーズ・クラブ▶10-4-7 はイギリス国会議事堂の設計者バリーの作で、右隣にもパラッツォ・ファルネーゼを範とする彼の同様式によるリフォーム・クラブ（1837 〜 41）が建つ。ピエール＝フランソワ＝アンリ・ラブルースト（1801 〜 75）のサント＝ジュヌヴィエーヴ図書館▶10-4-8 は外観からフランスでのネオ・ルネサンスの作品と見做されるが、鋳鉄を佳麗に使用した閲覧室の円柱やヴォールトなど新たな古典主義のあり方への追求が見て取れる。

19 世紀後半を迎えると、より壮麗なネオ・バロックが隆盛となる。ジョルジュ＝ウジェーヌ・オースマン（1809 〜 91）のパリ改造計画の一つで、ナポレオン 3 世への称賛を込めたコンペがパリのオペラ座▶10-4-9 であった。ヴィオレ＝ル＝デュクを破り勝利したシャルル・ガルニエ（1825 〜 98）の作品はスゴンタンピール様式の燦爛たる殿堂で、正面のコリント式大円柱とブロンズ柱頭の小円柱による列柱廊コロネードは壮麗である。ゴットフリート・ゼンパー（1803 〜 79）のドレスデン歌劇場（1831 〜 41、1869 消失）、再建後の宮廷劇場（1871 〜 78）はネオ・ルネサンスだが、堂々としたネオ・バロックの姿を彼のウィーン王立劇場▶10-4-10 に確かめられる。

**●折衷主義の建築** 多様な様式を自由に組み合わせた折衷例に、イムレ・シュタインドル（1839 〜 1902）のハンガリー国会議事堂▶10-4-11 を引く。連続アーチや中央ドームなど古典要素に尖塔やフライング・バットレスなどゴシック様式を混成させた建築である。ドイツの建築家ハインリヒ・ヒュプシュ（1795 〜 1863）は過去の様式から好ましい要素である半円アーチによって、新たなルントボーゲンシュティールと命名した様式を生み出し、カールスルーエ理工科大学（1833 〜 35）で実施する。フリードリッヒ・フォン・ゲルトナー（1792 〜 1847）のバイエルン国立図書館▶10-4-12 はルスティカ風仕上げなどルネサンスのパラッツォを想起させるが、ルントボーゲンシュティールの特徴を示す半円アーチ窓の連続が印象的である。ヴィクトリアン・ゴシック建築家の弟子たちによる創案様式が、チューダー朝要素の折衷であるオールド・イングリッシュ様式と、様式に拘らず過去の建築的語彙を自由に折衷するクィーン・アン様式で、その代表的建築家がリチャード・ノーマン・ショウ（1831 〜 1912）である。急勾配の破風、煉瓦組煙突、ハーフ・ティンバー、屋根窓などを組み合わせたレイズウッド▶10-4-13 と赤煉瓦壁と白い窓枠を組み合わせたスタジオ・ハウス▶10-4-14 にそれぞれの様式を認める。こうした各国での文化や伝統との折衷による様式の多様化は、次第に様式としての規範を喪失させていくことになる。　（小林）

10・4 「様式」と建築

109

# 『パラーディオ 建築四書』──「製図」が考え「図面」が語る「建築書」

石工の出である建築家アンドレア・パラーディオ（1508 ～ 80）は、人文主義者との交流を通じて古典の素養を身につけた。ヴィチェンツァを中心にヴェネチアなどに、ヴィラ（別荘）が 20、パラッツォ（都市邸館）と公共建築が 16、宗教建築が 8 現存する。住宅作家である。ヴェネチアの人文主義者ダニエーレ・バルバロ（1513 ～ 70）の注釈書『ウィトルーウィウスの建築十書』（1556）に協力し、図版の何点かを作成している。パラーディオは、彼の建築論である『建築四書』（1570、ヴェネツィア）で、17 ～ 19 世紀の古典主義の正統という地位を得る。簡明直裁な文章と、彼が製図した平面図・立面図・断面図による一貫した構成がこの書を影響力のあるものにした。

『建築四書』は、20 年以上の構想を経て 1570 年にヴェネチアで出版された。第一書は、建築の原理・原則、建築の構造・工法、そしてオーダーの比例を中心とした設計法を扱う。第一書の内容の多くはウィトルーウィウスを雛形とする。第二書は、建築における「相応しさ」の理を個人住宅に検証すべく、自作の住宅の実現されなかった理想の計画案の図面と古代住宅の復元図で論ずる▶7-4-13。第三書は、古代の道路、橋、広場、バシリカを、空想的復元を交えて図解する。第四書は、古代の神殿を復元図面で示し、由来、形式、装飾、オーダー、比例などを簡明に記述する。全体に、ウィトルーウィウスに重なる内容の構成が見られる。

「建物を建てるときにあたって遵守し、いまも守っている法則を簡明に書きとめておく」ために、そして「奇妙な誤用、野蛮な意匠、無駄な出費をやめ」、「様々の絶え間ない致命的損害を避けることを学んでゆく」ために『建築四書』を書いたと言う。古代の手法の公式化という、ヴィニョーラに代表される当時のマニエリスムの建築観を共有すると同時に、ジュリオ・ロマーノ等の古代建築言語の新奇な用法というマニエリスムに対する明白な嫌悪が見られる。『建築四書』は古代建築についての書である。序文は、建築についての唯一の古代の著述家ウィトルーウィウスが自分の師であり案内者であると宣言し、全編を通じてウィトルーウィウス、古代人、アルベルティだけを頼りに叙述が進む。パラーディオはウィトルーウィウスの「強・用・美」を、「耐久力・相応しさ・美しさ」として踏襲する。自作住宅作品集でもある第二書も、その表向きの目的は、古代の住宅によって「相応しさ」を例証することである。古代住宅には遺例がないので、古代のやり方に従って計画した自作の住宅の図面でこれを行ったと述べる。

「相応しさ」は、適当な度に適った相応な「場所」と「位置」と「大きさ」と「間取り」から得られると『建築四書』は言う。パラーディオは『建築四書』が取り上げるほとんどの建築について平面図・立面図・断面図の図面を示して、読者が図面にその様子を読み取るのを期待する。「相応しさ」を実現するために、パラーディオは、「大きさ」や「間取り」は正しい「比例」によることを求める。また、建物に「美しさ」をもたらす重要な要素も、「全体と各部分の対応、全体と各部分の対応、各部分相互のあいだの対応、そしてこれら各部分と全体との対応、つまり「比例」であると『建築四書』は主張する。ウィトルーウィウスがシュンメトリアの理法と呼び、アルベルティが抽象的な数による理論としてその構築を図った、美を実現する数的比例関係としての「比例（プロポーション）」論である。パラーディオは、『建築四書』の全ての図面に数字で寸法を記入する。

彼の最も有名な住宅ヴィラ・ロトンダも『建築四書』にある▶7-4-10。住宅は方形に建つ。中心は円である。平面の全てが円と正方形だけから構成される▶7-1-4(a)。ルネサンスにとっての理想の幾何学、理想の比例を体現する建築である。しかし、この住宅について、『建築四書』の文章はその比例を語らない。説明は、美しい眺望をあらゆる側から楽しめる丘の上に位置することに「相応しい」ように考えた結果が、四方の正面に柱廊を配し、中央のドームに向かって徐々に高くなる配置や構成だというのみである。比例は、平面の中に円と正方形が自然と浮かび上がるパラーディオが製図した美しい寸法入りの図面が語る。パラーディオは、比例を「製図」を通して実証し、寸法が入った平面図、立面図、断面図で明示した。古代建築の理想の姿をパラーディオは、自らの「製図」を通して考え、詳らかにした。『建築四書』の文章は簡潔である。ウィトルーウィウスやルネサンスのそれまでの大方の建築書との大きな違いは、「製図」が考え「図面」が語るところにある。

『建築四書』全頁を掲載した日本語版註解書は、桐敷真次郎編著『パラーディオ「建築四書」注解』、中央公論美術出版、1986 年。

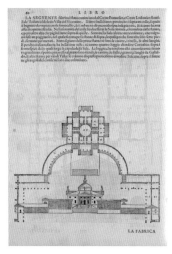

『パラーディオ建築四書』第二書、第 15 章、第 7 節、ヴィラ・トリッシーノ
パラーディオが手がけたヴィラのうちで最も壮大で理想的計画案であったヴィラ。ほとんど工事が行われず実現しなかった。

# 学習課題：『西洋建築の歴史』理解のための 50 題

## 序　章　西洋建築史

問題 1.　西洋建築史における「古代」、「中世」、「近世」という時代区分は、どこから来るのか、そしてそれは西洋における建築理解にどのような影響を持ったのか、説明しなさい。

問題 2.　西洋建築史における「時代様式」とは何か、西洋建築史における「時代様式」の名前を列挙しつつ説明しなさい。

問題 3.　西洋建築史における「古典主義建築」とは何か、説明しなさい。

## 第 1 部　建築の古代

問題 4.　西洋の建築の歴史において、「古代」とは、建築に関してはどのような時代だったと理解されているか、簡潔に説明しなさい。

## 第 1 章　【古代】ギリシア建築

問題 5.　「ギリシア建築」における「オーダー」とは何か、どのような種類があるのか、そしてそれぞれの特徴はどのようなものであるか、説明しなさい。

問題 6.　「ギリシア建築」における「シュンメトリア」とは何か、説明しなさい。

問題 7.　「ギリシア建築」を代表すると思う建築をあげて、その特徴を説明しなさい。

## 第 2 章　【古代】ローマ建築

問題 8.　「ローマ建築」の「強・用・美」を、次の〈　〉内の用語を用いて説明しなさい。〈アーチ、ヴォールト、ローマ式コンクリート、五つのオーダー、ローマ式柱間、神殿、バシリカ、凱旋門、円形闘技場、皇帝の浴場〉

問題 9.　「ローマ建築」の「オーダー」は「ギリシア建築」のそれとどう異なるか、説明しなさい。

問題 10.　「ローマ建築」を代表すると思う建築をあげて、その特徴を説明しなさい。

## 【コラム】建築書で見る西洋建築 1『ウィトルーウィウス 建築書』

問題 11.　『ウィトルーウィウス建築書』とは、どういう書なのか、そして西洋建築の歴史において、その後の建築や建築書にどんな影響を与えたのか、簡潔に説明しなさい。

## 第 2 部　建築の中世

問題 12.　西洋の建築の歴史において、「中世」とは、建築に関してはどのような時代だったと考えられているか、簡潔に説明しなさい。

## 第 3 章　【中世】初期中世建築

問題 13.　4 世紀に成立した「バシリカ式教会堂」の建築構成と建築的特質を、次の〈　〉内の用語を用いて説明しなさい。〈内陣、身廊、側廊、交差廊、勝利門アーチ、身廊大アーケード、高窓、アプシス、ナルテクス、アトリウム、キ祭壇、軸線〉

問題 14.　「バシリカ式教会堂」とともに最初のキリスト教建築に使われたもう一つの重要な形式とは何か、具体的な建築例を示して、その建築的特質を説明しなさい。

問題 15.　カール大帝のアーヘンの宮廷礼拝堂の建築の特徴を説明しなさい。

問題 16.　カロリング朝建築では「バシリカ式教会堂」にどんな形のものが現れたか、説明しなさい。

111

## 第4章 【中世】ビザンティン建築

問題 17. コンスタンティノープルのハギア・ソフィア大聖堂の西洋建築史上の重要性について説明しなさい。

問題 18. 「ギリシア十字式教会堂」とはどのような建築なのかを、その種類と代表例を挙げて説明しなさい。

問題 19. 「トロンプ」と「ペンデンティヴ」について説明しなさい。

## 第5章 【中世】ロマネスク建築

問題 20. 長堂式教会堂の身廊の天井を全面的に石造のヴォールト天井にするということが、側廊の形式にどう影響を与えて、ロマネスクの教会堂建築ではどのような種類の身廊立面が形成されたかについて説明しなさい。

問題 21. 「巡礼路教会堂」とはどのような建築か、代表的な例を挙げて、その建築的特徴とともに説明しなさい。

問題 22. ヨーロッパ中に広まったロマネスクの時代を代表する二つの修道会を挙げ、それぞれの修道会の代表的な建築を選んで、その特徴をそれぞれについて説明しなさい。

問題 23. 「ロマネスク建築」の「地方流派」の一つ、「南フランス」のロマネスク建築の特徴を、代表的建築を挙げて説明しなさい。

## 第6章 【中世】ゴシック建築

問題 24. 中世における「都市の発展」が、ゴシック大聖堂の建築の形式にどのような形で現れているかを簡単に説明しなさい。

問題 25. 次の〈 〉内に示す「ロマネスク建築」由来の要素が、「ゴシック大聖堂」の構造や形式にどのように使われているか説明しなさい。〈尖頭アーチ、交差リブ・ヴォールト、飛梁、放射状祭室付半円形周歩廊内陣、調和正面〉

問題 26. フランスのゴシック建築が辿った、「初期ゴシック」から「古典期ゴシック」、「レイヨナン芸術」を経て「フランボワイヤン芸術」に至る展開過程を簡単に説明しなさい。

問題 27. フランス以外のヨーロッパのいくつかの国のゴシック建築の特徴を、フランスのゴシック建築との比較で説明しなさい。

問題 28. 「ゴシック建築」の代表的な建築を挙げて、その建物の、「ゴシック建築」としての特徴を説明しなさい。

## 【コラム】建築書で見る西洋建築2『ヴィラール・ド・オヌクールの画帖』

問題 29. 19世紀に発見された、13世紀に描かれた『ヴィラール・ド・オヌクールの画帖』とはどんなものなのか、この画帖を通して私たちは何を知ることができるのか、説明しなさい。

## 第3部 建築の近世

問題 30. 西洋の建築の歴史において、「近世」とはいつからいつまでの時代のことで、建築に関してはどのような時代だったされるのか、簡潔に説明しなさい。

## 第7章 【近世】ルネサンス建築

問題 31. フィリッポ・ブルネッレスキとレオン・バッティスタ・アルベルティが「古典主義建築」に対して果たした役割を、それぞれ代表的業績を挙げて説明しなさい。

問題 32. 「盛期ルネサンス建築」の時代はどうして生まれ、どのような建築を求めた時代だったのかを説明しなさい。

問題 33. 建築家アンドレア・パラーディオの設計の古典主義的特徴を、代表的建築を挙げて説明しなさい。

問題 34. フランスのルネサンス建築を、いくつかの建築例を挙げながら、「イタリアニスム」が進行するプロセスとして説明しなさい。

問題 35. 「ルネサンス建築」を代表すると思う建築を選んで、その建物の特徴を説明しなさい。

## 第8章 【近世】バロック建築

問題36. 「バロック建築」という時代様式の特徴を、次の〈 〉内の語を用いて説明しなさい。〈カトリック改革、絶対王政、劇場的表現、総合芸術、感覚、楕円、規則性・体系性、プロパガンダ、古典主義、反古典的〉

問題37. サン・ピエトロ大聖堂の、バロック時代に属する建築工事について、それを行なった建築家名とともに、そのバロック的特徴を説明しなさい。

問題38. フランチェスコ・ボッロミーニが手がけたサン・カルロ・アッレ・クァットロ・フォンターネ教会堂の建築の特徴を説明することで、バロック建築の特質を論じなさい。

問題39. フランスのバロック建築が「古典主義建築」であることを最もよく示す建築例を一つ挙げて、その建築における「バロック的特質」と「古典主義的特質」の両方の特徴を指摘しなさい。

問題40. イギリスのバロック建築の特徴を、クリストファー・レンが設計したセント・ポール大聖堂を用いて説明しなさい。

## 第9章 【近世】新古典主義建築

問題41. 「新古典主義」の「簡素・単純・純化」といった特徴をよく表す建築を一つ選び、その建築のどこがどのように「簡素・単純・純化」なのかを説明しなさい。

問題42. イエズス会士マルク＝アントワーヌ・ロジエの『建築試論』第2版の扉絵「原始的な小屋」と、建築家ジャック＝ジェルマン・スフロの手がけたパリのサント＝ジュヌヴィエーヴ教会堂（パリにある現在のパンテオン）との関係を説明しなさい。

問題43. 「革命（時代の）建築」の特徴を、代表的な建築を挙げて説明しなさい。

問題44. 「グリーク・リヴァイヴァル」の代表的な建築を選び、その建築が「グリーク・リヴァイヴァル」とされる理由を説明しなさい。

## 第10章 【近世】歴史主義建築

問題45. 19世紀に現れる様々な建築動向や流行、あるいは建築思潮に、「ピクチャレスク」という考え方はどのように関わったのか、いくつかの例を挙げて簡単に説明しなさい。

問題46. 19世紀のイギリス、フランス、ドイツ・オーストリアに中世様式で建てられた建築の代表的な例をそれぞれの国について挙げなさい。

問題47. ジョン・ラスキンとヴィオレ＝ル＝デュクは、中世建築に何を見ていたのか、二人の行ったことの違いに注目して説明しなさい。

問題48. ネオ・ルネサンス様式、ネオ・バロック様式、ネオ・ゴシック様式の建築の例をそれぞれ二ずつ挙げなさい。

## 【コラム】 建築書で見る西洋建築3『パラーディオ 建築四書』

問題49. ルネサンスの建築家アンドレア・パラーディオが著した『建築四書』とは、どのような内容で、どんな特徴を持つ建築書なのかを簡潔に説明しなさい。

## 【まとめ】

問題50. 紀元前5世紀頃から19世紀末までのヨーロッパの建築とは、一体どういったものだと言えるのか、日本建築や20世紀以降の建築と比べることで考えてみなさい。

# 図版出典

## 第1章 【古代】ギリシア建築 —— 神殿の建築美

### 1・1 〈時代様式概説〉ギリシア神殿、オーダー、シュンメトリア

▶ 1-1-1　Henri Stierlin, *Encyclopedia of World Architecture*, Taschen, 1977.

▶ 1-1-2(a)　Dan Cruickshank(ed.), *Sir Banister Fletcher's A History of Architecture*, Twentieth edition, Architectural Press, Oxford, 1996.

▶ 1-1-2(b)　A. W. Lawrence, *Greek Architecture*, 5th edition revised by R. A. Tomlinson, Yale University Press Pelican History of Art, 1996.

▶ 1-1-3　西田雅嗣／編『ヨーロッパ建築史』昭和堂、1998.

▶ 1-1-4　Jean-Jacques Maffre, *L'art grec*, coll. Tout l'art - Grammaire des styles, Flammarion, Paris, 1996.

▶ 1-1-5　Jean-Jacques Maffre, *L'art grec*, coll. Tout l'art - Grammaire des styles, Flammarion, Paris, 1996.

▶ 1-1-6　James Stuart and Nicholas Revett, *The Antiquities of Athens*, London, 1762-1818 (Princeton Architectural Press, New York, 2008).

▶ 1-1-7　James Stuart and Nicholas Revett, *The Antiquities of Athens*, London, 1762-1818(Princeton Architectural Press, New York, 2008).

▶ 1-1-8　James Stuart and Nicholas Revett, *The Antiquities of Athens*, London, 1762-1818 (Princeton Architectural Press, New York, 2008).

▶ 1-1-9　James Stuart and Nicholas Revett, *The Antiquities of Athens*, London, 1762-1818 (Princeton Architectural Press, New York, 2008).

▶ 1-1-10　James Stuart and Nicholas Revett, *The Antiquities of Athens*, London, 1762-1818 (Princeton Architectural Press, New York, 2008).

### 1・2 エーゲ海文明とアルカイック時代

▶ 1-2-1(a)　Henry A. Millon, *Key Monuments of the History of Architecture*, Harry N. Abrams, New York.

▶ 1-2-1(b)　Roland Martin, *History of Greek Architecture*, Rizzoli, New York, 1988.

▶ 1-2-2　Henry A. Millon, *Key Monuments of the History of Architecture*, Harry N. Abrams, New York.

▶ 1-2-3　A. W. Lawrence, *Greek Architecture*, 5th edition revised by R. A. Tomlinson, Yale University Press Pelican History of Art, 1996.

▶ 1-2-4　Anne Pearson, *Eyewitness ANCIENT GREECE*, DK publishing, New York, 2004.

▶ 1-2-5　J. J. Coulton, *Ancient Greek Architects at Work*, Cornell University Press, New York, 1982.

▶ 1-2-6　Roland Martin, *History of Greek Architecture*, Rizzoli, New York, 1988.

▶ 1-2-7　J. J. Coulton, *Ancient Greek Architects at Work*, Cornell University Press, New York, 1982.

▶ 1-2-8　J. J. Coulton, *Ancient Greek Architects at Work*, Cornell University Press, New York, 1982.

▶ 1-2-9　Spiro Kostof, *A HISTORY OF ARCHITECTURE*, Oxford University Press, Oxford, 1995.

▶ 1-2-10　撮影：西田雅嗣

▶ 1-2-11　撮影：西田雅嗣

▶ 1-2-12　Roland Martin, *History of Greek Architecture*, Rizzoli, New York, 1988.

▶ 1-2-13　Spiro Kostof, *A HISTORY OF ARCHITECTURE*, Oxford University Press, Oxford, 1995.

### 1・3 クラシック時代

▶ 1-3-1　Spiro Kostof, *A HISTORY OF ARCHITECTURE*, Oxford University Press, Oxford, 1995.

▶ 1-3-2　Roland Martin, *History of Greek Architecture*, Rizzoli, New York, 1988.

▶ 1-3-3　J. J. Coulton, *Ancient Greek Architects at Work*, Cornell University Press, New York, 1982.

▶ 1-3-4　J. J. Coulton, *Ancient Greek Architects at Work*, Cornell University Press, New York, 1982.

▶ 1-3-5　J. J. Coulton, *Ancient Greek Architects at Work*, Cornell University Press, New York, 1982.

▶ 1-3-6　J. J. Coulton, *Ancient Greek Architects at Work*, Cornell University Press, New York, 1982.

▶ 1-3-7(a)　J. J. Coulton, *Ancient Greek Architects at Work*, Cornell University Press, New York, 1982.

▶ 1-3-7(b)　Spiro Kostof, *A HISTORY OF ARCHITECTURE*, Oxford University Press, Oxford, 1995.

▶ 1-3-7(c)　Spiro Kostof, *A HISTORY OF ARCHITECTURE*, Oxford University Press, Oxford, 1995.

▶ 1-3-8　Christian Norberg-Schulz, *Meaning in Western Architecture*, Rizzoli, New York, 1983.

▶ 1-3-9　Roland Martin, *History of Greek Architecture*, Rizzoli, New York, 1988.

▶ 1-3-10　撮影：西田雅嗣

▶ 1-3-11　撮影：西田雅嗣

### 1・4 ヘレニズム時代

▶ 1-4-1　Henry A. Millon, *Key Monuments of the History of Architecture*, Harry N. Abrams, New York.

▶ 1-4-2　Dan Cruickshank (ed.), *Sir Banister Fletcher's A History of Architecture*, Twentieth edition, Architecrtural Press, Oxford, 1996.

▶ 1-4-3　David Watkin, *A History of Western Architecture*, Calmann & King, London, 2000.

▶ 1-4-4　J. J. Coulton, *Ancient Greek Architects at Work*, Cornell University Press, New York, 1982.

▶ 1-4-5　Spiro Kostof, *A HISTORY OF ARCHITECTURE*, Oxford University Press, Oxford, 1995.

▶ 1-4-6　Leonardo Benevolo, *Storia della citta* 1, la citta antica, Laterza, 2006.

▶ 1-4-7　撮影：西田雅嗣

▶ 1-4-8　Dan Cruickshank (ed.), *Sir Banister Fletcher's A History of Architecture*, Twentieth edition, Architecrtural Press, Oxford, 1996.

▶ 1-4-9(a)　Roland Martin, *History of Greek Architecture*, Rizzoli, New York, 1988.

▶ 1-4-9(b)　Henry A. Millon, *Key Monuments of the History of Architecture*, Harry N. Abrams, New York.

▶ 1-4-10　Roland Martin, *History of Greek Architecture*, Rizzoli, New York, 1988.

▶ 1-4-11　David Watkin, *A History of Western Architecture*, Calmann & King, London, 2000.

## 第2章 【古代】ローマ建築 —— 建築の強・用・美

### 2・1 〈時代様式概説〉アーチ、オーダー、ビルディング・タイプ

▶ 2-1-1(a)　J. A. Brutails, *Pour comprendre les monuments de la France*, Gérard Monfort, Paris, 1995.

▶ 2-1-1(b)　Dan Cruickshank(ed.), *Sir Banister Fletcher's A History of Architecture*, Twentieth edition, Architectural Press, Oxford, 1996.

▶ 2-1-2　Guides Gallimard, *Rome*, Paris, 1993.

▶ 2-1-3(a)　Dom Melchior de Vogüé, Dom Jean Neufville, *Glossaire de termes techniques l'usage des lectures de "la nuit des temps"*, 4e édition, Zodiaque, 1989.

▶ 2-1-3(b)　J. A. Brutails, *Pour comprendre les monuments de la France*, Gérard Monfort, Paris, 1995.

▶ 2-1-3(c)　Dan Cruickshank(ed.), *Sir Banister Fletcher's A History of Architecture*, Twentieth edition, Architectural Press, Oxford, 1996.

▶ 2-1-4　Dan Cruickshank(ed.), *Sir Banister Fletcher's A History of Architecture*, Twentieth edition, Architectural Press, Oxford, 1996.

▶ 2-1-5　J. A. Leveil, *Vignole, Trait lémentaire pratique d'architecture*, Paris, 1865(?).

▶ 2-1-6(a)～(e)　Antoine Desgodets, *Les édifices antiques de Rome dessinés et mesurés très exactement*, Paris, 1682. (Collections numérisées de la bibliothèque de l'INHA, https://bibliotheque-numerique.inha.fr/collection/item/6987-les-edifices-antiques-de-rome-dessines-et-mesures-tres-exactement-par-antoine-desgodetz-architecte)

▶ 2-1-7　Perrault, Claude, *Ordonnance des cinq espèces de colonnes selon la méthode des Anciens...*, Paris, 1683.

▶ 2-1-8　Ch. Hülsen, *Das Forum Romanum*, Rom, 1904.

▶ 2-1-9　J.B. Ward-Perkins: *Roman Imperial Architecture*, Yale University Press Pelican History of Art, 1981.

### 2・2 エトルリア時代、共和政時代

▶ 2-2-1　Claude Perrault, *A Treatise of The Five Orders of Columns in Architecture*, 1708.（大阪工業大学図書館収蔵）

▶ 2-2-2(a)　John W. Stamper, *The Architecture of Roman Temples*, Cambridge University Press, 2005.

▶ 2-2-2(b)　John W. Stamper, *The Architecture of Roman Temples*, Cambridge University Press, 2005.

▶ 2-2-2(c)　TempleofCapitoliumRome.jpg © Hiro-o / Wikimedia Commons

(Licensed under CC-BY-SA-3.0)

▶2-2-3(a)  John W. Stamper, *The Architecture of Roman Temples*, Cambridge University Press, 2005.

▶2-2-3(b)  Andrea Palladio, *I Quattro Libri dell'Architettura*, 1570.（大阪工業大学図書館収蔵）

▶2-2-3(c)  撮影：西田雅嗣

▶2-2-4(a)  Forum of Pompeii.jpg © Sailko / Wikimedia Commons (Licensed under CC-BY-SA-4.0)

▶2-2-4(b)  J. B. Ward-Perkins: *Roman Architecture*, Harry N. Abrams, 1977.

▶2-2-5  撮影：小出祐子

▶2-2-6(a)  青柳正規編：『世界美術大全集 西洋編5 古代地中海とローマ』、小学館、1997年.

▶2-2-6(b)  撮影：小出祐子

▶2-2-7  Insula2.jpg Wikimedia Commons (Licensed under Public Domain)


2・3  帝政期（1）

▶2-3-1  J. B. Ward-Perkins: *Roman Architecture*, Harry N. Abrams, 1977.

▶2-3-2(a)  J.B. Ward-Perkins: *Roman Imperial Architecture*, Yale University Press Pelican History of Art, 1981.

▶2-3-2(b)  撮影：西田雅嗣

▶2-3-3  撮影：西田雅嗣

▶2-3-4  撮影：西田雅嗣

▶2-3-5  撮影：西田雅嗣

▶2-3-6  撮影：西田雅嗣

▶2-3-7  撮影：西田雅嗣

▶2-3-8(a)  撮影：小出祐子

▶2-3-8(b)  Henri Stierlin, *Encyclopedia of World Architecture*, Taschen, 1977.

▶2-3-8(c)  撮影：西田雅嗣


2・3  帝政期（2）

▶2-4-1(a)  撮影：小出祐子

▶2-4-1(b)  撮影：西田雅嗣

▶2-4-1(c)  Antoine Desgodets, *Les édifices antiques de Rome dessinés et mesurés très exactement*, Paris, 1682. (Collections numérisées de la bibliothèque de l'INHA, https://bibliotheque-numerique.inha.fr/collection/item/6987-les-edifices-antiques-de-rome-dessines-et-mesures-tres-exactement-par-antoine-desgodetz-architecte)

▶2-4-1(d)  Antoine Desgodets, *Les édifices antiques de Rome dessinés et mesurés très exactement*, Paris, 1682. (Collections numérisées de la bibliothèque de l'INHA, https://bibliotheque-numerique.inha.fr/collection/item/6987-les-edifices-antiques-de-rome-dessines-et-mesures-tres-exactement-par-antoine-desgodetz-architecte)

▶2-4-2(a)  J.B. Ward-Perkins: *Roman Imperial Architecture,* Yale University Press Pelican History of Art, 1981.

▶2-4-2(b)  撮影：西田雅嗣

▶2-4-2(c)  J.B. Ward-Perkins: *Roman Imperial Architecture*, Yale University Press Pelican History of Art, 1981.

▶2-4-2(d)  撮影：西田雅嗣

▶2-4-2(e)  J.B. Ward-Perkins: *Roman Architecture*, Harry N. Abrams, 1977.

▶2-4-2(f)  撮影：西田雅嗣

▶2-4-3(a)  J.B. Ward-Perkins: *Roman Imperial Architecture*, Yale University Press Pelican History of Art, 1981.

▶2-4-3(b)  Baths of Diocletian - Paulin 1880.jpg Wikimedia Commons (Licensed under Public Domain)

▶2-4-4(a)  撮影：小出祐子

▶2-4-4(b)  G. Dehio and G. v. Bezold, *Die Kirchliche Baukunst des Abendlandes*, Atlas 1 Band, Stuttgart, 1887.

第3章 【中世】初期中世建築 —— キリスト教建築の成立

3・1  〈時代様式概説〉長堂と集中堂

▶3-1-1(a)  西田雅嗣/編『ヨーロッパ建築史』昭和堂、1998.

▶3-1-1(b)  Paul Letarouilly, *Le Vatican et la basilique de Saint-Pierre de Rome*, Paris, 1882(Princeton Architectural Press, New York, 2010).

▶3-1-2(a)  G. Dehio and G. v. Bezold, *Die Kirchliche Baukunst des Abendlandes*, Atlas 1 Band, Stuttgart, 1887.

▶3-1-2(b)  G. Dehio and G. v. Bezold, *Die Kirchliche Baukunst des Abendlandes*, Atlas 1 Band, Stuttgart, 1887.

▶3-1-3(a)  Kennethe John Conant, *Carolingian and Romanesque Architecture 800-1200*, The Pelican History of Art, 1979.

▶3-1-3(b)  Xavier Barral i Altet, *Haut Moyen-Âge de l'antiquité tardive à l'an mil*,

Taschen, 2002.

▶3-1-4  Kennethe John Conant, *Carolingian and Romanesque Architecture 800-1200*, The Pelican History of Art, 1979.

▶3-1-5  W. Horn and E. Born, *The Plan of St. Gall*, Volume I, University of California Press, 1979.


3・2  古代末期

▶3-2-1  撮影：西田雅嗣

▶3-2-2  Robert Adam, *Rvins of the palace of the Emperor Diocletian at Spalatro in Dalmatia*, London, 1764
HATHI TRUST Digital Library
(https://babel.hathitrust.org/cgi/pt?id=gri.ark:/13960/t7np4xp43&view=1up&seq=51&skin=2021)

▶3-2-3  Richard Krautheimer, *Early Christian and Byzantine Architecture*, Yale University Press - Pelican History of Art, 1986.

▶3-2-4  Richard Krautheimer, *Early Christian and Byzantine Architecture*, Yale University Press - Pelican History of Art, 1986.

▶3-2-5  Richard Krautheimer, *Early Christian and Byzantine Architecture*, Yale University Press - Pelican History of Art, 1986.

▶3-2-6  Richard Krautheimer, *Early Christian and Byzantine Architecture*, Yale University Press - Pelican History of Art, 1986.

▶3-2-7  Giovanni Battista Piranesi, *Vedute di Rome*, Rome, 1748
Zeno.org  Meine Bibliothek
(http://www.zeno.org/Kunstwerke/B/Piranesi,+Giovanni+Battista+Vedute+di+Roma:+S.+Paolo+fuori+le+Mura,+Innenansicht)

▶3-2-8  撮影：西田雅嗣

▶3-2-9  撮影：西田雅嗣

▶3-2-10  Mario Mirabella Roberti, *Una nota sul nartece de San Lorenzo, Studi in onore di. C. Castiglioni*, Milano, 1957.

▶3-2-11  撮影：西田雅嗣

▶3-2-12  撮影：西田雅嗣

▶3-2-13  Jules Gailhabaud (Robert de Lasteyrie, *L'architecture religieuse en France à l'époque romane*, 1929.)


3・3  蛮族侵入期

▶3-3-1  撮影：西田雅嗣

▶3-3-2  Wisig Quintanilla de las Vignas b.jpg Wikimedia Commons (Licensed under Public Domain)

▶3-3-3(a)  Xavier Barral i Altet, *Haut Moyen-Âge de l'antiquité tardive à l'an mil*, Taschen, 2002.

▶3-3-3(b)  Xavier Barral i Altet, *Haut Moyen-Âge de l'antiquité tardive à l'an mil*, Taschen, 2002.

▶3-3-4  Interno San Giovanni Evangelista (Ravenna) 04.JPG © Superchilum / Wikimedia Commons (Licensed under CC-BY-SA-4.0)

▶3-3-5  Apollinare Nuovo.JPG © Martalimosani / Wikimedia Commons (Licensed under CC-BY-SA-4.0)

▶3-3-6(a)  G. Dehio und G. v. Bezold, *Die Kirchliche Baukunst des Abendlandes*, Atlas 1 Band, Stuttgart, 1887.

▶3-3-6(b)  Ravenna BW 3.JPG © Martalimosani / Wikimedia Commons (Licensed under CC-BY-SA-4.0)

▶3-3-7  Battistero degli Ortodossi (Neoniano), Ravenna, Italia (1).JPG © Чигот / Wikimedia Commons (Licensed under CC-BY-SA-4.0)

▶3-3-8  Front view - Mausoleum of Theodoric - Ravenna 2016 (2).jpg © José Luiz / Wikimedia Commons (Licensed under CC-BY-SA-4.0)

▶3-3-9(a)  Xavier Barral i Altet, *Haut Moyen-Âge de l'antiquité tardive à l'an mil*, Taschen, 2002.


3・4  プレ・ロマネスク建築

▶3-4-1  Xavier Barral i Altet, *Haut Moyen-Âge de l'antiquité tardive à l'an mil*, Taschen, 2002.

▶3-4-2(a)  Xavier Barral i Altet, *Haut Moyen-Âge de l'antiquité tardive à l'an mil*, Taschen, 2002.

▶3-4-2(b)  西田研究室

▶3-4-3(a)  撮影：西田雅嗣

▶3-4-3(b)  撮影：西田雅嗣

▶3-4-4  Codex Sangallensis 1092 recto.jpg Wikimedia Commons (Licensed under Public Domain)

▶3-4-5  Xavier Barral i Altet, *Haut Moyen-Âge de l'antiquité tardive à l'an mil*, Taschen, 2002.

▶3-4-6  Carol Heitz, *L'architecture religieuse carolingienne*, Paris, 1980.

▶3-4-7  撮影：西田雅嗣

▶3-4-8　撮影：西田研究室
▶3-4-9(a) Xavier Barral i Altet, *Haut Moyen-Âge de l'antiquité tardive à l'an mil*, Taschen, 2002.
▶3-4-9(b) 撮影：西田雅嗣

## 第4章 【中世】ビザンティン建築 ── ドームの建築

### 4・1 〈時代様式概説〉ギリシア十字式教会堂

▶4-1-1(a)　撮影：西田雅嗣
▶4-2-2(b) Rowland J. Mainstone, *Hagia Sophia*, Thames and Hudson, London, 1988.
▶4-1-2　日本建築学会編『西洋建築史図集』三訂版、彰国社、1994年.
▶4-1-3(a) 日本建築学会編『西洋建築史図集』三訂版、彰国社、1994年.
▶4-1-3(b) Thérèse Castieau, *L'art roman*, coll. Tout l'art - Grammaire des styles, Flammarion, 1996.
▶4-1-3(c)　撮影：西田雅嗣
▶4-1-4(a) 日本建築学会編『西洋建築史図集』三訂版、彰国社、1994年.
▶4-1-4(b) 日本建築学会編『西洋建築史図集』三訂版、彰国社、1994年.
▶4-1-4(c) Thérèse Castieau, *L'art roman*, coll. Tout l'art - Grammaire des styles, Flammarion, 1996.
▶4-1-4(d) 撮影：西田雅嗣
▶4-1-5　G. Dehio und G. v. Bezold, *Die Kirchliche Baukunst des Abendlandes*, Atlas 1 Band, Stuttgart, 1887.
▶4-1-6　Richard Krautheimer, *Early Christian and Byzantine Architecture*, Yale University Press - Pelican History of Art, 1986.
▶4-1-7　Richard Krautheimer, *Early Christian and Byzantine Architecture*, Yale University Press - Pelican History of Art, 1986.
▶4-1-8　撮影：西田雅嗣

### 4・2 初期ビザンティン建築

▶4-2-1　撮影：西田雅嗣
▶4-2-2　撮影：西田雅嗣
▶4-2-3(a) Richard Krautheimer, *Early Christian and Byzantine Architecture*, Yale University Press - Pelican History of Art, 1986.
▶4-2-3(b) Rowland J. Mainstone, *Hagia Sophia*, Thames and Hudson, London, 1988.
▶4-2-3(c) Rowland J. Mainstone, *Hagia Sophia*, Thames and Hudson, London, 1988.
▶4-2-3(d) 撮影：西田雅嗣
▶4-2-3(e) 撮影：西田雅嗣
▶4-2-4(a) Jean Ebersolt et Adolphe Thiers, *Les églises de Constantinople*, Paris, 1913.
▶4-2-4(b) 撮影：西田雅嗣
▶4-2-5(a) Jean Ebersolt et Adolphe Thiers, *Les églises de Constantinople*, Paris, 1913.
▶4-2-5(b) 撮影：西田雅嗣
▶4-2-6(a)　Richard Krautheimer, *Early Christian and Byzantine Architecture*, Yale University Press - Pelican History of Art, 1986.
▶4-2-6(b) Richard Krautheimer, *Early Christian and Byzantine Architecture*, Yale University Press - Pelican History of Art, 1986.
▶4-2-6(c) Richard Krautheimer, *Early Christian and Byzantine Architecture*, Yale University Press - Pelican History of Art, 1986.

### 4・3 中・後期ビザンティン建築

▶4-3-1(a) Thessaloniki - Agia Sophia.jpg © Hacikalin / Wikimedia Commons (Licensed under CC-BY-SA-4.0)
▶4-3-1(b) StSophiaSalonica.jpg © Hiro-o / Wikimedia Commons (Licensed under CC-BY-SA-3.0)
▶4-3-2(a) Jean Ebersolt et Adolphe Thiers, *Les églises de Constantinople*, Paris, 1913.
▶4-3-2(b) 撮影：西田雅嗣
▶4-3-2(c) 撮影：西田雅嗣
▶4-3-3　Richard Krautheimer, *Early Christian and Byzantine Architecture*, Yale University Press - Pelican History of Art, 1986.
▶4-3-4(a) R Richard Krautheimer, *Early Christian and Byzantine Architecture*, Yale University Press - Pelican History of Art, 1986.
▶4-3-4(b) 撮影：西田雅嗣
▶4-3-5(a) Alexander van Millingen, *Byzantine churches in Constantinople*, London, 1912.
▶4-3-5(b) 撮影：西田雅嗣
▶4-3-6(a) 撮影：西田雅嗣
▶4-3-6(b) 撮影：西田雅嗣

## 第5章 【中世】ロマネスク建築 ── 教会堂と神の国

### 5・1 〈時代様式概説〉ヴォールト、長堂式教会堂、霊性表現

▶5-1-1(a) Auguste Choisy, *Histoire de l'architecture*, Tome II, Paris, 1899 (rééd. Bibliothèque de l'image, 1996).
▶5-1-1(b) Auguste Choisy, *Histoire de l'architecture*, Tome II, Paris, 1899 (rééd. Bibliothèque de l'image, 1996).
▶5-1-1(c) Auguste Choisy, *Histoire de l'architecture*, Tome II, Paris, 1899 (rééd. Bibliothèque de l'image, 1996).
▶5-1-1(d) Auguste Choisy, *Histoire de l'architecture*, Tome II, Paris, 1899 (rééd. Bibliothèque de l'image, 1996).
▶5-1-1(e) Auguste Choisy, *Histoire de l'architecture*, Tome II, Paris, 1899 (rééd. Bibliothèque de l'image, 1996).
▶5-1-2　西田雅嗣/編『ヨーロッパ建築史』昭和堂、1998.
▶5-1-3(a) 撮影：西田雅嗣
▶5-1-3(b) 撮影：西田雅嗣
▶5-1-3(c) 撮影：西田雅嗣
▶5-1-4(a) 外観　Abbatiale de Payerne 3.JPG © Christophe95 / Wikimedia Commons (Licensed under CC-BY-SA-3.0)
▶5-1-4(a) N. Stratford(dir.), *Cluny, Onze siècle de rayonnement*, Paris, 2010.
▶5-1-4(b) 撮影：西田雅嗣
▶5-1-4(b) Éliane Vergnolle, *L'art roman en France*, Paris, 1994.
▶5-1-5　Kenneth John Conant, *Cluny, Les églises et la maison du chef d'ordre*, Mâcon, 1968.

### 5・2 11世紀のロマネスク建築

▶5-2-1　撮影：西田雅嗣
▶5-2-2　撮影：西田雅嗣
▶5-2-3　撮影：西田雅嗣
▶5-2-4　撮影：西田雅嗣
▶5-2-5　Xavier Barral i Altet, *Haut Moyen-Âge de l'antiquité tardive à l'an mil*, Taschen, 2002.
▶5-2-6　撮影：西田雅嗣
▶5-2-7　Kenneth John Conant, *Carolingian and Romanesque Architecture 800-1200*, The Pelican History of Art, 1979.
▶5-2-8　Kenneth John Conant, *Cluny, Les églises et la maison du chef d'ordre*, Mâcon, 1968.
▶5-2-9　Alain Erlande-Brandenburg et al., *Histoire de l'architecture française du Moyen Age à la Renaissance*, Paris, 1995.
▶5-2-10　撮影：西田雅嗣
▶5-2-11　撮影：西田雅嗣

### 5・3 12世紀のロマネスク建築 (1)

▶5-3-1　Kenneth John Conant, *Cluny, Les églises et la maison du chef d'ordre*, Mâcon, 1968.
▶5-3-2　Kenneth John Conant, *Cluny, Les églises et la maison du chef d'ordre*, Mâcon, 1968.
▶5-3-3(1)〜(5)　Kenneth John Conant, *Carolingian and Romanesque Architecture 800-1200*, The Pelican History of Art, 1959.
▶5-3-4　撮影：西田雅嗣
▶5-3-5(a) Auguste Choisy, *Histoire de l'architecture*, Tome II, Paris, 1899 (rééd. Bibliothèque de l'image, 1996)
▶5-3-5(b) 撮影：西田雅嗣
▶5-3-6　撮影：西田雅嗣
▶5-3-7　撮影：西田雅嗣
▶5-3-8　撮影：西田雅嗣
▶5-3-9　Angoulême Cathédrale Nef (Brutails).jpg Wikimedia Commons (Licensed under Public Domain)
▶5-3-10(a) Éliane Vergnolle, *L'art roman en France*, Paris, 1994.
▶5-3-10(b) 撮影：西田雅嗣
▶5-3-10(c) 撮影：西田雅嗣

### 5・4 12世紀のロマネスク建築 (2)

▶5-4-1　撮影：西田雅嗣
▶5-4-2　撮影：西田雅嗣
▶5-4-3　撮影：西田雅嗣
▶5-4-4　撮影：西田雅嗣
▶5-4-5　撮影：西田雅嗣

▶5-4-6　撮影：西田雅嗣
▶5-4-7　撮影：西田雅嗣
▶5-4-8　M.-A. Dimier, *L'art cistercien*, France, Zodiaque, 1982
▶5-4-9(a)　Lucien Bégule, *L'abbaye de Fontenay et l'architecture cistercienne*, Lyon, 1912.
▶5-4-9(b)　撮影：西田雅嗣
▶5-4-9(c)　撮影：西田雅嗣
▶5-4-10　撮影：西田雅嗣
▶5-4-11　撮影：西田雅嗣
▶5-4-12　撮影：西田雅嗣

## 5・5　ロマネスクのヨーロッパ

▶5-5-1　Speyer Dom pano.jpg © Lokilech / Wikimedia Commons (Licensed under CC-BY-SA-3.0)
▶5-5-2　撮影：西田雅嗣
▶5-5-3　Klosterkirche Maria Laach (06).jpg © 1971markus / Wikimedia Commons (Licensed under CC-BY-SA-4.0)
▶5-5-4　撮影：西田雅嗣
▶5-5-5　St Albans cathedral (14894411067).jpg © Gary Ullah from UK / Wikimedia Commons (Licensed under CC-BY-2.0)
▶5-5-6　Durham Cathedral Nave.jpg Wikimedia Commons (Licensed under CC-0)
▶5-5-7　Monreale Cathedral, Monreale, Sicily, Italy (4894697910).jpg © Michal Osmenda from Brussels, Belgium / Wikimedia Commons (Licensed under CC-BY-SA-2.0)
▶5-5-8　撮影：西田雅嗣
▶5-5-9　Cathedral and Campanary - Pisa 2014 (2).JPG © José Luiz / Wikimedia Commons (Licensed under CC-BY-SA-3.0)
▶5-5-10　撮影：西田雅嗣
▶5-5-11　Basilica san Zeno VR - interno 2.jpg © Adert / Wikimedia Commons (Licensed under CC-BY-SA-4.0)
▶5-5-12　Xavier Barral i Altet, *Le monde roman: Villes, Cathédrales et Monastères*, Taschen, 2001.
▶5-5-13　Xavier Barral i Altet, *Le monde roman: Villes, Cathédrales et Monastères*, Taschen, 2001.

## 第6章 【中世】ゴシック建築 —— 大聖堂と神の光

### 6・1　〈時代様式概説〉都市の教会堂、光、骨組みの構造

▶6-1-1　George Durand, *Monographie de l'église Notre-Dame - Cathédrale d'Amiens*, Atlas, Amiens/Paris, 1903.
▶6-1-2　撮影：西田雅嗣
▶6-1-3　George Durand, *Monographie de l'église Notre-Dame - Cathédrale d'Amiens*, Atlas, Amiens/Paris, 1903.
▶6-1-4　George Durand, *Monographie de l'église Notre-Dame - Cathédrale d'Amiens*, Atlas, Amiens/Paris, 1903.
▶6-1-5　Eugène Viollet-le-Duc, *Dictionnaire raisonné de l'architecture française du XIe au XVIe siècle*, Tome 1er, Paris, 1854 .
▶6-1-6　撮影：西田雅嗣
▶6-1-7　撮影：西田雅嗣
▶6-1-8　撮影：西田雅嗣

### 6・2　初期ゴシック建築

▶6-2-1　撮影：西田雅嗣
▶6-2-2　Alain Erlande-Brandenburg et al., *Histoire de l'architecture française du Moyen Age à la Renaissance*, Paris, 1995.
▶6-2-3　Saint-Denis (93), basilique, abside 2.jpg © P.poschadel / Wikimedia Commons (Licensed under CC-BY-SA-3.0)
▶6-2-4　撮影：西田雅嗣
▶6-2-5　G. Dehio und G. v. Bezold, *Die Kirchliche Baukunst des Abendlandes*, Atlas 4 Band, Stuttgart, 1894.
▶6-2-6　撮影：西田雅嗣
▶6-2-7　Senlis (60), cathédrale Notre-Dame, vue intérieure générale depuis l'abside.jpg © P.poschadel / Wikimedia Commons (Licensed under CC-BY-SA-3.0)
▶6-2-8　撮影：西田雅嗣
▶6-2-9　撮影：西田雅嗣
▶6-2-10　撮影：西田雅嗣
▶6-2-11　撮影：西田雅嗣
▶6-2-12　Dany Sandron et Andrew Tallon, *Notre-Dame de Paris - Neuf siècles d'histoire*, Paris, 2013.

### 6・3　古典期ゴシック建築

▶6-3-1(a)　Baudot/Perrault-Dabot, *Les cathédrales de France*, Archives de la commission des MH, Paris.
▶6-3-1(b)　撮影：西田雅嗣
▶6-3-2(a)　Baudot/Perrault-Dabot, *Les cathédrales de France*, Archives de la commission des MH, Paris.
▶6-3-2(b)　撮影：西田雅嗣
▶6-3-3　撮影：西田雅嗣
▶6-3-4　撮影：西田雅嗣
▶6-3-5　撮影：西田雅嗣
▶6-3-6(a)　Baudot/Perrault-Dabot, *Les cathédrales de France*, Archives de la commission des MH, Paris.
▶6-3-6(b)　Patrick Demouy et alii., *Reims - La cathédrale*, coll. Le ciel et la pierre, Zodiaque, 2000.
▶6-3-6(c)　撮影：西田雅嗣
▶6-3-7　撮影：西田雅嗣
▶6-3-8(a)　Baudot/Perrault-Dabot, *Les cathédrales de France*, Archives de la commission des MH, Paris.
▶6-3-8(b)　撮影：西田雅嗣
▶6-3-9　Eugène Viollet-le-Duc, *Dictionnaire raisonné de l'architecture française du XIe au XVIe siècle*, Tome 2ème, Paris, 1854(?).
▶6-3-10　Patrick Demouy et alii., *Reims - La cathédrale*, coll. Le ciel et la pierre, Zodiaque, 2000.

### 6・4　後期ゴシック建築

▶6-4-1　*Monographie de Notre-Dame de Paris Texte de Celtibère*, Paris, 1856/57.
▶6-4-2　撮影：西田雅嗣
▶6-4-3　撮影：西田雅嗣
▶6-4-4　撮影：西田雅嗣
▶6-4-5　撮影：西田雅嗣
▶6-4-6　撮影：西田雅嗣
▶6-4-7　撮影：西田雅嗣
▶6-4-8　撮影：西田雅嗣
▶6-4-9　撮影：西田雅嗣
▶6-4-10　撮影：西田雅嗣
▶6-4-11　撮影：西田雅嗣
▶6-4-12　撮影：西田雅嗣
▶6-4-13　撮影：西田雅嗣
▶6-4-14　撮影：西田雅嗣
▶6-4-15　H-D Beaune - cour 07.jpg © Hadonos / Wikimedia Commons (Licensed under CC-BY-SA-4.0)

### 6・5　ゴシックのヨーロッパ

▶6-5-1　Auguste Choisy, *Histoire de l'architecture*, Tome II, Paris, 1899 (reéd. Bibliothèque de l'image, 1996)
▶6-5-2(a)　G. Dehio und G. v. Bezold, *Die Kirchliche Baukunst des Abendlandes*, Atlas 4 Band, Stuttgart, 1894.
▶6-5-2(b)　G. Dehio und G. v. Bezold, *Die Kirchliche Baukunst des Abendlandes*, Atlas 4 Band, Stuttgart, 1894.
▶6-5-2(c)　G. Dehio und G. v. Bezold, *Die Kirchliche Baukunst des Abendlandes*, Atlas 4 Band, Stuttgart, 1894.
▶6-5-2(d)　Salisbury Cathedral, Cathedral Close, Wiltshire.jpg © JackPeasePhotography / Wikimedia Commons (Licensed under CC-BY-2.0)
▶6-5-3　Exeter cathedral (17154726411).jpg © Gary Ullah from UK / Wikimedia Commons (Licensed under CC-BY-2.0)
▶6-5-4　Cambridge 161.jpg © FrDr / Wikimedia Commons (Licensed under CC-BY-SA-4.0)
▶6-5-5　G. Dehio und G. v. Bezold, *Die Kirchliche Baukunst des Abendlandes*, Atlas 5 Band, Stuttgart, 1901.
▶6-5-6　Kölner Dom Inneres2.JPG © Wellcschik / Wikimedia Commons (Licensed under CC-BY-SA-3.0)
▶6-5-7　02 St. Stephen's Cathedral.JPG © Tiefkuehlfan / Wikimedia Commons (Licensed under CC-BY-SA-3.0)
▶6-5-8　Ulm, Münster-001.jpg © Tilman2007 / Wikimedia Commons (Licensed under CC-BY-SA-3.0)
▶6-5-9　撮影：西田雅嗣
▶6-5-10　撮影：西田雅嗣
▶6-5-11　撮影：西田雅嗣
▶6-5-12　Duomo Siena.jpg © Ryzopt / Wikimedia Commons (Licensed under CC-BY-SA-3.0)

► 6-5-13(a)撮影：西田雅嗣
► 6-5-13(b)G. Dehio und G. v. Bezold, *Die Kirchliche Baukunst des Abendlandes*, Atlas 5 Band, Stuttgart, 1901.

## 第7章 【近世】ルネサンス建築 ── 古代への再生と古典主義

### 7・1 〈時代様式概説〉古代の回帰と新しい建築原理、新しい建築言語

► 7-1-1(a) Sebastiano Serlio, *Regole generali di architetura...*, Venise, F. Marcolini, 1537.
Évreux, Bibliothèque - médiathèque, RA 101 (http://architectura.cesr.univ-tours.fr/Traite/Notice/ENSBA_20A4.asp)
► 7-1-1(b) Sebastiano Serlio, *Il terzo libro...*, Venise, F. Marcolini, 1540.
Getty Research Institute, NA2517 S56(Internet Archive)
► 7-1-1(c) Sebastiano Serlio, *Il terzo libro...*, Venise, F. Marcolini, 1540.
Getty Research Institute, NA2517 S56(Internet Archive)
► 7-1-2(b) *Città ideale*, Galleria Nazionale delle Marche Urbino (Wikimedia Commons)
https://commons.wikimedia.org/wiki/File:Formerly_Piero_della_Francesca_-_Ideal_City_-_Galleria_Nazionale_delle_Marche_Urbino_2.jpg
► 7-1-3(a) Frncesco di Giorgio Martini, *Codex Ashburnham 361*, Florence Wikimedia Commons (Licensed under Public Domain)
► 7-1-3(b) Leonardo da Vinci, *Uomo Vitruviano*, Gallerie dell'Accademia, Venizia Wikimedia Commons (Licensed under Public Domain)
► 7-1-4(a) Andrea Palladio, *I quattro libri dell'architettura...*, Venise, D. De Franceschi, 1570. Paris, École nationale supérieure des beaux-arts, Les 1338 (http://architectura.cesr.univ-tours.fr/Traite/Notice/ENSBA_20A4.asp)
► 7-1-4(b) Leonardo da Vinci, *Codex Ashburnham I and II*, Paris Wikimedia Commons (Licensed under Public Domain)
► 7-1-4(c) Andrea Palladio, *I quattro libri dell'architettura...*, Venise, D. De Franceschi, 1570. Paris, École nationale supérieure des beaux-arts, Les 1338 (http://architectura.cesr.univ-tours.fr/Traite/Notice/ENSBA_20A4.asp)
► 7-1-5(a) Jacomo Barozzio da Vignola, *Regola delli cinque ordini d' architettura*, Roma, Apresso Henricus van Schoel, 1602.
Getty Research Institute, NA2517 S56(Internet Archive)
► 7-1-5(b) Jacomo Barozzio da Vignola, *Regola delli cinque ordini d' architettura*, Roma, Apresso Henricus van Schoel, 1602.
Getty Research Institute, NA2517 S56(Internet Archive)
► 7-1-5(c) Jacomo Barozzio da Vignola, *Regola delli cinque ordini d' architettura*, Roma, Apresso Henricus van Schoel, 1602.
Getty Research Institute, NA2517 S56(Internet Archive)

### 7・2 イタリア初期ルネサンス建築

► 7-2-1 Pienza Piazza Pio II © Oschirmer / Wikimedia Commons (Licensed under CC-BY-SA-3.0)
► 7-2-2 撮影：西田雅嗣
► 7-2-3 Venezia - Chiesa di San Michele in Isola Wikimedia Commons (Licensed under Public Domain)
► 7-2-4 撮影：西田雅嗣
► 7-2-5 Peter Murray, *The Architecture of the Italian Renaissance*, Thames and Hudson, 1992.
► 7-2-6 Santo Spirito, inside 1 © Sailko / Wikimedia Commons (Licensed under CC-BY-SA-3.0)
► 7-2-7 撮影：西田雅嗣
► 7-2-8 撮影：西田雅嗣
► 7-2-9 Palazzo Rucellai © Sailko / Wikimedia Commons (Licensed under CC-BY-SA-3.0)
► 7-2-10 Tempio Malatestiano 4 © Flying Russian / Wikimedia Commons (Licensed under CC-BY-SA-3.0)
► 7-2-11 撮影：西田雅嗣
► 7-2-12 撮影：西田雅嗣

### 7・3 イタリア盛期ルネサンス建築

► 7-3-1 撮影：西田雅嗣
► 7-3-2 撮影：西田雅嗣
► 7-3-3 Speculum Romanae Magnificentiae- House of Raphael MET DP870359 Wikimedia Commons (Licensed under CC-0)
► 7-3-4 Christoph Luitpold Frommel, *The Architecture of the Italian Renaissance*, Thames & Hudson, 2007.
► 7-3-5 撮影：西田雅嗣
► 7-3-6 Il giardino di Villa Madama © Pierreci / Wikimedia Commons (Licensed under CC-BY-SA-3.0)

► 7-3-7 撮影：西田雅嗣
► 7-3-8 撮影：西田雅嗣
► 7-3-9 撮影：西田雅嗣
► 7-3-10(a) Christoph Luitpold Frommel, *The Architecture of the Italian Renaissance*, Thames & Hudson, 2007.
► 7-3-10(b) Christoph Luitpold Frommel, *The Architecture of the Italian Renaissance*, Thames & Hudson, 2007.
► 7-3-11(a) Sebastiano Serlio, *Il terzo libro...*, Venise, F. Marcolini, 1540.
Getty Research Institute, NA2517 S56(Internet Archive)
► 7-3-11(b) Sebastiano Serlio, *Il terzo libro...*, Venise, F. Marcolini, 1540.
Getty Research Institute, NA2517 S56(Internet Archive)
► 7-3-11(c) Antonio Salamanca, *Speculum Romanae Magnificentiae*, Antonio Salamanca, 1549. (Rogers Fund, transferred from the Library, Public Domain)
https://www.metmuseum.org/art/collection/search/403682
► 7-3-12 Antonio Labacco Modello S Pietro Wikimedia Commons (Licensed under Public Domain)
► 7-3-13 ICHNOGRAPHIA TEMPLI DIVI PETRI ROMAE IN VATICANO, in Speculum Romanae Magnificentiae, 1602 (Provenance/Rights: Herzog Anton Ulrich-Museum) https://nat.museum-digital.de/index.php?t=objekt&oges=815538
► 7-3-14 撮影：西田雅嗣

### 7・4 イタリアのマニエリスム建築

► 7-4-1 Verona, palazzo pompei, sede del museo civico di storia naturale, 00 © Sailko / Wikimedia Commons (Licensed under CC-BY-SA-4.0)
► 7-4-2 Jacomo Barozzio da Vignola, *Regola delli cinque ordini d' architettura*, Roma, Apresso Henricus van Schoel, 1602.
Getty Research Institute, NA2517 S56(Internet Archive)
► 7-4-3 Palazzo Te Mantova 1 © Marcok / Wikimedia Commons (Licensed under CC-BY-SA-3.0)
► 7-4-4 久保尋二、田中英道／編『世界美術大全集 西洋篇　第12巻　イタリア・ルネッサンス 2』、小学館、1994
► 7-4-5 久保尋二、田中英道/編『世界美術大全集 西洋篇　第12巻　イタリア・ルネッサンス 2』、小学館、1994
► 7-4-6 James S. Ackerman, *The Architecture of Michelangelo*, The University of Chicago Press, 1986.
► 7-4-7 撮影：西田雅嗣
► 7-4-8 Vicenza Basilica Palladiana 01 © Andrzej Otrębski / Wikimedia Commons (Licensed under CC-BY-SA-4.0)
► 7-4-9 Palazzo Chiericati IB-Vicenza-01 © Iron Bishop / Wikimedia Commons (Licensed under CC-BY-SA-3.0)
► 7-4-10 撮影：西田雅嗣
► 7-4-11 Venezia San Giorgio Maggiore R10 © Marc Ryckaert / Wikimedia Commons (Licensed under CC-BY-SA-3.0)
► 7-4-12 Interior of Teatro Olimpico (Vicenza) - Gradinata © Didier Descouens / Wikimedia Commons (Licensed under CC-BY-SA-4.0)
► 7-4-13 Villa Pisani a Bagnolo di Lonigo (Vicenza), in Andrea Palladio, I quattro libri dell'architettura..., Venise, D. De Franceschi, 1570. Wikimedia Commons (Licensed under Public Domain)

### 7・5 スペインとフランスにおけるイタリアニスム

► 7-5-1 -Salamanca, Spain (15984585661) © Brianna Laugher from Melbourne, Australia / Wikimedia Commons (Licensed under CC-BY-SA-2.0)
► 7-5-2 Granada cathedral - capilla mayor © Pom2 / Wikimedia Commons (Licensed under CC-BY-SA-3.0)
► 7-5-3 Palacio de Carlos V-Alhambra (4) © Alberto-g-rovi / Wikimedia Commons (Licensed under CC-BY-SA-3.0)
► 7-5-4 P Facade monastery San Lorenzo de El Escorial Spain Wikimedia Commons (Licensed under CC-0)
► 7-5-5 撮影：西田雅嗣
► 7-5-6 撮影：西田雅嗣
► 7-5-7 Palace of Fontainebleau 025 © @lain G très occupé from Fontainebleau (proche), France / Wikimedia Commons (Licensed under CC-BY-SA-2.0)
► 7-5-8 撮影：西田雅嗣
► 7-5-9 Château d'Anet - Anet - Eure-et-Loir - France - Mérimée PA00096955 (42) © Binche / Wikimedia Commons (Licensed under CC-BY-SA-3.0)
► 7-5-10 撮影：西田雅嗣
► 7-5-11 Écouen Château d'Écouen Innenhof 6 (© Zairon / Wikimedia Commons (Licensed under CC-BY-SA-4.0)
► 7-5-12 撮影：西田雅嗣
► 7-5-13 撮影：西田雅嗣

## 7・6 ネーデルラント、イギリス、ドイツへのルネサンス建築

▶7-6-1 Hans Vredeman de Vries, *Architectura Oder Bauung der Antiquen auss den Vitruvius, woellches sein funff Columnen Orden*, Anvers, G. de Jode, 1577. Paris, Bibliothèque de l'INHA, Fol. Res 207 (http://architectura.cesr.univ-tours.fr/Traite/Notice/INHA-Res207.asp?param=)

▶7-6-2 Antwerpen Grote Markt Rathaus 3 © Zairon / Wikimedia Commons (Licensed under CC-BY-SA-4.0)

▶7-6-3 撮影：西田雅嗣

▶7-6-4 Mauritshuis © Rainer Ebert / Wikimedia Commons (Licensed under CC-BY-SA-2.0)

▶7-6-5 Koninklijk Paleis Amsterdam © Robert Scarth / Wikimedia Commons (Licensed under CC-BY-SA-2.0)

▶7-6-6 J. Alfred Gotch, *Architecture of the Renaissance in England*, Vol. 1, 1894. (Internet Archive)

▶7-6-7 Longleat House 2012 © Saffron Blaze / Wikimedia Commons (Licensed under CC-BY-SA-3.0)

▶7-6-8 Wollaton hall from front © Lee Haywood from Wollaton, Nottingham, England / Wikimedia Commons (Licensed under CC-BY-SA-2.0)

▶7-6-9 Queen's House 1 © PetraDraha / Wikimedia Commons (Licensed under CC-BY-SA-4.0)

▶7-6-10 Banqueting House, Whitehall, London © Paul the Archivist / Wikimedia Commons (Licensed under CC-BY-SA-4.0)

▶7-6-11 Schloss Heidelberg Ottheinrichsbau Wikimedia Commons (Licensed under CC-0)

▶7-6-12 Augsburg Rathaus 02 © H.Helmlechner / Wikimedia Commons (Licensed under CC-BY-SA-4.0)

## 第8章 【近世】バロック建築 —— 劇的表現の総合芸術

### 8・1 〈時代様式概説〉幻想性と空間性

▶8-1-1(a) 撮影：西田雅嗣

▶8-1-1(b) 撮影：西田雅嗣

▶8-1-1(c) File:Paolo Monti - Servizio fotografico (Roma, 1979) - BEIC 6363912 © Paolo Monti / Wikimedia Commons (Licensed under CC-BY-SA-4.0)

▶8-1-1(d) 撮影：西田雅嗣

▶8-1-1(e) File:2417 - München - Asamkirche. © Andrew Bossi / Wikimedia Commons (Licensed under CC-BY-SA-2.5)

▶8-1-2 撮影：西田雅嗣

▶8-1-3 撮影：西田雅嗣

▶8-1-4 File:Seven Churches of Rome - Giacomo Lauro - 1599. Wikimedia Commons (Licensed under Public Domain)

▶8-1-5 撮影：西田雅嗣

▶8-1-6 File:Residenzkapelle Würzburg 15. © Aarp65 / Wikimedia Commons (Licensed under CC-BY-SA-4.0)

### 8・2 ローマとバロック建築

▶8-2-1(a) 撮影：西田雅嗣

▶8-2-1(b) Unknown delineator and publisher, Plan De L'Eglise Du St. Nom De Jesus A Rome Tab 100, 1725(http://www.architechgallery.com/vault/geschchplanengraving.htm)

▶8-2-2 撮影：西田雅嗣

▶8-2-3(a) Paul Letarouilly, *Le Vatican et la basilique de Saint-Pierre de Rome*, Paris, 1882(Princeton Architectural Press, New York, 2010).

▶8-2-3(b) 撮影：南 智子

▶8-2-4 撮影：西田雅嗣

▶8-2-5 撮影：西田雅嗣

▶8-2-6(a) File:Scala regia, veduta 02.jpg © Sailko / Wikimedia Commons (Licensed under CC-BY-SA-3.0)

▶8-2-6(b) Carlo Fontana, *Templum Vaticanum et ipsius origo*, Roma, Buagni, 1694. (ETH-bibliothek e-rara, https://www.e-rara.ch/zut/doi/10.3931/e-rara-9295?lang=fr )

### 8・3 盛期バロック建築

▶8-3-1 撮影：西田雅嗣

▶8-3-2(a) Giovanni Giacomo de Rossi, *Insignium Romae templorum prospectus exteriores interioresque, a celebrioribus architectis inventi*, Roma, 1684. (Internet Archive - Getty Research Institute, https://archive.org/details/gri_33125011118912)

▶8-3-2(b) 撮影：西田雅嗣

▶8-3-2(c) 撮影：西田雅嗣

▶8-3-3(a) 撮影：西田雅嗣

▶8-3-3(b) 撮影：西田雅嗣

▶8-3-3(c) Giovanni Giacomo de Rossi, *Insignium Romae templorum prospectus exteriores interioresque, a celebrioribus architectis inventi*, Roma, 1684. (Internet Archive - Getty Research Institute, https://archive.org/details/gri_33125011118912)

▶8-3-4 撮影：西田雅嗣

▶8-3-5 撮影：西田雅嗣

▶8-3-6 File:Rome-Piazza del Popolo-Obélisque et églises Santa Maria.jpg © Jean-Christophe BENOIST / Wikimedia Commons (Licensed under CC-BY-SA-3.0)

▶8-3-7 撮影：南 智子

▶8-3-8 撮影：南 智子

▶8-3-9 撮影：西田雅嗣

▶8-3-10 撮影：西田雅嗣

▶8-3-11(a) File:Cupola di San lorenzo a Torino.jpg © ppo / Giuseppe Marino. / Wikimedia Commons (Licensed under CC-BY-2.0)

▶8-3-11(b) Guarino Guarini, *Architettura Civile*, Torino, G. F. Mairesse, 1737 (Paris, École nationale supérieure des beaux-arts, 00720 P 0000 in-4, http://architectura.cesr.univ-tours.fr/Traite/Notice/ENSBA_0720.asp?param=)

▶8-3-12 File:Basilica di Superga (Turin) - Interior.jpg © Paris Orlando / Wikimedia Commons (Licensed under CC-BY-SA-4.0)

### 8・4 古典主義とフランスのバロック建築

▶8-4-1(a) 撮影：西田雅嗣

▶8-4-1(b) *L'Entrée triomphante de Leurs Majestez Louis XIV, Roy de France et de Navarre et Marie-Thérèse d'Austriche, son espouse, dans la ville de Paris [...]*, Paris, 1662 (https://bibliotheque-numerique.inha.fr/collection/item/10911-l-entree-triomphante-de-leurs-majestez-louis-xiv-et-marie-therese-d-austriche )

▶8-4-2(a) File:Arolsen Klebeband 15 361.jpg Wikimedia Commons (Licensed under Public Domain)

▶8-4-2(b) 撮影：西田雅嗣

▶8-4-3 撮影：西田雅嗣

▶8-4-4 撮影：西田雅嗣

▶8-4-5 撮影：西田雅嗣

▶8-4-6(a) *L'Architecture française, ou Plans... des églises, palais, hôtels et maisons particulières de Paris...* par Jean Marot et Marot fils. Publié par P.-J. Mariette. (Bibliothèque National de France, Gallica, https://gallica.bnf.fr/ark:/12148/bpt6k10402607.r=L%27Architecture%20française%2C%20ou%20Plans...%20des%20églises%2C%20palais%2C%20hôtels%20et%20maisons%20particulières%20de%20Paris...%20par%20Jean%20Marot%20et%20Marot%20fils?rk=21459;2)

▶8-4-6(b) 撮影：西田雅嗣

▶8-4-7 撮影：西田雅嗣

▶8-4-8 *L'Architecture française, ou Plans... des églises, palais, hôtels et maisons particulières de Paris...* par Jean Marot et Marot fils. Publié par P.-J. Mariette. (Bibliothèque National de France, Gallica, https://gallica.bnf.fr/ark:/12148/bpt6k10402607.r=L%27Architecture%20française%2C%20ou%20Plans...%20des%20églises%2C%20palais%2C%20hôtels%20et%20maisons%20particulières%20de%20Paris...%20par%20Jean%20Marot%20et%20Marot%20fils?rk=21459;2)

▶8-4-9 Jacques-François Blondel, *Architecture françoise, ou, Recueil des plans, elevations, coupes et profils des eglises, maisons royales, palais, hôtels & edifices les plus considérables de Paris*, 1752 (Internet Archive - Getty Research Institute, https://archive.org/details/gri_33125010879316)

### 8・5 フランス古典主義建築

▶8-5-1 File:Château de Maisons-Laffitte 001.jpg © Moonik / Wikimedia Commons (Licensed under CC-BY-SA-3.0)

▶8-5-2 File:0 Maincy - Château de Vaux-le-Vicomte (2).JPG © Jean-Pol GRANDMONT / Wikimedia Commons (Licensed under CC-BY-SA-3.0)

▶8-5-3 撮影：西田雅嗣

▶8-5-4(a) Jacques-François Blondel, *Architecture françoise, ou, Recueil des plans, elevations, coupes et profils des eglises, maisons royales, palais, hôtels & edifices les plus considérables de Paris*, 1752 (Louvre - Élévation de la principale facade au côté de Saint-Germain-l'Auxerrois - Architecture françoise Tome4 Livre6 Pl7. - Wikimedia Commons (Licensed under Public Domain)

▶8-5-4(b) 撮影：西田雅嗣

▶8-5-5(a) 撮影：西田雅嗣

図版出典

- ▶8-5-5(b) 撮影：西田雅嗣
- ▶8-5-5(c) 撮影：西田雅嗣
- ▶8-5-5(d) Jean Delagrive, *Versailles. - Plan de Versailles, du petit parc et de ses dépendances... les plans du château et des hôtels et les distributions des jardins et bosquets*, 1746, (Bibliothèque nationale de France, département Cartes et plans, GE C-1810, https://gallica.bnf.fr/ark:/12148/btv1b530278779)
- ▶8-5-6 Hotel de Soubise - Salon ovale de la princesse 4.JPG © Chatsam / Wikimedia Commons (Licensed under CC-BY-SA-3.0)
- ▶8-5-7 Facade @ Jardin de l'Hôtel Matignon @ Paris (34261927513).jpg © Guilhem Vellut from Paris, France / Wikimedia Commons (Licensed under CC-BY-2.0)

## 8・6 イギリス、ドイツ、スペインのバロック建築

- ▶8-6-1(a) 撮影：西田雅嗣
- ▶8-6-1(b) 撮影：西田雅嗣
- ▶8-6-2 Blenheim Palace 105.jpg © FrDr / Wikimedia Commons (Licensed under CC-BY-SA-4.0)
- ▶8-6-3 Christ Church exterior, Spitalfields, London, UK - Diliff.jpg © Diliff / Wikimedia Commons (Licensed under CC-BY-SA-3.0)
- ▶8-6-4 Chiswick House from SE.jpg © Michael Coppins / Wikimedia Commons (Licensed under CC-BY-SA-4.0)
- ▶8-6-5 Convento de San Esteban, Salamanca. Retablo mayor.jpg © José Luis Filpo Cabana / Wikimedia Commons (Licensed under CC-BY-4.0)
- ▶8-6-6 Portal barroco del Museo de Historia de Madrid.jpg © Tamorlan / Wikimedia Commons (Licensed under CC-BY-4.0)
- ▶8-6-7 Transparente of Toledo Cathedral 09.jpg © Antoine Taveneaux / Wikimedia Commons (Licensed under CC-BY-SA-3.0)
- ▶8-6-8 Granada, Monasterio de La Cartuja, sacristia (4).jpg © Palickap / © Palickap / Wikimedia Commons (Licensed under CC-BY-SA-4.0)
- ▶8-6-9 Karlskirche1.jpg © Josef Moser / Wikimedia Commons (Licensed under CC-BY-SA-3.0)
- ▶8-6-10 Salzburg Dreifaltigkeitskirche vom Mönchsberg.jpg © Andreas Praefcke / Wikimedia Commons (Licensed under CC-BY-3.0)
- ▶8-6-11(a) Vierzehnheiligen P3RM0717-HDR.jpg © Ermell / Wikimedia Commons (Licensed under CC-BY-SA-4.0)
- ▶8-6-11(b) Nikolaus Pevsner, *An Outline of European Architecture*, seventh edition, Penguin Books, 1974.
- ▶8-6-12 Stift Melk, Westansicht.jpg © Thomas Ledl / Wikimedia Commons (Licensed under CC-BY-SA-4.0)

## 第9章 【近世】新古典主義建築 ── 理性、古代、革命

### 9・1 〈時代様式概説〉簡素・単純・純化、ギリシャとローマ、純粋形態

- ▶9-1-1 撮影：西田雅嗣
- ▶9-1-2 撮影：西田雅嗣
- ▶9-1-3 Façade principale du Panthéon de Paris, projet (réalisé) de Jacques-Germain Soufflot (Paris BNF, cabinet des estampes).
- ▶9-1-4 J.D. Thierry, *Arc de triomphe de l'Étoile*, publié avec l'approbation et sous les auspices de Mr le ministre des travaux publics, Paris : Typographie de Firman Didot frères, 1845 （京都大学附属図書館所蔵、https://rmda.kulib.kyoto-u.ac.jp/item/rb00000100#?c=0&m=0&s=0&cv=35&r=0&xywh=-7200%2C-1%2C18494%2C6144）
- ▶9-1-5(a) Jean Charles Krafft, *Recueil des plus jolies maisons de Paris*, Paris, 1809,(Princeton University Library Catalog, https://catalog.princeton.edu/catalog/9929894113506421)
- ▶9-1-5(b) 撮影：西田雅嗣
- ▶9-1-6 AdamBrothersHallatSyon1778.jpg Wikimedia Commons (Licensed under Public Domain)
- ▶9-1-7 Jean-Arnould Léveil, Façade of the Madeleine, Paris.jpg Wikimedia Commons (Licensed under Public Domain)
- ▶9-1-8 University College, London; the main building. Coloured engr Wellcome V0013662.jpg © Wellcome Images / Wikimedia Commons (Licensed under CC-BY-4.0)
- ▶9-1-9 Étienne-Louis Boullée, Cénotaphe[projet no. 16], Bibliothèque National de France, BnF - Gallica, https://gallica.bnf.fr/ark:/12148/btv1b53164593;4
- ▶9-1-10 Daniel Babreau, *Claude-Nicolas Ledoux (1736-1806), L'architecture et les fastes du temps*, Annales du centre Ledoux, Tome III, Paris, 2000.

### 9・2 古代への眼差しと理性

- ▶9-2-1 撮影：西田雅嗣

- ▶9-2-2 Dresden - Treasures from the Saxon State Library Seite 087.jpg Wikimedia Commons (Licensed under Public Domain)
- ▶9-2-3 Piranesi-1026.jpg Wikimedia Commons (Licensed under Public Domain)
- ▶9-2-4 James Stuart and Nicholas Revett, *The Antiquities of Athens*, London, 1762-1794 （Princeton Architectural Press, New York, 2008）.
- ▶9-2-5 Robert Adam, *Rvins of the palace of the Emperor Diocletian at Spalatro in Dalmatia, London*, 1764
  HATHI TRUST Digital Library
  (https://babel.hathitrust.org/cgi/pt?id=gri.ark:/13960/t7np4xp43&view=1up&seq=51&skin=2021)
- ▶9-2-6 Kedleston Hall 20080730-06.jpg © Hans A. Rosbach / Wikimedia Commons (Licensed under CC-BY-SA-3.0)
- ▶9-2-7 Syon House (33315382913).jpg © Kent Wang from London, United Kingdom / Wikimedia Commons (Licensed under CC-BY-SA-2.0)
- ▶9-2-8 マルク=アントワーヌ・ロジエ『建築試論』三宅理一/訳、中央公論美術出版、1986年
- ▶9-2-9(a) 撮影：西田雅嗣
- ▶9-2-9(b) 撮影：西田雅嗣

### 9・3 革命時代の建築と合理的設計思想

- ▶9-3-1 Étienne-Louis Boullée, Vue de la nouvelle salle projetée pour l'agrandissement de la bibliothèque du roi: [projet n° 9], Bibliothèque Nationale de France - Gallica, https://gallica.bnf.fr/ark:/12148/btv1b531799363?rk=107296;4
- ▶9-3-2(a) Étienne-Louis Boullée, Cénotaphe de Newton N° 14 : [élévation géométrale] : [projet n° 14], Bibliothèque Nationale de France - Gallica, https://gallica.bnf.fr/ark:/12148/btv1b53164597g?rk=85837;2
- ▶9-3-2(b) Étienne-Louis Boullée, Coupe du Cénotaphe de Newton : [de jour] : [projet n° 14], Bibliothèque Nationale de France - Gallica, https://gallica.bnf.fr/ark:/12148/btv1b53164598x?rk=42918;4
- ▶9-3-2(c) Étienne-Louis Boullée, Coupe du Cénotaphe de Newton : [de nuit] : [projet n° 14], Bibliothèque Nationale de France - Gallica, https://gallica.bnf.fr/ark:/12148/btv1b53164599c?rk=21459;2
- ▶9-3-3 Daniel Babreau, *Claude-Nicolas Ledoux(1736-1806), L'architecture et les fastes du temps*, Annales du centre Ledoux, Tome III, Paris, 2000.
- ▶9-3-4 Robin Middleton, *Neoclassical and 19th Century Architecture*, Vol. 1, Rizzoli, New York,1987.
- ▶9-3-5(a) Claude Nicolas Ledoux, *L'architecture considérée sous le rapport de l'art, des moeurs et de la législation*, Paris, 1804 (rééd. Nördlingen, éd. Dr. Alfons Uhl, 1981).
- ▶9-3-5(b) 撮影：西田雅嗣
- ▶9-3-6(a) Claude Nicolas Ledoux, *L'architecture considérée sous le rapport de l'art, des moeurs et de la législation*, Paris, 1804 (rééd. Nördlingen, éd. Dr. Alfons Uhl, 1981).
- ▶9-3-6(b) Claude Nicolas Ledoux, *L'architecture considérée sous le rapport de l'art, des moeurs et de la législation*, Paris, 1804 (rééd. Nördlingen, éd. Dr. Alfons Uhl, 1981).
- ▶9-3-7 Jean-Nicolas-Louis Durand, *Précis des leçons d'architecture données à l'école royale polytechnique*, Vol. 1, Paris, 2e édition, 1817 (Collections numérisées de la bibliothèque de l'INHA - Institut national d'histoire de l'art, https://bibliotheque-numerique.inha.fr/viewer/7266/?offset=#page=3&viewer=picture&o=bookmark&n=0&q=)
- ▶9-3-8 Robin Middleton, *Neoclassical and 19th Century Architecture*, Vol. 1, Rizzoli, New York,1987.
- ▶9-3-9 Laurent Baridon, Jean-Philippe Garric et Martial Guédron, *Jean-Jacques Lequeu - Bâtisseur de fantasmes*, BnF / Editions Norma, Paris, 2018.
- ▶9-3-10 Gilly Denkmal.jpg Wikimedia Commons (Licensed under Public Domain)

### 9・4 アンピール様式とグリーク・リヴァイヴァル、ピクチャレスク

- ▶9-4-1 撮影：西田雅嗣
- ▶9-4-2 撮影：西田雅嗣
- ▶9-4-3 Robin Middleton, *Neoclassical and 19th Century Architecture*, Vol. 1, Rizzoli, New York,1987.
- ▶9-4-4 Berlin - 0266 - 16052015 - Brandenburger Tor.jpg © Pierre-Selim Huard / Wikimedia Commons (Licensed under CC-BY-4.0)
- ▶9-4-5 Robin Middleton, *Neoclassical and 19th Century Architecture*, Vol. 1, Rizzoli, New York,1987.
- ▶9-4-6 *Architectural Theory from the Renaissance to the present*, Taschen, Köln, 2003.
- ▶9-4-7(a) Robin Middleton, *Neoclassical and 19th Century Architecture*, Vol. 1,

Rizzoli, New York,1987.

▶ 9-4-7(b) Barry Bergdoll, *Karl Friedrich Schinkel, An Architecture for Prussia*, Rozzoli, New York, 1994.

▶ 9-4-8 撮影：西田雅嗣

▶ 9-4-9 Robin Middleton, *Neoclassical and 19th Century Architecture*, Vol. 1, Rizzoli, New York,1987.

▶ 9-4-10(a) Henry A. Millon, *Key Monuments of the History of Architecture*, Harry N. Abrams, New York.

▶ 9-4-10(b) 撮影：小林正子

▶ 9-4-10(c) Quadrant, Regent Street engraved by J.Woods after J.Salmon publ 1837 edited.jpg Wikimedia Commons (Licensed under Public Domain)

## 第 10 章 【近世】歴史主義建築 —— 様式の時代、中世の発見

### 10・1 〈時代様式概説〉ピクチャレスク、ゴシック、様式

▶ 10-1-1 Frontispiece to Frankenstein 1831.jpg Wikimedia Commons (Licensed under Public Domain)

▶ 10-1-2 Fonthill - plate 11.jpg Wikimedia Commons (Licensed under Public Domain)

▶ 10-1-3 Cumberland Terrace 2012b.JPG © CVB / Wikimedia Commons (Licensed under CC-BY-SA-3.0)

▶ 10-1-4 John Britton, *The architectural antiquities of Great Britain*, London, 1807-26.

▶ 10-1-5 Augustus Welby Northmore Pugin, *An apology for the revival of Christian architecture in England*, London, 1843.

▶ 10-1-6 John Ruskin, *The Seven Lamps of Architecture*, 1846 (The Works of John Ruskin, Library Edition Volume VIII, London, 1903).

▶ 10-1-7 Eugène Viollet-le-Duc, *Dictionnaire raisonné de l'architecture française du XIe au XVIe siècle*, Tome 1er, Paris, 1854.

▶ 10-1-8 撮影：西田雅嗣

▶ 10-1-9 撮影：西田雅嗣

▶ 10-1-10 撮影：西田雅嗣

### 10・2 ピクチャレスクとロマン主義

▶ 10-2-1 Claude Lorrain 002.jpg Wikimedia Commons (Licensed under Public Domain)

▶ 10-2-2 Robin Middleton, *Neoclassical and 19th Century Architecture*, Vol. 1, Rizzoli, New York,1987.

▶ 10-2-3 Rodney Exton, *Historic Houses Castles and Gardens*, Johansens, London.

▶ 10-2-4 撮影：西田雅嗣

▶ 10-2-5(a) 撮影：小林正子

▶ 10-2-5(b) John Iddon, *Horace Walpole's Strawberry Hill - A History and Guide*, St. Mary's University College, Belfast, 1996.

▶ 10-2-6 Lionel Esher, *The Glory of the English House*, Barrie & Jenkins, London, 1997.

▶ 10-2-7 David Watkin, *A History of Western Architecture*, Second Edition, Laurence King, London, 1996.

▶ 10-2-8(a) Brighton royal pavilion Qmin.jpg © Qmin / Wikimedia Commons (Licensed under CC-BY-SA-3.0)

▶ 10-2-8(b) Jessica M. F. Rutherford, *The Royal Pavilion*, RPAG & M, Brighton, 1994.

▶ 10-2-9 Robin Middleton, *Neoclassical and 19th Century Architecture*, Vol. 1, Rizzoli, New York,1987.

▶ 10-2-10 Claude Mignot, *Architecture of the 19th Century*, Evergreen, Köln, 1994.

### 10・3 ゴシックの再発見とゴシック・リヴァイヴァル

▶ 10-3-1 Thomas Rickman, *An attempt to discriminate the styles of architecture in England*, 6th edition, 1862 (Getty Research Institute - Internet Archive, https://archive.org/details/englandarchitect00rick/page/393/mode/1up)

▶ 10-3-2 A. Pugin, A. W. Pugin, *Example of Gothic Architecture ; selected from various ancient edifices in England*, edition of 1850.

▶ 10-3-3 Arcisse de Caumont, *Cours d'Antiquités monumentales. histoire de l'art dans l'Ouest de la France, depuis les temps les plus reculés jusqu'au XVII siècle (Atlas 4): Architecture religieuse du moyen âge*, Paris 1841
(Heidelberger historische Bestände – digital, https://digi.ub.uni-heidelberg.de/diglit/caumont1841atlas4)

▶ 10-3-4 A. W. N. Pugin, *Contrast, or a parallel between the noble edifices of the Middle Age and corresponding buildings of the present day; shewing the present decay of taste*, London, 1841(reed. Leicester University Press, 1999)

▶ 10-3-5 Paul Atterbury, Clive Wainwright, *Pugin*, Yale University Press, 1994.

▶ 10-3-6(a) 撮影：西田雅嗣

▶ 10-3-6(b) Claude Mignot, *Architecture of the 19th Century*, Evergreen Köln, 1994.

▶ 10-3-7 撮影：小林正子

▶ 10-3-8 Dany Sandron et Andrew Tallon, *Notre-Dame de Paris - Neuf siècles d'histoire*, Paris, 2013.

▶ 10-3-9 Eugène Viollet-le-Duc, *Dictionnaire raisonné de l'architecture française du XIe au XVIe siècle*, Tome 1er, Paris,1854 .

▶ 10-3-10 Eugène Viollet-le-Duc, *Entretiens sur l'architecture*, Tome 2, Paris, 1872.

▶ 10-3-11 撮影：西田雅嗣

### 10・4 「様式」と建築

▶ 10-4-1 撮影：小林正子

▶ 10-4-2 007-SFEC-LONDON-20070829.JPG © Steve F-E-Cameron / Wikimedia Commons (Licensed under CC-BY-SA-3.0)

▶ 10-4-3 撮影：西田雅嗣

▶ 10-4-4 Wien Votivkirche um 1900.jpg Wikimedia Commons (Licensed under Public Domain)

▶ 10-4-5 撮影：西田雅嗣

▶ 10-4-6 撮影：西田雅嗣

▶ 10-4-7 撮影：小林正子

▶ 10-4-8(a) 撮影：西田雅嗣

▶ 10-4-8(b) Robin Middleton, *Neoclassical and 19th Century Architecture*, Vol. 2, Rizzoli, New York, 1987.

▶ 10-4-9 撮影：西田雅嗣

▶ 10-4-10 Wien - Burgtheater.JPG © Bwag / Wikimedia Commons (Licensed under CC-BY-SA-4.0)

▶ 10-4-11 撮影：西田雅嗣

▶ 10-4-12 Munchen Bawarska Biblioteka Panstwowa.jpg © Andrzej Otrębski / Wikimedia Commons (Licensed under CC-BY-SA-4.0)

▶ 10-4-13 Andrew Saint, *Richard Norman Shaw*, Yale University Press, 1983.

▶ 10-4-14 撮影：小林正子

[コラム] 建築書で見る西洋建築 1【古代】
　　　　撮影：西田雅嗣
[コラム] 建築書で見る西洋建築 2【中世】
　　　　左：© BnF (Bibliothèque nationale de France)
　　　　右：Konrad Hecht, *Maß und Zahl in der gotischen Baukunst*, Hildesheim, 1997
[コラム] 建築書で見る西洋建築 3【近世】
　　　　Andrea Palladio, *I quattro libri dell'architettura…*, Venise, D. De Franceschi, 1570. Paris, École nationale supérieure des beaux-arts, Les 1338 (http://architectura.cesr.univ-tours.fr/Traite/Notice/ENSBA_20A4.asp)

索引

125

索
引

127

**■編著者略歴**

**西田雅嗣**(にしだ・まさつぐ)
京都工芸繊維大学大学院教授。1958年北海道生まれ。博士（工学）。専門は、西洋建築史と西洋中世建築の考古学的研究、および日本建築を西洋文化との比較で考える比較建築論。主な著書に、『ヨーロッパ建築史』(編・共著、昭和堂、1998)、『シトー会建築のプロポーション』(中央公論美術出版、2006)、『フランス・クリュニー地方のロマネスク教会堂建築群』(A・ゲローとの共著、中央公論美術出版、2019)、*Vocabulaire de la spatialité japonaise* (共編・共著、CNRS出版、2014)、*L'idée d'architecture médiévale au Japon et en Europe* (共編・共著、Mardaga、2017)、*Particularités de l'architecture japonaise - Ōta Hirotarō* (共著・共訳、Nouvelle éditions Scala、2020) などがある。
執筆担当：序章、第1部～第3部の扉、第1章～第10章の第1節、第3章、第5章～第7章、第9章第2節、コラム「建築書で見る西洋建築」1～3、学習課題。

**■著者略歴**

**小林正子**(こばやし・まさこ)
成安造形大学、摂南大学、帝塚山大学 非常勤講師。ユニバーシティ・カレッジ・ロンドン留学。京都工芸繊維大学大学院工芸科学研究科博士後期課程修了。博士（学術）。一級建築士。専門分野は近代建築史。主な著書に、『ヨーロッパ建築史』(共著、昭和堂、1998)、『近代建築史』(共著、昭和堂、1998年)、『テキスト建築の20世紀』(共著、学芸出版社、2009)、『カラー版図説建築の歴史』(共著、学芸出版社、2013) など。
執筆担当：第1章第2節～第4節、第9章第3節、第4節、第10章第2節～第4節。

**本田昌昭**(ほんだ・まさあき)
大阪工業大学工学部建築学科教授。1963年京都府生まれ。京都工芸繊維大学大学院工芸科学研究科博士後期課程単位取得満期退学。博士（学術）。大阪府立工業高等専門学校助教授、京都工芸繊維大学研究員等を経て、現職。専門分野は、近代建築史。主な著書に、『ヨーロッパ建築史』(共著、昭和堂、1998)、『テキスト 建築の20世紀』(共編・共著、学芸出版社、2009)、『カラー版図説建築の歴史』(共著、学芸出版社、2013)、など。
執筆担当：第2章第2節～第4節

**原 愛**(はら・あい)
1986年生まれ。京都工芸繊維大学大学院工芸科学研究科博士後期課程修了。博士（学術）。2010～2016年、京都工芸繊維大学西田研究室のフランス・ロマネスク建築の実測調査に、中心メンバーとして従事。『フランス・クリュニー地方のロマネスク教会堂建築群』所収の実測図面作成を担当。学位論文は『不整合性と寸法に見るセナンク修道院の中世における建設』(京都工芸繊維大学学位申請論文、2017)。
執筆担当：第4章第2節、第3節

**南 智子**(みなみ・ともこ)
京都工芸繊維大学大学院工芸科学研究科博士後期課程建築学専攻。1965年京都府生まれ。研究対象はバロックの建築家フランチェスコ・ボッロミーニ。共著書に『作家たちのモダニズム―建築・インテリアとその背景』(共著、学芸出版社、2003)、『近代日本の作家たち―建築をめぐる空間表現』(共著、学芸出版社、2006)。
執筆担当：年表、第8章第2～6節、学習課題、索引

**カラー版 図説 西洋建築の歴史**

2022年1月10日　　第1版第1刷発行

編 著 者　西田雅嗣
著　　　者　小林正子・本田昌昭・原愛・南智子

発 行 者　井口夏実
発 行 所　株式会社 学芸出版社
　　　　　〒600-8216　京都市下京区木津屋橋通西洞院東入
　　　　　電話 075-343-0811
　　　　　http://www.gakugei-pub.jp/
　　　　　E-mail info@gakugei-pub.jp

編集担当　知念靖廣

DTP・装丁　KOTO DESIGN Inc.　山本剛史・萩野克美
印刷・製本　シナノパブリッシングプレス

©西田雅嗣他2022　　　　　　　　　　　　　　Printed in Japan
ISBN 978-4-7615-2794-5